시스템주의자

시스템주의자

발 행 일	2017년 1월 16일		
지 은 이	성 민 기		
펴 낸 이	손 형 국		
펴 낸 곳	(주)북랩		
편 집 인	선일영	편 집	이종무, 권유선, 송재병
디 자 인	이현수, 이정아, 김민하, 한수희	제 작	박기성, 황동현, 구성우
마 케 팅	김회란, 박진관		
출판등록	2004. 12. 1(제2012-000051호)		
주　　소	서울시 금천구 가산디지털 1로 168, 우림라이온스밸리 B동 B113, 114호		
홈페이지	www.book.co.kr		
전화번호	(02)2026-5777	팩 스	(02)2026-5747

ISBN　　979-11-5987-392-8 03320 (종이책)　979-11-5987-393-5 05320 (전자책)

이 도서의 국립중앙도서관 출판예정도서목록(CIP)은 서지정보유통지원시스템 홈페이지(http://seoji.nl.go.kr)와
국가자료공동목록시스템(http://www.nl.go.kr/kolisnet)에서 이용하실 수 있습니다.
(CIP제어번호 : CIP2017000860)

세상의 비밀을 간파하는 21세기형 인재 계발서

시스템주의자

성민기 지음

북랩 book Lab

시스템을 고민하고 글을 쓰는 제 자신의 모습을 지켜보면서 스스로 정신이 나간 사람은 아닐까 하는 고민을 수도 없이 했습니다. 살아오면서 처음 경험해본 일이었기 때문에 스스로도 굉장히 당혹스러웠습니다. 지금까지 스스로 생각해 본 적이 없는 내용이었고 제 자신에 대한 믿음이 부족했기 때문이기도 합니다. 처음에는 출간까지 기획했던 작업이 아니었습니다. 시스템이라는 주제에 대해 관심이 생기면서 생각을 거듭하다 보니 글을 쓰고 싶다는 생각이 들었고, 이제 걷잡을 수 없이 일이 커지고 말았습니다. 시스템만 생각하면 계속 땅굴을 파 내려가면서 정답 모를 생각들을 지껄이는 절 보면서 이대로 가다가는 완전히 혼자만의 세계에 갇혀 버리겠다는 위기감까지 들게 되었고, 이 글들을 책으로 엮어 반드시 공개해야만 하겠다는 결심을 하게 되었습니다.

출간을 생각하지 않으면 이 생각이 제 안에만 갇힌 채 저를 계속해서 괴롭히리라는 생각이 들었고, 저 또한 그 짐을 홀로 진 채 살아갈 일이 감당하기 힘들 것 같았습니다. 공개해야겠다는 결심 하나만으로도 자기만족적인 글쓰기를 경계하게 되었고, 혼자만의 세계가 아니라 전체 세계를 보려는 노력을 하게 되었습니다. 남루한 글을 쓰고 있으면서도 주변에 몇몇 분들에게 책을 쓰고 있다는 사실을 알렸던 것도 자랑이 아니라 공언을 통해 세계와 단절되는 것을 막아내고 싶었기 때문입니다. 이 책은 스스로를 위해 쓰기 시작했고 거창하게 말하자면 저만의 생존을 위해서 썼습니다.

고백하자면 저는 체계가 있지도 일관되지도, 효율 좋은 삶을 살지 못하던 사람입니다.

남들이 정해놓은 편견에 굴레에 갇혀서 꿈도 방향도 없이 무작정 열심히 살아낼 것이 아니라 제 인생의 가치를 스스로 정하고 제 삶의 주인으로 살고 싶다는 절박한 심정으로 글을 쓰기 시작했습니다. 또한 지금까지 저를 둘러싼 복잡하고 비합리적으로 여겨지는 세상의 다양한 문제들을 명료하게 이해하고 싶다는 의지로 글을 쓰기 시작했습니다. 정돈하기 어려웠던 제 생각, 습관, 삶을 변화시키고 싶었습니다. 또 직원의 행복이나 적성은 그다지 신경 쓰지 않은 채 꿋꿋하게 이익만을 위해서 나아가는 회사를 보면서 대체 우리 기업의 문제는 무엇인지 이해하고 싶었습니다. 또 우리나라는 왜 삼풍백화점 붕괴, 성수대교 붕괴, 대구 지하철 참사와 지난 세월호 참사 같은 국가적인 재난을 시간이 흘러도 반복해서 겪고 있는지 저만의 시선으로 밝혀내야겠다고 생각했습니다. 국가는 한강의 기적이라 칭할 만큼 잘살게 되었다고 하는데 왜 국민은 힘들어하고, 자신의 국가가 지옥이라며 비하하고 청년들은 왜 이민을 가겠다는 이야기를 심심치 않게 하는지 대체 무엇이 문제인지 그 핵심에 다가가고 싶었습니다.

이러한 종합적인 문제의 해결책을 한 단어로 요약하니 문제의 핵심은 '시스템' 때문이라는 결론에 이르렀습니다. 시스템이라 하면 흔히들 기계공학 시스템, 산업공학 시스템과 같은 공학적이고 딱딱한 협의의 관념에 머물러 있다는 사실을 알게 되었습니다. 물론 시스템에 대해 고민하기 전 제 생각 또한 다를 바 없었습니다. 먼저 밝혀드리자면 제가 다루는 시스템이란 훨씬 더 포괄적인 개념입니다. 거칠게 말하면 시스템은 자연을 구축하고 있는 모든 만물들을 다루는 것입니다. 글을 쓰다 보니 많은 시스템 중에서도 저는 인간을 요소로 하는 사회 시스템에 대해보다 많은 관심을 가지고 있다는 사실을 알게 되었고 이 책은 주로 사회 시스템에 대한 저의 성찰의 결과물임을 미리 밝혀야겠습니다.

책을 출간하면서도 여전히 완벽한 해답을 얻은 것은 아니지만 결국 인간 공동체가 가야 할 모습은 자연을 닮은 유기체적 시스템이라고 생각합니다. 노자가 자연의 모습을 통해 자신의 철학을 펼쳐간 것처럼, 저 또한 자연의 유기체 시스템에서 인간 공동체가 궁극적으로 가야 할 모습을 배울 수 있다고 생각합니다. 사실 시스템이라는 단어를 듣는 순간 우리는 대체로 매우 기계적이고, 획일화된 모습을 떠올립니다. 하지만 이러한 편견은 역사적으로 시스템에 종속되어 명령과 간섭의 입장에 놓였던 대다수 민중들의 의식 형성으로 인한 결과물일 뿐, 시스템이라는 단어 어디에도 획일화되거나 혹은 독재적인 의미는 담겨 있지 않습니다.

시스템의 어원은 라틴어 Systema(시스테마)에서 왔습니다. 라틴어 시스테마는 여러 가지를 하나로 묶고, 조화시킨다는 의미를 담고 있습니다. 시스템은 다양한 요소들이 상호관련성을 발휘하며 발생하는 조화입니다. 따라서 요소들 간의 조합의 성격이 획일화되고, 기계적으로 변했을 때야 비로소 기계적 시스템, 획일화된 시스템이 되는 것입니다. 획일화되고 기계적인 시스템, 독재적인 시스템은 수많은 시스템 중에서 일부 범주에 속할 뿐입니다. 시스템은 도리어 유기적인 자연을 설명하기 위해서 사용했던 단어입니다. 서양에서는 태양계를 Solar System(라틴어, Systema Solare)이라고 하였고 생물시간에 배웠던 종, 속, 과, 목, 강, 문, 계라는 생물학 분류 기준을 정립했던 칼 폰 린네의 저서명은 『자연의 체계(Systema Naturae)』입니다. 시스템은 자연을 설명하는 단어 그 자체였습니다. 대체로 시스템은 '계', '체계', '계통', '기관' 등의 다양한 의미로 번역되다 보니 그간 System이 포괄하고 있는 더 넓은 의미를 많이 놓치고 있었다고 생각합니다.

유기체 시스템은 환경에 따라 변화하고 적응하고 진화합니다. 따라서 획일화되고 기계적인 시스템과는 달리 환경에 맞게 영속적으로 자신을 변화시켜 나가며 살아남을 수 있습니다. 도식적인 설명이 되겠지만 자본주의 시스템과 공산주의 시스템의 대결에서 자본주의가 살아남을 수 있었던 것도 자본주의는 유기체적 시스템에 가깝고 공산주의는 획일적 시스템에 가깝기 때문입니다. 공산주의는 획일화된 계획 수립과 통제를 통해 경제 시스템을 유지하려고 했기 때문에 지속적으로 변화하는 환경, 사회에 유연하게 대처할 수 없었습니다. 반면 자본주의는 경제 행위를 특정한 목적이나 방향을 정하지 않고 거래자 간의 자유에 맡겼습니다. 때문에 자본주의 시스템은 그것이 가진 단점에도 불구하고 시기마다 환경에 적응해가며 살아남을 수 있었던 것입니다. 그러나 이러한 결론이 자본주의 그 자체가 완벽한 시스템이라는 의미는 아니며, 지속적으로 수정되고 통제될 필요가 있다는 말은 덧붙여야겠습니다. 물론 시스템에도 당연히 획일화되고 엄격한 통제의 요소가 필요합니다. 대량 생산을 위한 기계적인 과정에서 높은 품질을 보증하기 위해서는 획일화되고 엄격한 관리가 필요합니다. 사회 조직에서도 군대와 같은 조직은 체계적인 조직문화와 획일적 통제가 필요한 것이 사실입니다. 다만 그런 요소를 일반화하여 그것이 시스템의 전부인 양 현혹되어서는 안 된다는 의미입니다.

제가 주장하고자 하는 진정한 시스템의 의미는 46억 년 전 지구가 탄생하고 36억 년 전 첫 생명체가 탄생한 뒤로 인간으로 진화하기까지 유기체들이 지구의 역사를 통틀어 진화하고 적응하는 모습에서 찾을 수 있습니다. 36억 년간 유기체들은 외부 환경에 적응하며 자신을 늘 변화시켜 왔습니다. 심지어 생명 개체들은 오래도록 살아남을 수 있었음에도 다음 세대에서 더 적응한 개체로 변화하기 위해서 죽음을 선택하였습니다. 모든 생명체가 그런 것은 아니지만 대체로 고도로 발달한 생명체들은 자신과 동일한 유전자를 다시 생산하기보다는 이질적인 유전자와 만나서 끊임없이 환경에 적응할 수 있도록 다양한 개체들을 생산하고 생존을 이어갑니다. 일련의 생명 시스템의 유지 과정에서 알 수 있듯이 생명 시스템의 생동성은 획일화와는 거리가 멀다고 볼 수 있습니다. 개인, 기업, 국가, 자본주의 할 것이 없이 모든 인간조직시스템의 관점에서 성장, 변화 그리고 혁신의 키워드가 부각되고 있는 것은 이러한 생명체적 변화와 다양성, 생동성이 우리의 생존을 이어가게 하는 가장 근본적인 요소이기 때문입니다.

시스템이란 결과적으로 다양한 요소들이 유기적으로 조직되어 환경과 반응하여 자기 조직적으로 생성 되고 진화하며 사라지기도 하는 진화 과정의 총체라고 할 수 있습니다. 생존을 이어가기 위해 끊임없이 환경과 소통하고 자신을 변화시켜 나가는 유기체 시스템에서 인간 시스템이 나아가야 할 단서를 찾을 수 있다고 생각합니다. 그러나 사실과 가치를 구분하지 못했던 허버트 스펜서처럼 유기체의 모습을 맹목적으로 인간이 가야 할 모습과 동일 시 하는 것도 옳지 않습니다. 중요한 것은 진리 탐구자의 정신을 발휘하여 우리에게 부족한 것을 채우기 위해 자연으로부터 합리적인 모습과 원리를 배우는 것입니다.

책의 논의는 대체로 상이한 구체적인 시스템 간에 보여지는 어떤 공통적인 속성이 있을 것이라는 전제를 가지고 전개됩니다. 상이한 시스템 간의 동형성에 대한 설명은 '일반 시스템 이론(General System Theory)'를 정립했던 생물학자 베르탈란피(L. von Bertalanffy)의 설명으로 대신하고자 합니다. 베르탈란피는 "절대적으로 다른, 심지어 완전히 상반된 출발점으로부터, 과학 연구의 극히 상이한 영역으로부터, 유심론 철학과 유물론 철학으로부터, 그리고 상이한 국가와 사회 환경으로부터 본질상 유사한 시스템 개념들이 나타났다. 이런 개념들의 내재적 필연성을 표명하는 이 사실은 이런 공통된 일반 개념들이 정확하며 불가피하다는 것을 충분히 설명해 준다.[i]"고 말했습니다. 따라서 시스템을 통해 일반화하는 가정에서 약간의 비약이나 오류가 있을 수 있음을 인정합니다. 다만 다양한 시스템에 보여지는 동형성을 전제로 출발하지 않으면 시스템에 대한 논의를 아예 시작조차 할 수 없음을 먼저 염두에 두셨으면 좋겠습니다.

책을 쓰면서 철학사에 등장하는 철학적 개념에서 많은 아이디어를 얻었습니다. 저는 아직 독자로서의 수준이 높지 않아서 철학자들이 남긴 고전 철학서를 읽어 본 적이 거의 없습니다. 그렇지만 미천한 지적 자원에도 불구하고 이해하기 쉽게 쓰인 철학사에서 참조한 유명 철학자들의 대표적인 원리에 대한 이해만으로도 많은 아이디어가 촉발될 수 있다는 사실을 알게 되었습니다. 인류 지성의 위대함을 깨달았습니다.

시스템이란 문제에 천착하여 나름대로 고민한 결과를 세상에 내보이게 되었지만 결과는 부족하기 짝이 없습니다. 여전히 책에서 다루는 시스템은 결국 제가 인식하고 이해한 시스템에 국한될 것입니다. 그러나 장고 끝에 악수 둔다는 바둑 격언처럼 완벽하지 않고, 부족하다는 소극적인 마음으로 지나치게 제 손에 움켜쥐고 있기보다는 일단 세상에 드러내어 부족한 부분은 겸허히 받아들이겠다고 결심했습니다. 그리고 그러한 결론이 다른 사람들에게 조금이라도 새로운 인식을 열어주는 계기를 제공할 수 있다면 저자로서 더없이 만족스러울 것입니다.

많이 부족하지만 그럼에도 저만의 시선을 가진 한 권의 책을 쓸 수 있는 원동력의 팔 할은 부모님의 덕입니다. 세상의 모습을 온전히 바라보지 못하고 어리석게만 살아가던 제가 저의 무식을 깨닫고 세상을 들여다보려고 노력하기 시작한 것은 저를 믿고 기다려주신 부모님의 힘이었습니다. 무엇을 하라고 강요하지 않으시고 있는 그대로를 지켜봐 주시며 자유주의를 몸소 체화하고 계신 아버지와 세상 앞에 방황하고 주저할 때마다 중심을 지켜주시고 방향을 제시해주셨던 어머니가 계셨기 때문입니다. 제가 한 줌의 이야기나마 이렇게 지껄일 수 있는 사람으로 성장한 것은 모두 부모님의 헌신과 정성이 있었기 때문입니다. 나이가 조금씩 들어갈수록 세상 앞에 겸손하고 감사하며 살아가는 것이 얼마나 중요한지 깨달아갑니다. 한 해가 지나갈수록 조금 더 겸손하고, 자비롭고 용기 있는 사람이 되고 싶습니다.

감사합니다.
2017년 1월 성민기

어제와 똑같이 살면서 다른 미래를 기대하는 것은 정신병 초기 증세이다.

- 알베르트 아인슈타인

20세기 최고의 물리학자라고 선언해도 모자람이 없는 천재 과학자 알베르트 아인슈타인의 사자후입니다. 과거의 성공에 취해있는 사람들은 게임의 판도 변화를 읽지 못했거나 새롭게 변화된 조직의 특징을 제대로 이해하지 못했기 때문에 상황의 변화를 인지하지 못합니다. 그들은 여전히 경직된 채로 동일한 노력과 자신의 과거의 습관과 성공방식을 그대로 답습합니다. 그럼에도 그로 인한 결과에는 쉽게 승복하지 못합니다. 자신만 운이 없다며 세상을 책망합니다.

우리는 어제와 똑같이 운동하고, 먹으면서 살이 빠지기를 바라고, 10년째 오르락내리락하는 차트만을 분석하며 점성술 같은 투자로 매번 손해를 보고도 여전히 대박을 노립니다. 매번 실패하는 연애 속에서도 만났던 상대만을 탓하며 자신을 되돌아보지 않습니다. 이 모든 것에 부재한 본질은 무엇일까요?

우리는 일시적인 황금보다 황금알을 낳는 거위를 더 가치 있게 여기고, 자식에게 물고기를 잡아주는 것보다 물고기 잡는 법을 가르치는 것을 더 중요하다고 생각합니다. 이런 생각들은 본질적으로 보자면 일관성 있고 지속적으로 유지될 수 있는 어떤 체계·원칙·방법론·노하우가 중요하다는 사실을 학습과 경험을 통해 의식적, 무의식적으로 체득하고 있는 것이라고 할 수 있습니다. '사랑의 기술', '글쓰기의 기술', '공부 기술' 등을 표방하는 모든 저서와 사상들도 목적 지향적인 노하우와 방법론에 대한 논의입니다.

이제 저는 이러한 개념을 '시스템'이라는 한 단어로 통합하여 논리를 전개해 나가겠습니다. 사실 대다수의 사람들에게는 시스템에 대한 관점과 철학을 언어화하고 기록해서 항시적으로 활용하는 명시적 방법론이 갖추어져 있지 않을 뿐이지 이미 시스템에 대한 중요성과 자신만의 관점을 내면에 새긴 채 살아가고 있다고 생각합니다. 따라서 저의 시스템 철학은 대단히 참신하고 새로운 내용이 아니라 무의식적으로 가지고 있던 많은 사람들의 생각을 수면 위로 떠올려서 낚아챌 수 있도록 도와주는 하나의 프레임이라고 할 수 있겠습니다.

시스템이란 이야기에 대해서는 누구나 대강의 이해를 가지고 있긴 하지만 사실상 시스템이 정확히 무엇인지 고민하는 사람은 별로 없다고 생각했습니다. 걸핏하면 시스템이 문제라고 하면서도 정작 시스템이 진짜 무엇인지는 많은 사람들이 깊게 생각해 보지 않는 것 같습니다. 그러나 모르긴 몰라도 스스로를 잘 가꾸고 자신의 목적에 부합하게 꾸준히 공부하고 일관성 있게 좋은 성취를 보여주는 학생들, 훌륭하게 기업체를 이끌어 나가고 좋은 국가를 이끌어 가는 지도자들은 본인들도 알게 모르게 내면에 시스템에 대한 개념을 깨우치고 훌륭하게 실천해 나가고 있는 사람들일 것입니다.

저는 시스템 만능주의자는 아닙니다. 하지만 독자 여러분들이 가진 진심, 열정, 사랑, 우정과 같은 본질적인 가치들이 낭비되지 않고 조금 더 효과적으로 수렴되어 효율적인 결과를 만들어 내야 한다고 생각하는 바입니다. 시스템이 적용될 수 있는 분야는 이 세상 모든 곳입니다. 학생이라면 학업부터 시작해서 가정주부라면 집안일, 회사원이라면 업무, CEO라면 회사의 경영, 대통령이라면 국가의 통치까지. 이 모든 작업에 시스템이 필요합니다.

인간이 복잡한 생각과 행위를 하면 하게 될수록 그 요소들은 모두 유기적으로 연결되어야만 효과를 발휘하고 통합적인 시스템으로 운용되어야만 효과적인 결과를 성취할 수 있습니다. 시스템에 대한 체계적인 관점과 시야를 가진 사람이라면 여러 분야를 두루 잘할 수밖에 없습니다. 미적분을 잘하거나 외국어를 잘하는 단편적인 재능만으로는 조직을 이끌어가거나 국가를 통치하는 것에는 어려움이 있습니다. 한 개인과 조직의 성취는 단편적인 재능뿐만이 아니라 긴 호흡으로 얼마나, 어떻게 자신만의 관점을 시스템에 녹이고 구축하여 꾸준히 실천하느냐에 따라 달라집니다.

물론 시스템에 앞서서 한 분야의 재능과 선천적인 조건이 월등히 뛰어나다면 당연히 그 결과는 시스템의 관계없이 따라잡을 수 없을지도 모릅니다. 저는 모든 사람들이 김연아처럼 체계적으로 열심히 훈련한다고 해서 훌륭한 피겨 스케이터가 될 것이라고는 생각하지 않습니다. 제가 다루고자 하는 지점은 그 사람의 재능과 환경적인 조건들이 한정되어 있을 때, 그것들을 어떻게 조합하고 실천해야만 보다 나은 성취를 이룰 수 있을까에 대한 성찰을 말하고 싶은 것입니다.

저는 시스템에 대한 내용을 통해 기득권들이 장악하고 있는 사회구조나 현존하고 있는 시스템들을 합리화하고자 하는 것이 아님을 강조하고 싶습니다. 니체의 초인 사상과 루소의 사회계약론이 파시즘을 위해서 악용된 것처럼 저 또한 현재의 기득권들이 쥐고 있는 시스템을 변호하는 우를 범할 수도 있습니다. 그러나 저의 진심을 밝히자면 병폐가 만연한 현존하는 시스템을 파악하는 안목을 기르고 그러한 문제를 과감하게 도려내는 방법을 생각을 해보고 싶었기 때문에 비루한 재주와 필력에도 불구하고 책을 집필하겠다고 마음먹게 되었습니다.

부족하나마 인간 시스템을 바라볼 수 있는 하나의 관점을 세상에 내어놓는다면 현존하는 우리나라의 시스템의 문제는 무엇인지, 내가 다니고 있는 회사의 구조적인 문제는 무엇인지, 내 삶을 망치고 있는 나의 나쁜 습관, 반복적으로 일어나는 구조적인 행위들은 무엇인지에 대해서 한 분의 독자라도 고민하는 계기가 되지 않을까, 라는 생각을 하게 되었습니다.

제가 다루는 내용들은 결코 실증적인 과학이론이 아니기 때문에 책을 읽어내는 독자들은 보다 비판적으로 내용을 흡수하며 적극적으로 자신만의 생각의 구조를 만들기 위해 주체적으로 노력하셔야 한다고 감히 말씀드려봅니다. 그렇게 해야만 우리가 진정으로 원하는 국가 시스템, 정치 시스템, 기업 시스템, 삶의 시스템에 대한 고민이 시작되면서 긍정적인 방향의 공진화(共進化)가 있을 것이라고 기대합니다. 거창한 시스템 이론을 창조하라고 말씀드리는 바는 아닙니다. 다만 평소 별다른 생각 없이 바라보던 나와 주변의 시스템을 책을 읽기 전보다 선명하고 깊게 바라보는 시각과 습관만 가지게 되어도 이 책의 몫은 충분히 다했다고 생각합니다.

중국 철학에는 '도(道)'라는 개념이 있습니다. 천명을 극복하고 인간이 가야 할 길을 찾고자 중국 철학자들이 창안한 개념입니다. 도(道)는 결코 하나로 정의되지 않습니다. 마치 '사랑'이나 '우정'과 같은 개념을 한마디로 정의할 수 없듯이 말입니다. 현자마다 말하는 '도'가 전부 달라서, 공자의 도가 있고 노자의 도가 있고 장자의 도가 있고 한비자의 도가 있습니다. 시대가 더없이 혼란스러웠던 춘추전국의 시기는 저마다의 철학자들이 그 현실을 극복하기 위해 보다 인간답고 빛나는 인간 문명을 위해 백가쟁명 했습니다.

저는 '시스템'이라는 단어가 감히 현대판 '도'라고 생각합니다. 시스템을 통해 우리 인간이 가야 할 길을 찾아야 한다고 생각합니다. 수많은 담론이 쏟아질 수 있고, 논쟁이 펼쳐질 수 있는 '시스템'이라는 담론 위에 이 책은 겨우 작은 목소리를 얹는 것에 불과합니다. 전문가마다 혹은 각 개인마다 정의하고 규정짓는 시스템의 범위와 깊이가 다릅니다. 그러나 그런 작은 목소리들이 큰 줄기를 만들어 내기에 목소리도 필요하다면 부족하나마 민낯을 드러내는 용기를 가져야 한다고 생각했습니다. 대한민국은 언론과 출판, 사상과 양심의 자유를 가진 국가입니다. 모두의 작지만 다양한 목소리들이 합쳐지고 창발하며 새롭고 거대한 줄기를 만들어 내 창조적인 시대로 끊임없이 나아가기를 기대합니다. 저의 무모한 시도에 대해 저는 물리학자 슈뢰딩거의 짧은 글에서 큰 힘을 얻었습니다. 그 글로 프롤로그의 마지막을 대신하며 글을 시작해보려 합니다.

우리는 분명 다음과 같이 느끼고 있다. 우리는 지금에야 세계를 전체로서 온전하고 제대로 이해하기 위해 필요한 믿을 만한 재료들을 얻기 시작했지만 다른 한편으로는 누구든 자신의 매우 좁은 전문 분야를 넘어서서 세계 전체를 완전히 이해한다는 것은 거의 불가능해졌다. 앞에서 말한 우리의 진정한 목적이 영원히 사라진 것이 아니라면 나는 우리 가운데 누가 되든지 비록 어떤 것은 불완전하고 간접적인 지식일지라도 그리고 그 때문에 이러한 작업을 하는 사람이 웃음거리가 되더라도 여러 가지 사실과 이론들을 종합하는 작업을 시작하는 것 말고는 이 딜레마에서 벗어날 길이 없다고 생각한다.ii)

차례

| 제3장 |

시스템주의자의 테제

| 제4장 |

시스템의 실제 적용

제 1 장

시스템 마인드 갖추기

시스템주의의 배경

1) 만물에 시스템이 깃들어 있다

시대를 넘어서는 통찰력 있는 사상 때문에 당대는 물론이고 사후에도 400년이나 사악한 인물로 비판받았던 철학자 스피노자는 '자연 만물은 신으로 가득 차 있다'는 범신론을 주장하였다. 유일신을 지향하는 분위기 속에서도 스피노자는 모든 자연 만물에 신이 살아 숨 쉬고 있다고 주장했기 때문이다. 필자는 스피노자의 범신론에서 시스템 철학의 중요한 단서를 발견할 수 있었다. 세상 만물에 신이 깃들어 있다. 그리고 신은 하나의 질서를 창조한다. 창조된 질서는 하나의 세계를 만들어 나간다. 그렇게 창조된 세계는 하나의 시스템이 된다. 그리고 우리는 이렇게 결론 내릴 수 있다. 만물에 시스템이 깃들어 있다.

이러한 전개에 다소 비약이 있다는 비판은 인정한다. 하지만 만물에 시스템이 깃들어 있다는 생각은 필자의 생각을 직관적이고 효과적으로 전달할 것이라고 생각한다. 범시스템론을 받아들이고 나서 내 몸, 내 생각, 주변 환경을 둘러본다면 세상 만물이 진리, 원리에 따라 운용되는 하나의 시스템이라는 사실을 뼈저리게 받아들일 수밖에 없다. 그럼에도 시스템 그 자체에 대한 본질적인 담론이 사회에서 활발하게 펼쳐지지 않고 있는 것은 나로서는 기이한 현상이었다. 나라도 그것을 고민해 보기로 결심했다. 그것이 내가 시스템주의자가 되기 시작한 계기이며 글을 쓰기 시작한 돈오(頓悟)의 순간이었다.

2) 시스템 패러다임의 도래

물리학자 슈뢰딩거는 "생명체는 음(-)의 엔트로피를 먹고 산다"고 하였다. 살아 있는 생명체는 다양한 물질들을 질서 정연하게 구조화시켜 이루어진다는 의미이다.[iii] 슈뢰딩거의 생명에 대한 생각은 유기체에 기반하여 아이디어를 얻었던 나의 생각을 잘 표현한다. 시스템화되어 가면서 분산되고 흩어지던 다양한 요소들이 점점 구조화되며 하나의 체계를 이루고 점차 엔트로피를 줄여나가기 때문이다. 음(-)의 엔트로피에 대한 개념은 잘못되었다는 비판도 있지만 중요한 것은 음(-)의 엔트로피 존재 유무의 문제라기보다는 하나의 복잡한 구조를 이루고 있는 시스템이 분산된 요소들보다 훨씬 더 낭비적인 요소를 줄인다는 생각이다.

인간 사회는 더욱더 복잡해지고 다양한 문제와 요인들이 발산되고 있는 게 사실이다. 지구의 역사에 비하면 대단히 짧은 인류 문명의 기간 동안 우리는 엄청난 기술 진보를 이루어 내었고 그로 인해 수많은 아이디어, 기술, 제품이 쏟아지고 있다. 인간의 욕망이 꺼지지 않는 한 인간은 더 많은 것들을 만들고 더 복잡한 생산물들을 만들어 낼 것이다.

그러나 언제까지나 이러한 제품들이 생각들을 흩뜨리고 발산시키기만 할 수는 없다. 인간은 더 복잡해지고 다양해지는 세상에서 살아남기 위해 발산하는 문명과는 반대로 제품과 아이디어를 조직화시키고 결합시키면서 발산하는, 즉 엔트로피가 끊임없이 증대되는 문명에서 생존을 위한 질서를 찾고자 할 것이다. 나는 그것이 앞으로 통합, 시스템의 패러다임이 더욱 가속될 이유라고 생각한다.

토플러(A. Toffler), 네이스빗(J. Naisbitt), 헨더슨(H. Henderson), 퍼거슨(M. Ferguson)과 미래학자들은 시스템적 관점이 미래의 추세라고까지 주장하고 있다.[iv] 가속화되어 가는 지구의 엔트로피 증가는 미래의 인류 생존을 위협할 수 있다. 특히나 특이점(Singular Point)이라는 한 치 앞을 예측하기 어려운 문명의 기로에 놓여 있는 지금 인류는 근시안적인 욕망을 내려놓고 보다 거시적이고 통합적이고 장기적인 관점에서 자연 만물을 바라보며 가속화된 엔트로피를 줄여서 우리뿐만 아니라 다음 세대를 위한 방향도 모색해야 한다. 이는 우리가 관심을 쏟아야 할 대상이 더 이상 인류, 인간의 존엄에만 그칠 것이 아니라 동물, 식물, 모든 자연과 지구까지 통합적으로 고려해야만 한다는 것을 의미한다.

조금 유행이 지난 주제이지만 나는 여전히 앞으로의 미래는 통섭의 시대라고 생각한다. 최근 들어 대두되는 빅 히스토리(Big History)라는 개념도 이와 무관하지 않다. 단절된 개별 학문과 산업이 인간에게 선사할 수 있는 가치는 포화되었다. 개별적인 학문과 단편적인 기술발전만으로 더 이상 혁신적인 진보를 이루고 인류의 번영과 행복을 만족시키기는 힘들어 보인다. 서양으로부터 주도된 과학은 점점 더 인간의 시야를 분절화시키고 있고, 자본주의는 지속적인 분업화와 개인화를 만들어내고 있다. 우리가 중심을 잡고 올바른 인류의 방향을 모색하기 위해서는 더 이상 개인들을 파편화시키기보다는 다양한 것들을 통합시키려는 노력이 대두되어야 한다. 이러한 시도는 결코 몇 가지 학문과 몇 명의 사람들이 해낼 수 있는 것은 아니다. 철학, 사회과학, 자연과학, 공학, 인문학과 같은 학문을 연구하는 학계뿐만 아니라 언론계, 출판계, 교육계, 기업체, 정부를 비롯하여 다양한 분야의 사람들이 함께하여 전방위의 전략을 모색할 때 가능하다.

인간의 삶을 변화시키고 있는 최신 제품만 보더라도 하나의 영역에서 꽃 피워낸 성과만으로는 이룩할 수 없는 것들이 대부분이다. 그중 스마트폰이 대표적이다. 과거에는 분절화되어 있던 전화기, 카메라, 컴퓨터, 내비게이션 등의 역할이 이제는 스마트폰 하나로 전부 통합되었다. 나는 이러한 패러다임의 관점에서 학문의 영역에서도 이러한 시도가 이루어져야 하고 또 이루어질 수 있다고 생각한다.

물론 기대와는 달리 사회의 시스템화로 인류는 다소 어두운 미래를 맞이할 수도 있다. 기술발전으로 인해 많은 분야에 시스템화가 이루어지면서 여러모로 인간의 존재 가치가 급격하게 상실될 가능성이 높기 때문이다. 따라서 인간은 기술발전과는 별개로 인간만이 할 수 있는 창조적인 일들을 영구적으로 발굴하고 계승시켜 나가야 한다. 어차피 강한 인공지능이 등장하게 되면 인간이 할 수 있는 일은 모두 인공지능이 대신할 수 있기 때문에 인간은 지구에서 완전히 존재 가치를 상실할 것이라고 주장하는 사람들도 있다. 하지만 나는 36억 년의 지난한 여정을 버티며 인간으로 진화했던 인류의 역사가 그렇게 허망하게 끝나지 않을 것이라고 믿는다. 그리고 이러한 인류의 가능성을 펼치기 위해서는 인간들도 자유롭게 강력히 연대할 수 있는 조건을 먼저 갖춰야 한다. 갈등과 분쟁을 넘어서서 개인의 자유가 소중하게 여겨지면서도 인류 공통이 가진 연대성을 기반으로 인류가 맞이할 역경에 대처할 기반을 갖춰야 한다. 사회의 다양한 문제를 효과적으로 대응하기 위해서는 인류 공동체 또한 건강하고 훌륭한 사회 시스템을 갖춰야 한다.

극단적인 자유주의와 극단적인 공동체주의는 대척점에 있지만 그사이에 존재하는, 인류의 가능성을 최대로 발휘할 수 있는 그 어떤 연대의 지점이 분명하게 존재할 것이다. 스피노자는 개인들의 자유를 깊이 존중하면서도 인간의 상호의존성을 고민했다. 자유와 연대를 고르게 포용하는 중용의 자세가 우리 인간 시스템이 나아가야 할 방향이라고 생각한다.

반목과 불화의 시대를 넘어서 자유와 긍정이 넘치는 세계를 어떻게 만들 것인가. 스피노자는 데카르트와 달리 '홀로 자유로울 수 없다'고 말한다. 「나는 생각한다. 고로 존재한다.」는 경구에서 보듯, 데카르트가 생각한 자유는 존재의 목적을 인식하고 해석하는 개인의 독립적 인식에서 나오는 것이었다. 반면 만물의

상호의존성을 강조한 스피노자는 교류를 중요시 여긴다. 우리는 공동체 속에서만 슬픔을 피하고 기쁨을 경험할 수 있다. 홀로 선 개인이 아니라 기쁨을 위한 만남을 조정하는 삶만이 진정한 자유를 가능케 한다. [v]

3) 시스템에 대한 성찰의 유용함

시스템에 대한 고민이나 생각이 개인의 일상과는 너무 거리가 멀거나 추상적인 이야기로 치부될지도 모르겠다. 그러나 시스템에 대한 고민은 대단히 실용적이고 실천적인 지혜이다. 시스템을 통해 우선 나의 일상이 개선될 수 있다는 이야기를 펼쳐가야겠다.

4장에서 조금 더 언급되겠지만, 한 개인의 삶은 시스템이 지배하고 있다. 한 사람의 삶을 지탱하고 지속적으로 굴러가게 하는 시스템은 무엇일까? 바로 '습관'이다. '처음에는 당신이 습관을 만들지만 나중에는 습관이 당신을 만든다'는 말이 있다. 습관이라는 시스템을 내 안에 체화하기 위하여 초기에는 본인의 의식적인 노력을 많이 필요로 한다. 하지만 행위가 반복되다 보면 결국 무의식적인 사고와 행동에 녹아들고 큰 에너지가 소모되지 않는 반복적 행동으로 나타난다. 습관은 한 개인의 삶에서 일관성 있는 결과를 만들어 내면서 한 인간의 삶을 지배하는 시스템으로 자리 잡는다.

습관에 대한 중요성은 수많은 위인들이 지적한 바 있으며 실제로 습관에 대한 이론들은 매우 실증적으로 정립되어가고 있다. 내 삶을 지속적이고 장기적으로 변화시킬 수 있는 시스템은 단연 '습관'이다. 어떤 행동이나 생각이 그 사람을 일시적으로 변화시킬 수 있겠지만 근본적으로 삶을 지배하는 습관을 변화하지 않고는 일관성 있고 지속적으로 자신이 원하는 삶을 지탱할 수 없다. 잘못된 습관의 파괴력은 무섭지만 반대로 좋은 습관의 힘도 강력하다. 노력한다면 부정적인 습관은 점차 제거하고 긍정적인 습관을 만들어 가면서 자신만의 습관 시스템으로 인생을 자신이 원하는 방향으로 이끌어 갈 수 있다. '세 살 버릇 여든까지 간다'는 속담처럼 훌륭한 습관도 한번 내 안에 제대로 새겨놓기만 한다면 그 이후에는 많은 정신적인 에너지를 투입하지 않고도 성공적인 삶을 살아갈 수 있게 한다.

습관은 다양한 영역에서 존재하고 필요하다. 사소한 행동습관만이 아니라 내 삶 전체를 지배하는 사고습관, 건강습관, 대인관계습관 등이 개인의 삶을 유지하고 있다. 시스템에 대한 고민과 중요성을 자신의 내면에 굳건하게 세우면 습관이 왜 중요한지에 대해 마음 깊이 이해할 수밖에 없다. 왜 자신만의 원칙이 필요한지, 왜 규칙적인 생활이 이로운가에 대해서 머리로만 이해하고 있거나 그저 좋은 말이라고 생각하며 그러한 삶을 살려고 실천하지 않는 것은 사실은 마음에 깊은 깨달음이 없기 때문이다. 단순히 습관이 중요하다는 생각만으로는 개인의 의식을 함양하고, 가슴을 흔들 수 없다. 습관을 변화시킬 진정한 이유를 찾지 못한다. '어른들 말 잘 들어서 나쁜 것 하나 없다'는 식의 논리 없는 설득으로는 고통을 요구하는 습관의 변화가 찾아오지 않는다.

하지만 시스템이 목적을 위해 일관성 있고 지속적인 결과를 야기해 내는 인과관계의 집합체라는 사실을 진정으로 이해한다면 습관이 왜 중요한지에 대해서도 진정으로 설득될 것이다. 결국 자신의 인생을 이롭게 하거나, 망치게 하는 것은 모두 자신이라는 사실을 깨닫게 된다. 내가 하는 행위로 내가 그 결과를 책임지고 살아가고 있다. 시스템에 대한 이해는 습관이야말로 개인 인생의 행위와 그로 인한 결과, 책임의 가장 중요한 인과관계라는 사실을 깨닫게 한다. 나아가 시스템에 대한 진정한 이해는 획일화되고 기계화로 고착된 시스템의 변화도 이끌어 낼 수 있다. 이에 대한 이해를 돕기 위해 기업의 인사채용 과정을 예로 들어볼까 한다.

기업 A에서는 유능한 신입사원을 선발하기 위해 유능한 인재의 기준을 학력, 학점, 영어점수로만 판단한다. 겉으로 드러나는 스펙이 한 사람의 성실성, 그간의 노력, 지적 수준을 일부 대변할 수 있음을 부정하기는 어렵다. 그럼에도 불구하고 이와 같은 채용 시스템의 과정에서 회사의 비전이나 회사만이 가진 고유의 개성을 고려했다는 생각은 없다. 모든 기업들이 위와 같은 획일적 인사 시스템을 시행한다면 모든 회사는 동일하고 정형화된 인재를 선발하게 될 것이다. 이 과정에서 회사가 어떤 비전을 가지고 있고, 어떤 제품을 만들고, 어떤 고객들을 상대해야 하는지에 대한 고려는 전혀 없었기 때문에 회사가 진정으로 필요로 하는 인재는 배제될 가능성이 많다. 어쩌면 선발된 사원들은 회사에 진정으로 만족하기 어렵거나 적응하기도 어려울 수 있다. 회사가 추구하는 비전이나 문화와는 전혀 관련 없는 사원들을 획일적으로 선발했기 때문이다. 그리고 이러한 회사의 태도는 인사 선발만이 아니라 전반적인 회사의 운영에서도 일관성 있게 적용될 것이다. 유연하고 생동감 넘치는 방식으로 회사를 운영하는 것이 아니라 기계적이고 종속적인 방식으로 사원들을 운영하며 장기적으로는 경쟁력을 상실할 가능성이 있다.

기업 B에서는 유능한 신입사원을 선발하기 위해 우선적으로 회사의 비전, 문화, 필요한 능력에 걸맞는 요인들을 가장 먼저 고려하고자 한다. 학력, 학점, 영어점수와 같은 요인들도 중요하다. 하지만 그것만으로는 회사에 부합하는 적절한 인재를 선발할 수 없다고 판단했다. 기업 B는 가장 적합한 인재들을 선발하여 비전에 부합하고 열정적으로 회사에 다닐 수 있는 인재들을 선발하는 것이 채용의 목표다. 따라서 변화가 극심한 산업에 속한 B기업은 불확실한 경영 환경에서도 스스로 먼저 생각할 수 있고, 자신만의 창조성을 발휘할 수 있는 인재를 채용하기로 결정하였다. 그리고 그러한 능력은 익숙하지 않은 상황에서 눈앞에 닥친 문제를 자신의 머리로 적극적으로 생각하며 이를 타인들과 효과적으로 소통할 수 있는 인재라고 정의한다. 기업 B는 인재 선발 기준에 부합하는 구체적인 채용 시스템을 설계하기 위해 활발하게 토론하고 수정해나가면서 인재 채용을 진행하고 있다.

A 기업과 B 기업의 인사 시스템을 비교하며 이해할 수 있듯이 시스템은 기계적이고 획일적일 수도 있고 유연할 수도 있다. 유연한 시스템을 갖추고 있다고 해서 아무런 기준이 없거나 공정성이 결여되어 있는 것이 아니다. 단지 유연하면서도 공정한 채용 시스템을 만들기 위해서는 그만큼 정성과 노력을 기울여야 할 뿐이다. 획일화된 시스템, 기계화된 시스템을 보면서 시스템에 대해 거부감을 가지고 시스템의 무용론을 주장하는 사람들도 있을 것이다. 그러나 시스템의 오용이나 남용만으로 시스템의 무용함을 주장하는 것은 논리적인 비약이다. 시스템이 잘못 설계된 사실만으로 시스템은 무용하다는 당위는 나올 수 없다. 일부 잘못 설계된 자동차를 보고 인류에게 자동차는 필요 없다고 주장할 수 없듯이 말이다. 시스템에 대한 성찰과 고민이 당장의 모든 문제들을 해결해 줄 수는 없을 것이다. 그러나 우리 앞에 놓인 복잡해 보이는 다양한 문제점에 대해서 보다 차분하고 질서정연하면서도 유연하게 접근하는 시선을 길러 인간의 삶을 보다 통합적이고 거시적으로 바라볼 수 있게 한다.

경제학이 한정된 경제 자원을 어떻게 배분하는가에 대해 다루고 있다면 시스템은 인간을 이루고 있는 모든 요인과 자원들에 대해서 깊은 생각을 갖추고 세상을 바라볼 수 있게 해준다.

세상을 살아가는 데 돈과 경제적 조건만 필요한 것은 아니다. 인간은 신념, 생명, 시간, 정신, 에너지, 사랑, 인맥 등 다양한 가치와 개념, 자원의 집합 속에서 살아가는 존재다. 다양한 가치와 자원 속에서 추구해야 할 목표를 세우고 그 목적을 달성하기 위해서는 다양한 자원을 효과적으로 사용하기 위해 고민하고 효율적으로 수행하기 위한 자신만의 생각의 틀이 필요하다. 그 해답이 바로 시스템이다. 에이브러햄 링컨은 이런 말을 남겼다.

나에게 나무를 베는 데 1시간을 준다면 45분은 도끼를 가는 데
쓰겠다.

눈앞에 나무를 베기 위해 다짜고짜 도끼로 찍어대면 즉각적인 성과는 나오겠지만, 시간이 흐르면서 도끼를 날카롭게 벼리어 낸 자를 따라잡기는 어려울 것이다. 시스템에 대해 성찰하고 설계하며 보내는 시간은 도끼날을 벼리는 시간과 같다. 당장 결과를 서둘러 얻는 것보다 중요한 일은 전체의 과정을 고민하고 가장 효과적인 성취를 이루기 위해 생각하는 것이다. 당장 나무를 베고 싶은 욕망을 참고 묵묵하게 도끼날을 갈아내는 과정을 견뎌야 한다.

시스템에 대해 조금 이해하는 것만으로 세상만사에 통용되는 비기를 갖출 수 없을지도 모른다. 이 책에서도 도끼날을 갈아내는 만능 방법은 아주 조금밖에 전할 수 없을지도 모른다. 그러나 우리가 도끼날을 갈아내는 시간이 왜 필요한지에 대해서 조금이나마 이해할 수 있다면 그것만으로도 변화는 시작되지 않을까? 자신의 삶을 통제하지 못해 흘러가는 일상에만 지배받고, 성찰하지 못해서 사회 시스템에 일방적으로 지배받기 이전에 조금 더 차분하게 전체적인 그림을 조망하는 시간을 가져보는 삶이 바로 시스템을 성찰하기 시작하는 삶이다. 마음의 닻을 내리고 인생의 방향과 일상의 체계성에 대해 고민하고, 내가 속한 조직과 사회, 국가를 보다 본질적으로 성찰하는 시간을 가져 보기 시작하는 순간, 우리가 반복적이고 훌륭한 삶을 만들어 내는 시스템의 초입 단계에 들어서는 것이라고 필자는 믿는다.

02 시스템에 대한 고찰

1) 시스템이란 무엇인가

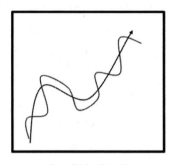

시스템적 사고관

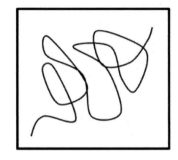

비시스템적 사고관

사랑의 본질을 한마디로 표현할 수 있을까? 행복을 한마디로 줄여서 말할 수 있을까? 인생을 한 단어로 요약할 수 있을까? 아마 대답하기 쉽지 않을 것이다. 독자 여러분들이 생각이 없는 사람이어서가 아니다. 직관적이고 당연하게 여겨지는 이러한 개념들의 본질을 불과 몇 개의 단어 조합으로 표현하는 데 한계가 있기 때문이다.

비트겐슈타인은 '말할 수 없는 것에 대해서는 침묵하라'고 말한 바 있다. 대체로 언어로 모든 개념을 설명하기에는 많은 한계가 따른다. 그래서 사랑, 신념, 증오, 기쁨, 우주, 자연, 인류, 문화와 같은 광범한 개념들은 한 마디로 쉽게 정의되지 않는다.

필자는 시스템도 한 단어로 정의하기 어려운 개념이라고 생각한다. 그래서 순수한 시스템 담론은 절대적이고 명확하다고 할 만한 이론으로 자리 잡기에는 한계가 있다. 그러나 일상에서는 시스템에 대한 명확한 정의 없이도 직관적으로 적절하게 사용하고 있다. 사람들은 기업 시스템, 국가 시스템에 대해서 비판하고, 여기에 대해 이해하고 공감한다. 어쩌면 본서에서 다루고 있는 시스템에 대한 구체적인 언어와 개념들도 수많은 시스템의 원리나 본질을 표현하는 극미한 단면에 불과할지 모른다.

따라서 필자는 보다 직관적인 이해를 돕기 위해 위와 같은 그림을 내걸어 보았다. '시스템이 바로 이것이다'라는 한 문장으로 시스템을 표현하기보다는 누구나 와 닿을 수 있는 직관적인 하나의 이미지로 먼저 표현하는 것이 언어로 닿기 어려운 시스템의 본질에 더 가깝다고 생각하기 때문이다.

다양한 재료들이 하나의 조직화되고 통일된 시스템을 유지하고 있다는 사실은 그 시스템을 이끌어나 가는 목적, 가치, 방향, 경향성이 있음을 의미한다. 시스템을 이루고 있는 다양한 요소들은 이러한 특정한 방향, 목적을 달성하기 위해서 시너지를 발휘해나가며 조직적, 유기적으로 작동하고 성장해나간다. 때때로 시스템의 원하는 목적이나 방향과 다르게 그 결과가 나타나기도 하지만 적어도 그 방향과 경향성을 완전히 벗어나지는 않으며 다시 회귀하는 힘을 가지고 있다. 만약 어떤 요소가 시스템을 지탱하고 있는 수준 이상의 임계점을 넘어서는 순간 통일성을 이루고 있던 시스템에는 분열과 붕괴가 발생하는 단초가 발생할 수 있다. 반면 시스템을 갖추지 못한 요소들은 하나의 중심이나 방향성이 없이 조직체를 유지하고 있다. 이것은 우리가 흔히 말하는 일종의 카오스 상태라고 말할 수 있다. 하나의 조직체는 순수하게 시스템, 비시스템으로 구분할 수 있는 것은 아니며 각각의 시스템마다 시스템적인 요소, 비시스템적인 요소가 뒤섞여 있기 마련이다.

추상적인 원리를 실제 상황에 적용해보자. 개인의 삶을 예로 들어보면 한 개인이 가진 꿈, 가치관, 철학, 인생관, 인격, 성격, 습관 같은 것들이 한 개인의 삶의 궤적을 잡는 목적, 방향이라고 할 수 있다. 꿈이나 가치관을 가지고 있다고 해서 그 사람의 삶의 궤적과 꿈과 가치관이 완전하게 일치하지는 않을 것이다. 그러나 개인의 내면에 자리 잡은 꿈과 가치관이 확고하다면 그 사람의 인생이 꿈과 가치관을 크게 벗어나는 삶을 살게 되지는 않을 것이다.

기업 또한 기업 내부에 가지고 있는 비전, 미션, 경영철학, 기업문화에 의해 특정 기준과 경향이 형성된다. 그리고 형성된 목적, 가치에 따라 기업 고유의 궤적이 그려질 것이다. 국가에도 특정 국가가 가지고 있는 중요한 가치, 문화, 정서가 존재한다. 이러한 경향은 국민의 의사결정을 통해 국민의 대표자들에게 반영되고 이에 따라 국정철학, 정부 정책이 결정되어 고유의 역사를 만들어 나간다. 반드시 특정 국가가 가지고 있는 가치와 철학, 방향대로 역사가 만들어지지는 않겠지만, 장기적으로 보면 국민들이 가지고 있는 종합적인 방향, 수준에 맞게 자신의 역사를 그려나갈 것이다.

앞서 인용한 비트겐슈타인의 말처럼 이제는 시스템에 대해서 저자만의 언어로 풀어낼 시간이 돌아온 것 같다. 이미지 하나로 모든 논리를 펼쳐가는 것은 저자로서의 책임을 방기하는 것이다. 시스템 공학과 같은 분야를 통해 시스템을 떠올리는 사람들은 문제 해결을 위해 주어진 여러 환경에 대해 가장 최적화된 대안을 선택하려고 하는 본능 자체를 시스템적 사고라고 받아들인다.[vi] 필자가 생각하는 시스템의 범위는 좀 더 광범위하다. 완벽하지는 않지만 아래와 같은 개념으로 시스템을 정의하고자 한다.

> *시스템(System)이란 하나 이상의 특정한 목적을 달성하기 위해 상호의존적인 단위들이 유기적으로 작용하며 충분한 기간 일관적이고 반복적으로 작용하는 구조, 과정, 법칙 등의 집합체이다. 그래서 시스템은 지속성, 일관성, 통일성을 가진다.*

앞서 설명했듯이 시스템은 통일성을 유지하는 하나 이상의 특정한 목적, 가치, 경향성을 필요로 한다. 만약 이러한 공유된 목적 없이 시스템의 요소들은 자연스럽게 응집될 수 없다. 통일성 있는 시스템이 조직되어 있던 그 시스템 내부에는 명시적이든, 암묵적이든 간에 시스템의 요소들이 추구하고 있는 특정한 방향이 있다. 이를 통해 시스템은 통일성을 만들어 낸다.

방향을 추구하는 요소들은 상호의존적으로 작용하고 있으며 이러한 작동은 유기적이다. 시스템들은 자신들이 원하는 목적을 수행하기 위해 일관된 결과를 만들어 낸다. 법칙, 기준, 약속 없이 일관성을 만들어 내지 못하는 시스템은 통일성을 유지하기 어렵다. 시스템의 가장 핵심적인 성질은 바로 동일한 입력에 대해서 동일한 결과를 지속적으로 만들어 내는 일관성이다. 그리고 이러한 시스템의 통일성과 일관성은 지속 가능할 때 의미가 있다. 환경과 반응하며 유지, 존속되고 있는 하나의 시스템은 충분한 시간만큼 장기적으로 유지되지 못한다면 그 시스템이 만들어 내는 통일성과 일관성도 무의미하다. 이것이 시스템의 지속성이다.

이 개념을 통해 인간의 신체 시스템도 이해할 수 있다. 논의를 단순화하기 위해서 정신 활동을 제외한 신체 작용만 살펴보기로 하자. 우선 인간의 몸은 생존, 성장, 생식이라는 목적을 달성하기 위해서 유지되고 있다. 인간의 신체는 어떠한 목적이나 가치도 존재하지 않는 하나의 자연물이라는 주장도 있을 수 있다. 물론 생명, 신체는 우리 인간이 생각하는 생존, 성장, 생식이라는 개념을 전혀 알고 있지 못할 수도 있다. 그러나 신체에 인간을 유지해 주는 일관된 경향성이 없다고 말할 수 있을까? 수많은 세포, 조직, 기관이 유기적으로 작동하는 생명 시스템이 유지되고 자신만의 항상성을 유지하는 것에는 10조 개의 세포를 통일되게 지탱하게 하는 한 가지 이상의 경향성이 존재한다고 볼 수밖에 없다. 그것은 생존일 수도 있고, 성장일 수도 있고, 번식일 수도 있고, 우리가 알지 못하는 다양한 지탱하게 하는 요소가 있을 수도 있다. 그러나 인간이 무엇이라고 부르고 지칭하든 간에 복잡한 신체의 요소들을 유지시켜주는 경향성 없이는 수많은 신체의 요소들이 일시에 붕괴하고 말 것이다.

　생명 시스템은 구성 요소 간에 고도의 유기성과 의존성을 가지고 있다. 특히 심장과 같은 장기는 시스템을 작동하기 위해서 필수적이다. 그리고 심장은 내 몸 안에서 있을 때 의미가 있는 것이지, 내 몸 밖으로 빠져나가 버리면 아무런 의미가 없다. 심장이 내 몸 밖에서 빠져나간다는 의미는 생명의 붕괴를 의미한다.

　음식을 먹을 때 한 가지 기관이나 세포가 작동하는 것이 아니다. 세포, 기관, 장기는 단편적으로, 파편적으로 작용하지 않는다. 소화가 되는 과정은 뇌, 입, 위, 소장, 대장, 이자, 간 등 수많은 생물학적 구성요소가 유기적으로 작용하면서 그 역할을 수행해 내고 있다. 우리의 몸은 눈, 코, 입, 팔, 다리와 같은 신체의 요소들이 자신의 역할을 다하되, 유기적으로 작동하고 있음을 무시할 수 없다. 인간의 생명은 자신의 경향성, 목적성을 수행할 수 있는 충분한 시간이 주어져야 의미가 있다. 그 정도의 차이는 사람마다 달라서 누군가는 60년 인생을, 누군가는 100세 인생을 살 수도 있겠지만 그럼에도 인간다운 생명 시스템을 유지한다고 말하기 위해서는 지속성 있는 생명, 신체의 유지의 일정한 기간이 필요하다. 그리고 이러한 생명, 신체는 우주의 섭리를 거스를 수 없으며 우리와 유기적으로 연결된 물리법칙, 생물법칙에 부여된 대로 동작하고 있다.

　한편으로 목적을 향해 나아가는 시스템의 개념 속에서 절대 국가의 모습을 연상하는 사람도 있을 것이다. 그러나 이것은 편협한 논리이고 잘못된 해석이다. 그렇게 생각한다면 인간의 신체가 생존, 번식과 같은 목적을 향해 다양한 세포, 기관이 유기적으로 결합되고 생존을 유지하고 있는 상태 자체를 부정하는 것과 동일하다. 목적을 완전히 없애야 한다며 생존, 번식과 같은 신체의 목적을 완전히 제거한다면 생명체를 죽음으로 내몰자는 말과 동일하다. 다만 사회 시스템의 경우에는 서로 다른 생각을 가진 사람들이 저마다의 가치를 좇다 보니 절대적으로 특정할 수 있는 단 하나의 가치가 존재하기 어려운 게 사실이다. 이로 인해 다양한 가치를 가진 개인을 조화시키기 위하여 인류는 자유라는 가치를 중요 가치로 내걸기 시작했다. 그러나 분명 이 지점에서도 분명 우리는 자유라는 목적을 중요시하고 있다. 그것이 근대 국가, 현대 국가를 이루는 구성원들을 지탱시켜주는 중요한 공동체의 목적, 가치라는 점을 부정할 수 없다. 더 위험한 것은 자유라는 가치가 모든 공동체의 절대적인 선이며 이것이야말로 인류를 구원할 수 있다는 자유 지상주의적인 결론이다. 자유 지상주의적인 생각이야말로 그들이 경계하고자 했던 단 하나의 가치를 추구하는 절대 국가의 모습을 연상케 한다. 자유 지상주의와 단 하나의 가치를 추구하는 절대 국가의 모습은 양 극단에 있는 듯 보이지만, 사실은 아주 가까이 맞닿아 있다. 이러한 문제에 대해서는 뒤에서 좀 더 상세히, 여러 번 다루게 될 것이다.

시스템의 개념을 다루면서 시스템은 통일성, 유기성, 일관성, 반복성, 지속성을 가진다는 점을 이해할 수 있었다. 그런데 본 설명에서 우리는 효율성에 대해서 깊게 논의하지 않았음을 이해할 필요가 있다. 시스템을 떠올리는 대부분의 사람들은 효율성을 생각한다. 그러나 이것 또한 기계적, 획일적 시스템에 종속되어 있던 사람들의 편견이다. 시스템에서 가장 중요한 것은 올바른 목적과 가치를 향해 나아가는 공동체의 일관적이고 지속적인 모습이다. 효율성은 올바른 방향을 추진하는 과정에서 추구해야 할 2차적인 요인이다. 올바른 목적과 가치를 숙고하지 않은 채 효율성의 함정에만 갇혀서 시스템을 망치는 사회의 병폐는 이미 눈만 돌리면 찾을 수 있다. 이후에 이러한 문제에 대해서 좀 더 상세히 이야기해 볼 것이다.

2) 시스템의 창발성(Emergent Property)

정확한 비율의 모래와 시멘트, 물이 잘 조화되면 포탄도 막아내
는 콘크리트가 된다. 이를 롤라팔루자 효과라고 한다.
— 워런 버핏의 동업자 찰리 멍거의 명언

시스템에 대한 창발성을 논의하기 전에 간단한 퀴즈 하나를 내고자
한다. 아래의 원소들이 합쳐지면 과연 무엇이 될까?

물 35L, 탄소 20kg, 암모니아 4L, 석회 1.5kg, 인 800g, 염분
250g, 질산칼륨 100g, 황 80g, 불소 7.5g, 철 5g, 규소 3g, 그
외 소량의 15가지 원소.

위에서 나열한 화학적 구성성분들은 다름 아닌 평균적인 성인을 이루
고 있는 몸의 구성성분이다. 만물의 영장이라고 자부하는 인간도 사실
한낱 원소들의 조합에 지나지 않는다는 사실을 새삼 느끼게 한다.

유명 애니메이션 '강철의 연금술사'에서는 대단히 놀라우면서도 섬뜩
한 장면이 등장한다. 주인공 에드워드 형제는 죽은 엄마를 다시 살려내
기 위해 위에서 나열한 구성원소들과 자신의 피를 통해 영혼의 정보를
주입한 다음 엄마를 환생시키려고 한다. 물론 그 대가는 참혹하였다. 동
생 알폰스는 온몸을 잃어버린 채 영혼을 장식용 갑옷에 정착시켜야만
했고, 형 에릭은 오른팔을 송두리째 잃어버리고 만다. 비록 마법이 존재
하는 상상 속 세계관으로 치부할지도 모르겠지만 필자에게는 현실 과학

세계와도 진지한 연결점을 찾게 만드는 계기가 되었다.

　앞서 설명했듯이 인간의 신체는 환원적인 관점에서 충분한 재료, 구성성분의 총합에 지나지 않는다. 그런데도 구성원소를 모으는 것만으로 특정한 인간을 만들 수는 없다. 무엇이 단순한 원소들의 나열과 인간의 실제 생명의 차이를 가르는 것일까?

　시스템에 대한 많은 담론은 창발성이란 개념으로 이를 설명한다. 단순한 원소의 나열과 실제 인간의 생명이 차이가 나는 이유는 인간의 생명은 다양한 요소들이 유기적으로 결합하고 연결되면서 하나의 몸을 이루어 내는 창발성이 빚어지기 때문이다. '부분의 산술적인 합과 전체의 합은 다르다'는 설명이 바로 창발성을 가장 훌륭하게 설명해내는 문장이라고 할 수 있다. 우리가 원소의 조합과 실제 인간의 생명과 다르다고 생각하는 이유는 전체는 부분의 합과 다르다는 직관을 무의식적으로 이미 내면에 가지고 있기 때문이다. 창발성에 대한 개념을 구체적으로 풀이하자면 아래와 같다.

> 창발성이란 모든 만물에서 개별 요소들이 모여서 하나의 시스템을 이루게 될 때 발생하는 한 가지 이상의 독특한 특성이다. 쉬운 개념으로 풀이하자면 다양한 요인들이 빚어내는 시너지 혹은 개성이라고도 할 수 있다.

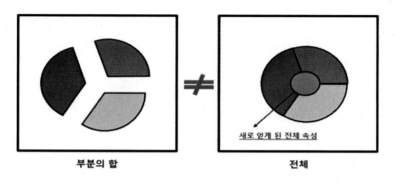

부분의 합 ≠ 전체

새로 얻게 된 전체 속성

시스템의 창발성(전체≠부분의 합)

즉, 창발성이란 이질적인 개별 요소들이 하나의 시스템으로 작동하며 새로이 만들어지는 속성이다. 개별 요소들이 뭉쳐 하나의 시스템을 이루어 생기는 독특한 종합적 특성을 창발성이라 정의할 수 있고 혹은 다양한 요인들이 빚어내는 '개성'이라고도 할 수 있다. 창발성은 반드시 전체로 존재하여 유기적인 연결성을 가질 때 발현된다. 개별적인 요소들이 다양하게 조합되는 방식에 따라서 우리가 흔히 알고 있는 표현인 '시너지'(또는 역시너지)를 만들어 내기도 한다. 그러나 시너지나 개성이라는 설명은 창발성을 쉽게 이해하기 위한 수단으로 사용하는 개념일 뿐이다.

창발성은 인간의 정신, 영혼도 온갖 원자들이 우주의 법칙에 따라 신체를 빚어내면서 만들어 내는 독특한 속성을 가진다. 창발성의 개념을 받아들이는 경우 죽은 뒤 인간의 요소가 분해되면 우리가 영혼이라고 믿고 있는 속성들도 자연스럽게 사라지게 되리라는 결론이 난다.

창발성이 구현되기 위해서는 이질적인 요소들의 조화가 대단히 중요하다. 당연한 이야기로 들릴지 모르지만 남자와 남자는 하나의 생명체를 탄생시키지 못한다. 동질성(Homogeneous)으로만 이루어진 시스템은 창발성을 발휘하기 어렵다. 반면 서로 이질적인 성(性)을 가진 남자와 여자는 또 다른 생명을 창발하는 잠재적인 요소다. (단, 이는 사실의 설명일 뿐, 동성연애나 혼인에 대한 가치 판단은 아니다.) 창발성은 언제나 이질성(Heterogeneous)을 필요로 한다. 동일 요소가 뭉쳐지면 단순히 두 개의 산술적 합에 불과하다. 물론 이질적인 요소가 부딪치면 필연적으로 갈등과 모순이 생긴다. 이질적인 사람들 사이에는 갈등이 생기고 이질적인 가치, 아이디어 사이에는 모순이 생긴다. 모순이란 무엇인가? 모든 것을 뚫는 창과 모든 것을 막아내는 방패 사이의 갈등이다. 이것을 해결할 수 없다면 이질적인 요소들은 충돌을 일으키고 모순덩어리에 머물고 만다. 이는 차라리 동일한 두 요소의 산술적 합보다 더 심각한 역(易)시너지를 만들어 낸다.

그러나 인류의 역사는 창과 방패를 하나로 품을 수 있는 개념을 만들고 과학기술의 진보를 통해 발전을 거듭했다. 인류는 모든 것을 뚫을 수 있으면서 그 자체가 모든 것을 막아내는 방패를 만들면서 대립과 모순을 승화시키고 품어내는 통합적 해결책을 만들며 역사를 추동시켜왔다. 훌륭한 시스템을 설계하고 운용하기 위해서는 다양한 개성을 가진 요소들을 갖춰야 하고 또 그 요소들을 조화시키기 위한 노력이 요구된다. 갈등과 모순을 외면하기 위해 동질적인 요소만을 추구해서는 안 된다. 획일화된 사회 집단은 갈등과 모순은 없겠지만, 어떠한 창발적인 발전도 없다. 과학기술로 인해 끊임없이 변화하고 발전하는 사회임을 고려한다면 동일화된 집단은 변화에 적응하지 못하고 사라질 가능성이 높다.

모든 훌륭한 시스템은 언제나 서로 다른 이질적인 요소로부터 탄생했다. 슈팅을 잘하는 공격형 스트라이커만으로는 훌륭한 축구팀을 만들 수 없다. 스포츠 감독들이 개인의 자질보다 팀의 조화를 중요시하는 것도 훌륭한 조화 속에서 나오는 창발성에 비롯되는 팀의 가능성, 효과에 대한 학습적, 경험적 직관 때문이다. 모든 조직의 가능성은 이질적인 요소들을 어떻게 잘 엮어내느냐에 따라 달려있다. 개별적으로 보면 평범한 사람들이 뭉쳐서 엄청난 조직력을 발휘해 훌륭한 일을 해내는 경우도 있는 반면에 개별적으로 보면 하나같이 뛰어나고 부러움을 사는 사람들이 모여서 만들어 내는 결과가 정말 볼품없어 실망하는 경우들이 역사적으로 발생하는 것도 이러한 창발성의 속성에 기인하는 것이다.

가치투자의 선구자 벤저민 그레이엄이 온갖 투자자들이 참여하고 있는 주식시장을 '미스터 마켓(Mr. Market)'으로 표현하며 주식시장을 하나의 생명체처럼 묘사하기도 했는데 이것 또한 그러한 창발성의 좋은 예시다. 개별적인 투자자들의 속성과는 완전히 다른 새로운 형태의 군집체가 형성된다는 것이 미스터 마켓의 의미이다. 경영학의 분과인 조직행동학에서도 개별 인간의 행동 양상뿐만 아니라 집단의 행동 양상을 독립적으로 연구하는 것도 이러한 창발성에서 비롯된다. 인간의 개별적인 행동양상이 집단으로 뭉쳐질 때 또 다른 모습을 보이므로, 전체를 따로 분석하지 않고는 그 특성을 알아낼 수 없기 때문에 집단의 행동은 따로 분석되어야 한다.

창발성을 예로 들기 가장 좋은 스포츠는 단연 야구가 아닐까? 스포츠 중에서 시스템이란 단어가 가장 많이 언급되는 종목이자, 다른 스포츠보다 다양한 조합이 가능하다는 점, 선수 개개인의 타고난 능력 외에도 훈련을 통해 강화된 팀 간의 결속, 다양한 능력의 선수들이 만들어 내는 팀의 시너지, 같은 멤버가 경기에 임할 때도 전략과 전술에서 결과가 뒤바뀌는 것이 야구라는 스포츠의 묘미라고 생각한다. 야구야말로 창발성을 활용하여 가장 시스템적인 효과를 기대할만한 스포츠 경기이다.

자연과학에서도 창발성의 효과를 간단하게 살펴볼 수 있다. O(산소) 원자는 2개가 붙느냐 3개가 붙느냐에 따라서 완전히 다른 성질을 가진다. 산소 원자가 2개가 붙어 산소(O_2) 분자가 되면 생명체의 호흡에 중요하게 작용하는 성질을 가지지만, 3개가 붙으면 오존(O_3)이 되어 특유의 냄새를 만들고 호흡기관을 해쳐 인간에게 위협을 가한다.

한 사람이 연인 앞에 있을 때, 친구 앞에 있을 때, 부모님 앞에 있을 때 그 태도가 다르다고 해서 그것을 그 사람의 본질이 완전히 변한다고 말할 수는 없다. 한 사람의 본성과 존재는 절대적인 것이 아니라 관계 속에서 규정된다. 사람의 관계 속에서도 다양한 창발적 요소들이 존재하기 마련이다.

역사란 절대정신의 자기실현 과정으로 보았던 헤겔의 역사관도 창발성의 관점에서는 완전히 뒤집혀야 마땅하다. 애초에 절대정신이 존재했던 것이 아니라 인간 개개인이 가지고 있던 정신이 새로운 창발을 일으켜 결과적으로 당대의 시대정신을 만들고 역사를 일구어낸 것이다. 따라서 개별정신이 단순히 절대정신을 따라가는 운명인 것이 아니라 개별정신이 진취적으로 생각하고 자신들의 삶을 살아가는 과정들이 한줄기로 합쳐지면서 결과적으로 당대의 시대정신이 사후 절대정신으로 보이는 게 된 것이다. 헤겔이 절대정신이라고 믿었던 것은 개인이 만들어 낸 정신들의 조합에 불과했으며 인류의 역사는 절대정신의 방향대로 운명지어진 것이 아니라 우리 스스로 만들어 가며 창발성을 조직해 나가는 것이 인류의 진정한 역사에 대한 올바른 해석이라고 생각한다.

창발성은 이질적인 것들과의 연결, 편집, 융화 등에서 오는 것이고 한 개인으로 보자면 다양한 분야의 지식, 경험과 그것들을 넓게 볼 수 있는 시야와 선입견 없는 자세가 한 개인을 창조적으로 만든다. 집단으로 보면 이질적인 개인들이 잘 융화되고 서로를 무시하지 않는 문화와 법과 제도가 우리 기업과 국가를 건강하고 창조적으로 만든다.

창발성을 만들어 내는 창조의 원천은 조화로운 배치와 편집에 있다. 재료는 널리고 널렸다. 엉망진창인 집이나 아름다운 집이나 비슷한 재료를 쓴다. 고흐가 쓰는 재료나 아마추어 화가가 쓰는 재료는 별반 다르지 않다. 고흐라고 신이 내린 마법의 물감을 사용했던 것이 아니다. 중요한 것은 기존의 재료들을 활용하여 재료들의 조합, 융합에 따른 창발성을 이용하여 고유한 배치를 통해 창발의 가능성을 끌어내는 것이다. 하늘 아래 새로운 것은 없다. 하늘 아래 새로운 것은 없지만 그 재료들을 활용해서 창조의 사유와 행위를 하는 것만이 잠든 창조의 씨앗을 틔울 수 있다. 씨앗은 널렸지만 창발성의 잠재력인 열매는 그것을 용기 있게 배치하고 편집하는 사람, 기업, 국가만이 얻을 수 있다.

3) 창조적인 문화에 대한 소고

내 사업 모델은 비틀스다. 이들은 균형을 이뤘고 총합은 부분의
합계보다 컸다. 즉, 사업에서 대단한 일은 결코 한 사람이 아니
라 여러 사람이 협업을 통해 해낸다는 것이다.[vii)]
창의성은 존재하지 않는 무언가를 만들어 내는 것이 아니라 다양
한 삶의 경험과 관점들을 하나의 선으로 연결하는 것이다.[viii)]

- 스티브 잡스

앞서 이질적인 요소들이 조화되면서 새로운 창발 요소를 만들어 낸다고 밝혔다. 그렇다면 새로운 생각, 아이디어라는 것도 결국 하늘 아래 없던 것이 아니라 현존하는 이질적인 생각의 조합이라는 게 자연스러운 추론이다. 이것이 바로 21세기의 화두라고 할 수 있는 창의성의 비밀 아닌 비밀이다. 다양하고 이질적인 생각들이 빚어내는 화학적 작용과 융합 속에서 우리가 찾고자 하는 창의성의 원천을 발견할 수 있다.

물론 그런 메커니즘을 이해한다고 해서 갑자기 창의적인 개인이 되고 기업이 되고 국가가 될 수는 없다. 언제나 가장 중요한 것은 진심으로 진리를 받아들이고 그것을 꾸준히 실천하는 일에 있기 때문이다. 따라서 필자도 창의적인 생각의 구체적인 발현 과정이 어떠한지 뾰족한 해답을 제시할 수 없다. 하지만 분명하게 말할 수 있는 하나는 역사적으로나 당대의 사례를 살펴볼 때나 일관성 있게 창조적인 역량을 뿜어내는 개인, 기업, 국가는 늘 존재하고 있다는 사실이다. 그리고 일관성 있게 창조적인 역량을 발휘해 나가고 있는 요인의 핵심 키워드는 바로 '다양성'과 '조화'이다.

우리나라에서 창조적인 환경과 문화를 가장 고민했던 사람 중 한 사람은 다름 아닌 세종대왕이다. 세종대왕은 개성 넘치고 다양한 인재들을 포용하는 지도자로서의 포용력과 관용을 갖추고 국정에 임했다. 늘 다름을 인정하려고 노력하였고 생각이 다른 구성원들이 건전하게 토론하도록 문화를 조성해주었다. 창의성이란 이질적인 생각의 충돌과 그로 인해 불꽃이 튀기면서 발생하는 결과이다. 생각의 충돌을 빚어내기 위해서는 갈등과 모순을 회피할 수 없고, 그러한 갈등과 모순을 창발적인 과정으로 승화시키기 위해서는 관용과 조화의 정신이 필요하다. 세종대왕은 꽉 막힌 조선시대에도 이를 가능하게 만들었다.

이러한 생각의 융합으로 창조를 만들어 내기 위한 문화의 전제 조건은 강제가 아니라 자발성과 자율성을 갖추는 것이다. 창조적인 생각이 다양하고 이질적인 사람들과 생각에서 발생한다고 하여 억지로 생각을 짜내라고 강요한다면 이는 갈등과 모순을 통한 역효과만 생산할 따름이다. 창의적인 사고는 강제가 아니라 창의성이 자연스럽게 일어날 수 있는 생각의 생태계, 환경을 구축하는 것에 있다.

세종의 시절에는 장영실, 성삼문, 이천, 박연, 최윤덕, 김종서와 같은 인재들이 비처럼 쏟아져 내렸다. 한글, 농사직설, 측우기와 같은 발명품은 모두 세종대왕 시절에 탄생한 위대한 창조물이다. 이 모든 것이 하늘이 내린 선물과도 같이 우연으로 발생한 것일까? 아니다. 이 모두 세종대왕으로 비롯된 창조적인 환경의 부산물일 뿐이다. 세종대왕은 늘 좁은 사고에서 벗어나 조선 관료들에게 창조적인 요동을 일으켰다. 또 자신의 역작이라고 할 수 있을 만한 한글을 창제하고 이를 지나치게 반대했던 최만리라도 단 하루만 옥에 가두고 풀어주었다. 세종은 왕으로 있는 기간 동안 그 어떤 왕들보다 잦은 반대에 부딪혔지만 반대하는 신하들에게 개인적인 원한이나 감정을 내세우지 않았다. 그들이 반대를 외치더라도 조선에 필요하다면 사심은 버리고 높은 직책까지 올려주었다. 그러니 신하들은 자유롭게 자신의 의견을 말할 수 있었고 이러한 토론 문화 속에서 보다 진리에 가까운 창조적인 생각의 결과물을 쏟아낼 수 있었다. 회의 시간에도 보수적인 중견 고위 관료들과 진보적인 젊은 집현전 학자들의 창조적 마찰을 활용하며 어떤 편도 들지 않고 두 의견을 통합할 수 있는 길을 찾고자 노력했다. 우리가 흔히 말하는 지도자의 덕은 막연한 개념이 아니라 다양한 의견들을 인정하는 관용의 정신이라고 할 수 있겠다.ix)

창의성이 피어나기 위해서는 이질적인 생각들이 만나는 절대적인 기회와 시간이 많아져야 한다. 업무, 행정 등의 효율만 생각할 것이 아니라 여유를 가지며 사색할 수 있는 균형 있는 환경이 조성되어야 한다. 창의성이 개인의 의지로만 가능하지 않은 이유다. 나아가 이질적인 문화들을 엮어내고 지속적으로 소통하고 동기부여 해야만 한다. 사장, 팀장은 직원들을 쪼아대며 새로운 아이디어를 만들어 오라고 지시할 게 아니라 다양한 사람들이 자유로운 환경에서 논의할 수 있으며 새로운 의견을 만드는 사람에 대해 동기부여하고, 실패에 대해 관용을 가지고 응원하는 문화가 필요하다.

창조적인 결과의 사례들은 의외로 실수나 우연을 통한 발명이 많다. 강력 접착 물질 발견의 실패로 우연히 개발하게 된 3M사(社)의 '포스트잇'과 같은 발명이 그 사례다. 그런데 이러한 실수가 제품화되는 모든 과정은 결코 우연이 아니다. 분명 강력 접착 물질을 발견하기 위한 실험의 과정 중 실패로 접착력이 약한 물질을 발견한 과정까지는 우연이었다. 그런데 이러한 실패를 전화위복으로 받아들여 새로운 창조의 실마리로 승화시킨 것은 우연이 아니라 실력이다. 실패를 아이디어로 승화시키도록 만드는 관용의 문화가 창의성을 빚어낸다. 아이데오, 3M, 고어앤어소시에이트, 구글과 같은 회사는 효율적인 성과만 추구하는 것이 아니라 새로운 창조와 실패를 장려한다. 성공하기 위해서는 실패를 해야 한다. 실패 없는 성공은 그림자 없는 나무처럼 기괴하다. 실수를 허용해야 한다. 실수는 장기적으로 볼 때 결코 실패가 아니며 더 나은 성공을 위한 과정일 뿐이다. 실수를 의도적으로 장려해야 하고 그 속에서 더 많이 배우고 새로운 창조의 원천을 발견해야 한다. 창발성은 막상 발휘되기 전까지 아무도 예측할 수 없다. 이 예측 불가능성 때문에라도 환경과 문화는 더욱 중요하다.

시대와 국가의 화두가 되고 있는 창조와 창의성의 본질은 이질적인 것들을 적절하게 조합, 편집하는 것이다. 애플의 스티브 잡스는 창의성 본질을 가장 실천적으로 증명한 창조적 인간의 전형이다. 그는 아이폰을 만들기 위해 아무도 주목하지 않았던 개별적인 기술들을 조합하는데 집중하여 혁신적인 창조물을 만들었다. 지금까지 인류는 새로운 개념과 기술을 창안하는 것에만 혈안이었지만 작금의 시대는 이미 넘쳐나는 재료들을 활용해서 얼마나 효과적으로 조화시키느냐가 중요하다. 기업들도 마냥 새로운 인재를 채용하는 것에만 집중할 것이 아니다. 기존의 사원들을 동기부여 하여 창조적인 시너지를 발휘하도록 그들의 갈등을 관리하고 업무상의 조화를 이루어 내는 방법에 대해 고민해야 한다.

인간에게 수면과 여가, 혼자만의 사색과 성찰이 중요한 이유를 창의성의 관점에서 설명할 수도 있다. 개인은 자신을 지나치게 혹사시킬 것이 아니라 더 나은 성취를 위해서라도 자신에게 휴식을 주어야 한다. 기업과 국가도 더 번영하고 발전하기 위해서라도 직원과 국민들에게 휴식과 여가를 장려해야 한다. 우리는 소위 말해 멍 때리는 시간에 학습과 경험을 통해 배운 개념, 이론, 사건 등의 의미를 의식적으로, 무의식적으로 자신만의 사고 회로에 정착시키고 해석하고 편집하면서 새로운 생각을 하기 위한 동력을 얻는다.

뛰어난 문학가들의 창조적인 글쓰기 결과는 대중들이 이미 모두 알고 있는 단어의 조합에 불과하다. 글과 문장은 개별적인 단어들의 조합에 불과하다. 우리는 창조적인 문학가들이 사용하는 언어의 재료들을 모두 알고 있지만 그들처럼 그러한 글을 쓸 수는 없다. 같은 언어 재료라고 하더라도 어떤 생각과 표현으로 요리하느냐에 따라 새로운 맛이 나고 창조적인 생각으로 만들어진다. 매일매일 새로운 정보를 쫓아가고, 새로운 기획만을 강요하기보다는 이미 있는 재료와 인재들로 충분한 성취를 만들어 낼 수 있는 창조성의 잠재력은 언제나 조직에 잠들어 있다.

경영자들이 자주 하는 실수는 뛰어나고 개성 있는 인재를 채용하기만 하면 회사가 창조적으로 변모할 것이라는 착각이다. 개성 넘치고 능력 있는 사람들의 존재만으로는 창조적인 결과가 창출될 수 없다. 오히려 능력 있고 개성 넘치는 인재들이 조화되지 못하며 지나친 모순과 갈등만 일으킬 뿐이다. 어떻게 조직을 운용하느냐에 따라 개별적으로 뛰어난 인재를 채용하지 않더라도 충분히 창조적인 결과를 만들어 낼 수 있다. 이는 지금까지 말해온 것처럼 다양한 조직원들을 융화시키고 그들의 생각을 얼마나 훌륭하게 조화시키며, 요리하느냐에 따라 달라진다. 이질적인 구성원들을 잘 엮어내지 못하면 기대했던 것과는 달리 역시너지만 발생할 뿐이다.

창의성은 멀리 있지 않다. 남의 것을 부러워하거나 욕심내지 않고 내 안에 있는 고유한 생각과 일상에 있는 이질적인 생각들을 관용의 정신으로 바라보는 것에서부터 창의성은 시작된다. 뭔가 더 새롭고 참신한 것을 찾기 위해 바깥을 바라보는 것이 아니라 새로운 시선과 관점으로 내가 가진 것들을 바라보기 시작하는 순간 창의성은 시작된다. 이렇게 창조적인 정신을 자신 안에 품으면 행복과 해탈도 멀리 있지 않다는 사실을 발견할 수 있다고 생각한다. 창조적인 문화는 그렇게 나와 우리를 인정하는 것부터 시작한다. 배격하고, 배척하는 것이 아니라 다름을 인정하고 다름을 받아들이고, 이질적인 것들이 어떻게 더 나은 생각과 결과물로 이어질 수 있을지 열린 마음으로 고민할 수 있는 마음의 태도를 가지고, 그러한 태도를 가질 수 있는 환경을 구축한다면 그 한 사람의 인생, 기업, 국가는 틀림없이 변하기 시작할 것이라고 믿는다.

1) 시스템의 뼈대, 가치를 지향하는 목적 지향적 사고

세계최대 검색엔진을 자랑하는 구글(Google)의 비공식적인 기업 철학은 "Don't be evil(사악해지지 말자)"이다. 공식적인 구글의 기업 모토는 아니지만 지메일(Gmail)의 개발자가 회의에서 제안했던 의견이 비공식적인 기업의 철학으로 받아들여지게 된 것이다. "Don't be evil"이 담고 있는 메시지는 단기간의 이익을 위하여 장기간에 걸쳐서 쌓아 올린 이미지, 신뢰성 등을 포기해서는 안 된다는 것이다.

시스템이 유지되기 위해서는 개별 요소들이 응집력을 발휘하고 창발성을 뿜어내기 위한 한 가지 이상의 특정 가치, 방향이 존재해야만 한다. 이러한 목적이 되는 가치와 방향이 없으면 시스템의 구성요소들은 방향을 잃어버리고 종국에는 모두 흩어져서 붕괴되고 만다. 앞서 언급한 것처럼 구글에 "Don't be evil"과 같은 암묵적인 기업 철학이 존재하지 않았다면 거대한 구글은 오로지 수익만 추구하며 기업의 생존마저 무너뜨리는 자기 파괴적인 결과를 초래했을지도 모른다.

어떤 시스템이 유지되기 위해서 목적이 존재해야 한다는 주장은 근대 과학 전통이 자리 잡기 시작한 이후로 환원론적 설명방식에 의해서 폐기되다시피 한 것이 사실이다. 그러나 지나친 자유주의와 목적과 방향의 성찰을 상실한 현대 사회에서 아리스토텔레스가 가장 먼저 정립한 목적론적 철학은 다시 부흥되어야 마땅하다. '시스템 이론의 철학적 기초'라는 한 논문의 설명을 빌려 목적론적 철학에 대해 좀 더 살펴보자.

목적론적 설명은 관찰자의 마음을 자연에 잘못 투영시킨 신비적
이고 의인적인 설명방식으로 간주되어 과학적 설명에서 배제되
었다. 그러나 일반 시스템 이론가들은 목적을 지향하는 현상은
명백한 자연적인 현상이며, 따라서 목적론적 설명은 과학에서
필수불가결한 설명방식임을 주장한다. 적응성, 목적성, 목표지
향성 등과 같은 개념들을 고려하지 않고서는 인간의 행동이나
인간 사회에 관해서는 물론이고 생명체나 몇몇 유형의 기계들의
행태에 대해서조차 정확한 이해를 할 수 없다는 것이다.[x]

데카르트와 갈릴레이를 통해 정립되기 시작하면서 발전된 근대의 환원론적 설명방식은 명확한 인과관계만을 연구대상으로 삼기 때문에 목적론적 철학과 같은 설명방식은 신비로운 사실로만 생각되며 점차 배제되어 갔다. 물론 목적론적 사고는 주관적인 사고로 흘러갈 위험성이 존재하고 있다. 주관적인 상식에만 근거한 목적론적 사고는 유아론적인 사고방식이다. 역사적으로도 성찰 없는 맹목적인 목적론적 사고가 전체주의로 흘러가는 미끄러운 비탈길을 따라 내려갔음을 부정할 수 없다.

그러나 수백 년 발전을 거듭하며 모든 현상을 환원론적으로만 파헤치던 과학 전통으로 인해 자연은 인간이 이용해야 할 수단으로만 점차 파괴되어 가고, 사회를 구성하는 개인들도 인간으로서의 인격, 목적, 꿈, 방향에 대한 깊은 성찰 없이 분절화, 개별화, 소외되는 경향이 짙어지게 되었다.

그러나 이런 상상은 어떨까? 얼마 지나지 않아 인간을 완전히 초월하여 주체적으로 생각할 수 있는 강한 인공지능이 탄생했다고 하자. 강한 인공지능들은 우리가 자연을 그렇게 대한 것처럼, 나약하고 어리석은 인간을 무가치한 자연의 일부로 치부할 수 있는 당위성을 얻는 것이 아닐까? 인류를 강한 인공지능에 종속시키기 위한 하나의 노예로 전락시키더라도 우리는 그들에게 아무런 변명을 알 수 없다. 우리 또한 자연을 수단화해 왔고, 인간을 노예로 삼으며 인류 간에 학대를 자행해온 역사를 가지고 있기 때문이다.

자연과 인간을 그저 목적과 방향 없는 하나의 대상으로만 다루기 시작하는 기계론적인 사고는 자연과 인간, 사회에 대한 통합적인 시야와 방향성에 대한 고민을 놓치게 하고 엄연히 객관적으로 존재하는 공동체의 방향과 목적을 잊어버리게 한다. 작금의 시대야말로 다시 아리스토텔레스의 목적론적 사고관을 조심스럽게 부활시키고 고민해야 할 때라고 생각한다.

아리스토텔레스는 '도토리가 도토리나무로 성장하는 이유는 도토리속에 내재된 도토리나무라는 목적이 실현되어 가는 과정이기 때문'이라고 말한다. 이러한 표현이 다소 비과학적이고 미신적으로 보일지도 모른다. 그러나 아리스토텔레스의 표현 그 자체에 주목하기보다는 그러한 태도, 관점에 좀 더 주목해볼 필요가 있다. 생명체의 모습을 관찰하더라도 우리는 목적론적 태도가 마냥 부정할 수는 없는 유의미한 생각이라는 사실을 알 수 있다. 복잡한 생명체는 다양한 원소, 분자, 조직, 기관, 기관계가 버무려져서 유기적으로 조화되고 연결되고 이러한 조합을 토대로 성장, 생존, 번식을 이뤄간다. 이렇게 응집력을 발휘하며 존재하는 생명체에 아무런 구심점도 방향도, 목적도 없다고 판단하기는 어렵다. 그것이 언어로 표현될 수 있는 무언가는 아닐 수도 있지만 분명 그 생명체를 유지하고 존속시키는 특정한 존재 가치나 방향이 존재한다는 사실을 부정하기 어렵다.

복잡하게 응집된 하나의 시스템이 유지되고 존속하기 위해서는 적어도 하나 이상의 고유한 목적과 가치가 필요하다. 고도로 복잡한 시스템이 구성되고 유지되기 위해서는 더욱 분명한 목적이 필요하다. 사회 시스템 중에서 가장 복잡한 단위인 국가를 예로 들면 국민들 사이에 '안전'과 '번영'과 같은 공동의 목적이 공유되지 않는다면 국가는 구심점을 잃고 붕괴되고 말 것이다.

그러나 이러한 시스템의 가치를 추구하는 과정에서는 전체주의적 사고를 경계하지 않을 수 없다. 그래서 뒤에도 성숙하고, 다원적이면서도, 자유의 기풍이 있는 국가의 공유된 가치를 여러 번 강조하고자 할 것이다. 시스템이 유지되기 위해서는 공유된 가치가 필요하지만 그 방향이 반드시 절대적으로 존재하는 그 무엇이라고 주장하는 바가 아니다. 그러한 주장은 히틀러가 꿈꾼 전체주의 사회로 흘러가는 미끄러운 비탈길 앞에 곧바로 놓이게 만드는 길임이 틀림없다.

그러니 사회시스템이 추구하는 목적, 방향은 늘 다양한 구성원들에 의해 민주적으로 합의된 가치여야만 한다. 가정, 기업, 국가가 존재하고 있다면 의식적이든, 무의식적이든 분명 그 시스템을 유지해 주는 특정한 가치가 있다. 그리고 그러한 가치는 공자나 맹자의 유가의 철학자들처럼 절대적으로 정해진 무언가가 아니다. 공유된 가치는 구성원들 스스로 합의하고 민주적이고, 능동적으로 만들어 갈 수 있다. 시대가 흘러가 폐기되어야 할 가치라면 얼마든지 구성원들의 판단과 합의에 의하여 없어질 수 있다. 가치는 우주의 섭리로 규정되어 있는 것이 아니며 구성원들이 자유롭고 민주적인 소통과 성장통을 겪어가며 스스로 만들어 가야 한다. 그러니 국가가 강요하는 가치도 결코 천부적인 것이 아니라는 사실을 국민들은 이해하고 스스로 주인의식을 가지고 그 가치를 변화시킬 수 있는 것이다.

즉, 올바른 목적과 가치를 추구하며 합리적인 방향을 우리 사회에 전파시키기 위해서는 항상 '왜?'라는 질문을 던져야 한다. '공동체는 우리에게 왜 필요한지?', '우리 사회가 추구하는 혹은 추구해야 할 가치가 무엇인가?'에 대한 질문과 고민을 게을리하지 말아야 한다. 국가나 조직, 학교, 부모님이 나에게 부여하는 의무들에 대한 목적, 가치에 대해서 따져 물을 수 있는 배짱이 필요하다.

이렇게 성찰하는 삶은 공동체 구성원으로서 뿐만 아니라 나 자신의 삶을 훌륭하게 만드는 태도이기도 하다. '나의 인생을 지탱하고 있는 가치는 무엇인가?', '앞으로 나는 무엇을 위해 살아갈 필요가 있는가?'와 같은 질문에 대해서 깊이 성찰하고 자신만의 결론을 내릴 수 있는 사람이 더 행복해지고 훌륭한 삶을 살아갈 수 있다. 항구적으로 인생, 조직, 기업, 국가 시스템에 대한 방향과 가치를 고민하는 공동체야말로 훌륭한 나침반을 가지고 더 멋진 미래를 항해할 수 있는 동력을 얻을 수 있을 것이다.

조금 더 현실적인 이야기를 해볼까 한다. 예를 들어 한 음식점을 운영하는 경영자가 우리 가게는 '음식을 통해 수익을 극대화한다'라는 목표를 가치로 삼고 있다고 하자. 이러한 가치를 추구하는 경영자라면 이익을 극대화하기 위해 원가를 낮추려고 값싸고 신선도가 떨어지는 원재료들을 사들일 것이다. 또 경영자는 손님들이 남기고 간 반찬을 재활용할 수도 있을 것이다. 식당을 운영하는 모습을 살펴보지 않더라도 합리적으로 추론할 수 있는 음식점의 모습이다. 이런 식으로 경영을 하는 음식점이라면 단기적으로 많은 수익을 낼 수 있을지도 모르지만, 종국에는 손님들의 신뢰를 잃고 음식점을 향한 발길을 끊어버리게 하는 자기 파괴적인 결과를 초래할 것이다.

반면 '엄마의 정성으로 손님들에게 식사를 제공하자'라는 가치를 추구하는 음식점을 생각해 보자. 초기에는 신선한 재료를 사용하다 보니 비용도 많이 들고 요리에 시간과 노력이 많이 들어가서 당장에 많은 이익을 남기지 못할 수도 있다. 또 이러한 좋은 목적과 방향 자체가 곧바로 좋은 결과로 이어지지 않는 것도 사실이다. 아무리 좋은 가치를 내걸고 식당을 운영하더라도 원가관리에 소홀하고, 경영능력이 부족하다면 그 가게도 망할 수밖에 없다. 하지만 이러한 훌륭한 가치를 내걸고 식당을 운영한다면 사장과 직원들은 적어도 부끄럽지 않은 마음가짐으로 일을 할 수 있을 것이고 이렇게 훌륭하게 공유된 가치로 단결하고 노력한다면 언젠가 손님들이 그 가치를 알아줄 날이 올 때 그 가게는 번영하고 지속적으로 성장할 수 있을 것이다.

기업들이 일정 규모로 성장하기 시작하면 기업 고유의 가치와 비전, 운영철학을 내세우는 것도 이와 같은 맥락이다. 이윤추구라는 일차원적인 목적으로는 수전노로 전락할 것이고 그 기업은 장기적으로 성장하고 존속될 수도 없다. 비전과 이념, 가치를 내걸었다면 단순한 구호로 사용할 것이 아니라 임원진부터 말단 사원까지 그 가치를 공유해야 한다. 이를 통해 기업 전반에 걸쳐서 가치에 걸맞는 방식으로 소비자의 행복을 위한 제품과 서비스를 만들 수 있도록 기업을 만들어 가야만 한다. 진정한 가치를 추구하고 그것을 실행의 영역까지 올려놓는 기업의 미래는 밝고 영속적일 것이다.

개인의 삶도 마찬가지가 아닐까. 단순히 건물주가 되겠다든지, 부자가 되겠다는 식의 일차원적이고 표면적인 목적으로는 죽기 직전에 스스로 자랑스러워 할 만한 제대로 된 일 하나 남기지 못하고 부끄러운 눈물로 죽음을 맞이할지도 모를 일이다.

현재 대한민국에 만연해 있는 기업에 대한 불신은 참된 방향과 가치를 상실해가는 모습에 대한 실망, 분노의 표출이다. 그러나 가치와 윤리, 도덕성을 잃은 기업들 사이에서 경종을 울리는 기업가가 있다. 바로 유한양행의 유일한 박사이다. 유일한 박사는 타고난 경영 감각과 아이디어로 유한양행을 굴지의 제약회사로 성장시켰다. 하지만 유 박사는 자신의 손으로 일군 기업을 세습하지 않고 능력 있는 회사 임원에게 사장직을 물려주며 국내 최초로 전문경영인을 등장시켰다. 박정희 정권 당시 정치 후원금 거절 때문에 다분히 보복성을 띤 세무조사를 받게 되었지만 한 푼도 탈세하지 않은 사실이 알려져 오히려 박 前 대통령이 감동을 받아 상을 수여하고 이후에는 특별히 세금조사가 이루어지지 않았다. 사회 속에서 기업의 역할에 대해서 깊이 고민했던 유일한 박사의 어록을 아래에 옮겨 보았다.[xi]

> 기업은 한두 사람의 손에 의해 발전하지 않는다. 여러 명의 두뇌가 참여해야 비로소 발전하는 것이다. 기업의 제1 목표는 이윤의 추구다. 그러나 그것은 성실한 기업 활동의 대가로 얻어야 하는 것이다. 기업의 소유주는 사회이다. 단지 그 관리를 개인이 할 뿐이다. 기업에 종사하는 모든 사람은 기업 활동을 통한 하나의 공동운명체이다.

그의 어록에서도 드러나듯이 기업의 책임에 대해 성찰하고 고민하기 위해서는 기업을 사회에 속한 존재로 받아들이는 태도가 필요하다. 기업이 스스로 많은 이익을 창출하는 것이 아니라 사회에 관계한 다양한 사람들 속에서 기업 또한 유기적으로 자신의 역할을 하고 있다는 사실에 대한 각성이 요구된다. 유일한 박사는 기업의 제1 목표가 이윤추구라는 사실을 부정하지 않았지만 기업 또한 사회에 속한 하나의 주체로서 성실하게 일한 대가로 수익을 창출해야 한다고 역설하였다.

대중은 단순히 어떤 사람들이 자본가 그 자체라는 사실만으로, 부자라는 그 사실 자체만으로 마냥 분노하거나 시샘하지는 않는다. 노블레스 오블리주라는 말처럼 자본가들이 자신이 가진 능력과 사회적 책임을 겸허히 인정하며 보다 넓은 마음으로 사회 속에 존재하는 주체로서의 의식을 얼마냐 가지느냐에 따라 대중들은 자신의 관점을 얼마든지 달리할 수 있다.

종합하자면 사회 시스템은 훌륭한 가치를 추구하되, 그 가치 속에서 효율적으로 운영되기 위한 필수적인 시스템의 설계와 운영이 요구된다. '세계적인 갑부가 되어 전 재산을 털어 나라 곳곳에 도서관을 만들고 지식을 전파하겠다'는 거창한 꿈을 품는다고 하더라도 그저 꿈꾸는 것만으로는 아무런 결과도 가져다주지 않는다. 방향은 방향이되, 더 현명해지고, 더 많이 알아야 하고, 더 많이 행동해야 한다. 자신의 가치가 옳고 깊은 고민에서 나온 것이라면 그것이 실현되기 위해 고민하고 실행해야 한다. 그리고 그것을 남들이 자연스럽게 알아주길 기대하지 말고, 적극적으로 알려야만 한다. 심사숙고하여 생각한 가치라면 다른 사람들이 동조하고 감동할 수 있는 힘이 이미 그 가치에 서리어 있다. 『경영은 시스템이다(System management)』의 저자 잠쉬드 가라제다지는 "세상은 올바른 사람들에 움직이지 않는다. 세상은 다른 사람들에게 자신이 옳다는 확신을 심어줄 수 있는 사람들에 의해서 움직인다."[xii]고 하였다. 올바른 생각과 그에 합당한 권력을 가지는 것은 별개의 문제라고 볼 수 있다. 민중을 생각하지 않는 권력자들이 넘쳐나는 지금 작태와 맥락이 일치한다.

따라서 올바른 뜻이 있다면 힘을 기르는 것 또한 절대로 피하지 말아야 한다. 해묵은 500년 고려 왕조를 끝장내고 조선을 건국했던 이성계의 뜻이 높고 숭고했을지라도 변화를 추동할 수 있는 힘이 없었더라면 역사에 점 하나 찍지 못했을 것이다. 가라제다지는 '능력 없는 자유는 공허한 명제이다'라고 말한다. 결국 훌륭한 시스템이 되기 위해서는 좋은 가치를 공유하여 요소 간에 단결된 힘으로 더 효과적이고, 효율적인 운영을 수행할 수 있는 구체적인 힘까지 갖출 수 있어야 한다.

목적 지향적 사고에 대해서 간단히 정리해 보자. 시스템은 응집력을 가지고 운영되기 위해 특정 방향을 필요로 한다. 그런데 인간을 구성원으로 하는 사회 시스템의 경우에는 그 목적이 천부적이라고 할 만큼 절대적이지는 않다. 그래서 사회 구성원들은 자신이 속한 공동체가 더 행복하고 자유롭고 평등한 모습 등을 갖추기 위해 지속적으로 가치와 목적을 탐색하기 위한 노력을 시도해야 한다. 시대와 상황마다 당대에 필요한 방향과 비전은 얼마든지 달라질 수 있다. 변화를 긍정할 수 있어야 한다. 물론 목적과 방향, 가치가 매번 변화한다면 개인, 기업, 조직, 국가 공동체는 분열되고 혼란스러울 것이다. 그런 점에서 핵심적이고 쉽게 변하지 않는 시스템의 보편적인 가치, 이념을 찾는 노력도 함께 병행되고 이러한 가치는 변함없이 지켜지도록 노력해야 할 필요가 있다. 지켜야 할 가치는 지키고, 변화되어야 할 가치는 변화할 수 있도록 훌륭한 지식인들을 필두로 지속적인 담론의 창출과 시민들의 탐색, 토론이 이어져야 한다.

소통의 시스템이 정착되지 않은 시스템은 초기에 이런 태도를 갖추기 위해서 얼마간의 마찰을 필요로 하겠지만 그것이 궁극적으로 공동체가 자유롭고 행복해질 수 있는 길임을 감안한다면 숙명이자 의무로 받아들이며 보다 나은 개인, 기업, 국가의 건설을 위해 변화시켜 나가야 한다. 세상의 모든 것은 변한다는 말을 진리로 삼고 쉼 없이 공부하고 성찰하자. 긍정적인 번민과 갈등은 인정하되, 전쟁을 통해 공멸로 가는 길은 막아내기 위해 노력하자. 사회 시스템을 응집하기 위한 목적은 중요하지만 하나의 이념이나 사상에 갇히지 않기 위해서 끊임없이 반대 의견을 융합하고 대안의 담론들을 만들어 내는 언론의 자유와 표현의 자유가 보장되는 사회로 만들어 나가자. 고인 물은 예외 없이 썩는다.

2) 시스템의 본질에 기반하는 진정한 가치를 위하여

기타를 팔겠다는 회사는 모두 망했고, 음악을 팔겠다는 회사는
모두 살아남았다.

- 여덟 단어의 본질에서

스티브 잡스가 혁신적인 제품을 만들기 위해 고민하며 지향했던 가치 중 하나는 '단순함'이다. 그는 변화하는 대중의 여론이나 시장의 트렌드를 쫓아갈 생각보다는 제품의 가장 본질적인 가치를 고민했던 철학자였다. 인간은 스스로를 만물의 영장이라 생각하지만 인간은 생각보다 복잡한 것을 좋아하지 않는다. 인간은 직관과 감각을 중시한다. 인간은 합리적인 동물이 아니다. 잡스는 이런 사실을 항상 마음 깊숙이 새기고 있었다. 잡스는 논리나 합리성이 아니라 감각과 감동에 기반을 둔 제품을 창조하여 소비자들의 마음을 뒤흔들고자 노력하였다. 지속 가능하고 일관성 있는 시스템의 생존과 성장을 위해서는 시스템의 진정한 본성, 본질이 무엇인지에 관한 깊은 탐구가 필요하다. 시스템의 가장 핵심적인 본성과 본질을 성찰하면 시스템이 궁극적으로 추구해야 할 진정한 가치를 발견할 수 있다. '인간의 존재, 기업의 존재, 국가의 존재, 자본주의의 존재에 관한 참된 본성은 무엇인가?' 이것을 이해하면 각각 시스템들이 추구해야 할 진정한 가치를 발견할 수 있고 이를 통해 시스템의 지속 가능한 생존과 성장을 담보할 수 있다.

어떤 시스템의 천부적인 본성, 본질이 존재한다고 믿어야 한다는 의미는 아니다. 생래적인 본성과 본질이 없다고 믿는 사람들도 존재할 것이다. 필자가 이데아와 같은 절대적인 본성을 찾아야 한다고 말을 하는 것은 아니다. 다만 다른 누군가에게 의존하지 않고 독자적으로 고민하여 나온 탐구가 나뿐만 아니라 다른 사람들에게 충분히 보편적으로 설득할 수 있을 정도로 강력하다면, 그리고 시간이 지나도 쉽게 변하지 않을 특성이라면 이는 시스템이 추구해야 할 진정한 가치로 거듭날 수 있다. 대한민국이 매번 역사 앞에서 갈 길을 잃고 진정한 가치를 좇고 있지 못한 것은 국가라는 공동체가 가야 할 진정한 본성, 본질에 대한 끈질기고 집요한 탐구가 이뤄지지 못했기 때문이라고 생각한다. 더 나아가서는 그러한 본성과 본질을 물고 늘어지는 시민들의 열정과 에너지가 부족한 것은 아닐까 생각하기도 한다. 그동안 대한민국은 국가의 존재 이유는 무엇인지, 국가의 권력은 어디에서 나오는 것인지, 국가 지도자의 진정한 역할은 무엇인지, 시민의 자질은 무엇인지, 정치에 무관심하고도 개인은 행복할 수 있는 것인지 등에 대한 본성의 탐구를 제대로 해볼 기회가 없었다. 타국은 수백 년에 걸쳐서 자본주의와 대의 민주주의 체제를 이룩하였다. 그들은 수백 년의 역사에서 실패를 경험하고 시민들이 피를 흘리는 과정에서 진정한 국가의 모습과 시민의 자질에 대해서 숙고하였다. 그러나 대한민국은 거대한 역사의 풍랑 속에서 독자적인 국가의 본성에 대해서 고민할 시간과 경험이 부족했다. 대한민국은 식민 통치가 끝나고 또다시 한국 전쟁으로 말미암은 폐허 속에서 이식된 자본주의와 민주주의를 통해 지나치게 압축된 산업화, 민주화의 과정을 거쳐야만 했다. 본성이 탐구되지 않은 형식적, 효율적 성장을 추구하면서 눈앞에 불을 끄기에 급급하며 방향에 대한 성찰 없이 작금에 이르렀다고 생각한다. 뒤늦게 형식적인 자본주의와 대의제 민주주의, 경제적 부는 일구어 냈지만 국가의 방향과 공동체의 진정한 가치, 성찰의 능력이 거세된 채로 새로운 시대를 맞이하고 있다. 대한민국은 중학교 2학년의 정신적 능력을 갖추고 몸만 성인으로 자라난 상태에 있는지도 모른다.

프랑스 혁명의 가치가 세계적으로 전파된 것은 인류 공동체가 내면에 가지고 있는 본성을 바탕으로 자유·평등·박애라는 가치를 추구했기 때문이다. 프랑스 혁명 그 자체는 자국 내 시민에 국한된다는 한계가 있을지 모르지만 그러한 가치는 오래도록 살아남아 다양한 현대국가의 헌법적 가치로 스며들었다. 조화롭고 지속 가능한 인간 공동체의 본성에 기반한 가치를 추구했기 때문에 수백 년이 지난 지금까지 프랑스 혁명의 정신은 건재한 것이며 세계 각국 헌법의 일반, 보편적 원리로 유지, 존속되고 있다. 인간 공동체가 추구해야 할 자유, 평등과 같은 보편적 가치와 더불어 법치국가가 지향해야 할 공통된 가치에는 '정의'가 있다. 정의의 힘은 강하다. 정의가 항상 승리하지는 못한다. 장기적으로 보면 부패하고 기회주의적인 자들이 득실대는 사회는 반드시 패망하고 역사에서 뒤안길로 사라진다. 인간 공동체가 존속되기 위해서라면 진정한 가치가 사람들 사이에 수립되어 모두가 평등하고 자유로운 사회를 유지하는 정의는 끝까지 살아남아 승리할 것이다.

인류의 보편적인 본성에는 '사랑'이라는 가치도 있다. 다수의 현자들이 사용한 용어와 상세한 개념에서는 얼마간의 차이는 존재하지만 가장 핵심적인 본질에서는 모두 '사랑'을 역설한다. 예수, 부처, 공자, 묵자가 말하는 사랑의 의미와 범주와 실현방식은 조금씩 다르지만 그들이 역설하는 가치에서 우리는 인류 보편의 상호부조, 사랑의 감정을 엿볼 수 있다. 현자들이 깨달은 사랑의 가치가 인류 공동체가 보편적으로 받아들이고 납득할 만큼 힘이 존재하기 때문에 수 천 년 전에 이야기한 가치는 아직까지 살아남아 종교와 인문정신으로 계승되고 있다. 깊은 성찰을 통해 인간의 본성을 진지하게 성찰하여 나온 진정한 가치의 생명력은 강하다. 생명력 넘치는 진정한 가치를 추구하는 시스템은 강력하고, 유연하고 또 영속적이다.

시스템을 유지, 존속하기 위하여 보이지 않는 본성, 가치를 관통하지 못하고 표면적이고 형식적인 겉모습만 파악하여 다른 시스템을 이해한다면 시스템의 결과는 일차원적인 모방행위에 그치고 만다. 이렇게 본질을 관통하지 못하고 영혼이 없는 시스템은 내적인 성장 동력과 창조적 열망도 없이 금세 밑천이 드러나고 만다. 시스템을 파악할 때 표면적으로 드러나는 단순한 구조와 절차만을 파악할 것이 아니라 그 안에 숨어 있는 근원적인 법칙, 본성, 본질, 문화, 정신을 끈질긴 숙고를 통해 파악할 필요가 있다. 링컨이 '나에게 나무를 베는데 1시간을 준다면 45분은 도끼를 가는 데 쓰겠다'고 말한 것은 이러한 진정한 탐구의 정신과도 일맥상통한다.

개인의 삶도 진정한 가치를 숙고하는 것에서 출발한다고 생각한다. 남들이 많이 가니까 나도 이과를 간다거나 부모님과 선생님의 조언대로 성적이 높아서 의대로 진학하겠다는 것이 과연 그 사람의 본질적인 가치를 추구하는 삶이라고 할 수 있을까? 다른 사람의 조언만을 맹목적으로 따르거나 사회가 만들어 놓은 편견과 시선에 굴복하여 내 삶을 선택하는 것은 내가 내 삶의 주인이기를 포기하는 것이다. 공부를 하더라도 내가 대체 왜 이 공부를 해야만 하는 것인지, 진정으로 내가 추구하는 삶과 가치는 무엇인지, 나는 어떤 일을 하면서 행복감을 느끼는 사람인지에 관한 본질적인 탐구가 선행되어야 한다. 남들과는 차별화되는 나만의 본성은 무엇이 있는지에 대한 숙고가 없다면 모래성과 같은 영혼은 내 삶을 위협하는 크고 작은 위협 속에서 허망하게 무너질 가능성이 크다.

코닥의 창업자 조지 이스트먼(George Eastman)은 세일즈 직원들에게 이런 말을 남겼다. "우리가 파는 것은 추억이다"라고 말이다. 본질을 관통하는 창업주의 훌륭한 경영철학이었지만 후대의 경영자들은 그 본질을 잃어버렸다. 본질을 생각하지 않고 현재에 안주하여 코닥은 디지털 카메라 시대에 적응하지 못하고 몰락했다. 추억을 남긴다는 카메라의 본질적인 가치를 명심했더라면 필름은 더 이상 수단에 불과하다는 사실을 받아들일 수 있었을 것이다. 카메라의 본질에 대한 가치는 지키되, 그것을 이루기 위한 수단은 디지털 카메라가 되는 시대가 도래했다. 이 사실을 인정했다면 그들은 혁신할 수 있을 것이다. 결과론적인 분석이지만 교훈은 분명하다. 만약 시스템을 변화시킬 수 있는 힘을 가진 사람들이 지키고자 하는 것이 진정한 가치가 아니라 현재의 권력, 관성, 안정 그 자체, 돈에 불과하다면 이는 가짜 보수의 행위이자 변화에 적응하지 못해 멸절한다는 교훈이다. 진정으로 용기를 가지고 지켜야 할 것은 시스템의 본성에 맞는 진정한 가치이다. 시스템의 진정한 가치를 지키는 것이 참된 보수적 태도이며, 어긋난 가치를 진정한 가치로 나아가도록 만드는 것이 참된 진보적 태도이다.

가치추구적인 꿈과 비전을 가지지 않으면 안전 지향적으로 기존에 걸어왔던 길에 익숙하게 된다. 시대는 변화하고 우리가 보편적으로 받아들이고 있던 법칙도 무너지고, 우리 스스로의 본성마저 변하고 있는데 과거의 성공방식을 답습하는 것은 사실상 안전지향이 아니라 더 큰 위험을 초래하는 것이다. 헬렌 켈러는 '길게 보면 위험을 회피하는 것이 완전히 노출하는 것보다 안전하지 않다. 겁내는 자도 대담한 자만큼 자주 붙잡힌다'고 말했다. 진정한 가치와 비전, 방향을 세우고 있다면 시대의 변화에 맞게 형식, 절차, 수단을 변화시키는 것은 어렵지 않다. 시스템의 본성에 의한 탐구로 진정한 추구를 추구하고 있다면 지켜야 할 것, 변화시켜야 할 것에 대한 구분이 분명해지고 시스템은 영속적으로 진화하며 번영을 누릴 수 있을 것이다.

3) 일관성의 중요성과 효율성의 함정

고도로 발달한 인간의 신체 시스템은 변화무쌍한 자연환경에서도 일정한 체온을 유지하고 혈액 순환을 유지한다. 잠을 자는 동안에는 호흡은 끊이지 않을 뿐만 아니라 자고 일어나도 변함없이 유지되는 기억력과 두뇌 활동력을 근간으로 인간의 생명을 유지한다. 생명과학에서는 이러한 생명체의 특성을 항상성(恒常性)이라고 한다. 생명체의 지속 가능한 보전을 위해서는 일시적인 효율성을 위해서 신체가 과잉 발전되거나 과잉 소비되는 것을 자제한다. 고도화된 시스템은 단기적인 효율이 아니라 지속적이고 예측 가능한 시스템의 유지를 위하여 내부 요소들이 상호작용하면서 일관성을 유지한다. 만약 특정 부분에서 과도하게 일관성을 깨뜨리는 작용이 일어난다면 기어처럼 맞물린 시스템들은 도미노처럼 무너질 가능성도 존재한다.

일관성은 어떤 시스템이 '동일한 자극 또는 투입물(Input)'에 대해서 '동일한 반응 또는 산출물(Output)'을 유지하는 성질이다. 이러한 '일관성'은 단기적으로만 유지되어서는 곤란하며 장기적으로 일관성을 유지하는 '지속성'까지 동반되어야만 안정적인 시스템을 유지한다고 말할 수 있다. 예를 들어 물이 부족한 아프리카 국민들을 돕겠다는 동일한 목적을 가진 시스템1과 시스템2가 존재할 수 있지만 시스템의 설계 방식에 따라 지속성의 정도는 얼마든지 달라질 수 있다. 단기적인 효율을 위해서 아프리카 국민들에게 일시적으로 대량의 물을 퍼다 주는 시스템1은 당장의 효과는 거둘 수 있겠지만 선진국들의 변덕에 따라 얼마든지 물의 공급은 끊어질 수 있다. 단기적인 성과는 부족할 수 있지만 아프리카 주민들이 주변의 물을 활용하여 직접 정화시킬 수 있는 시스템2는 당장의 효율은 희생되겠지만 장기적으로 보자면 일관성과 지속성을 모두 가져가는 안정적 물 공급 시스템이 될 수 있을 것이다.

결국 시스템의 설계에 있어서 가장 우선적으로 고려해야 할 요소는 일관성과 지속성이라고 할 수 있으며 효율성은 일관성과 지속성이 보장되는 상황에서 보다 나은 시스템을 위하여 추구하기 위한 2차적인 성질이라고 생각해야 한다. 효율성의 함정에 빠져서 일관성을 희생시키는 시스템은 자기 파괴적인 결과를 초래한다. 목적에 대한 성찰 없이 맹목적인 효율성의 추구는 시스템의 생존기반마저 붕괴한다.

이해를 돕기 위해서 주식투자를 한 번 예로 들어볼까 한다. 주식시장은 하루에도 수십 %의 가치가 오르락내리락하는 것으로 이론적으로만 보자면 짧은 기간에도 엄청난 부를 창출할 수 있는 구조이다. 하루에 3%의 정도의 수익을 올리면서 이를 복리로 1년 정도만 반복하면 약 50,000배의 이익을 창출할 수 있다. 1억을 투자하면 1년 뒤에 약 5조 원대의 부자가 될 수 있다는 뜻이기도 하다. 그런데 정작 워런 버핏이나 국내의 뛰어난 일부 투자자문사의 대표, 소수의 현명한 투자자를 제외한 대다수의 사람들은 매번 돈을 잃기만 하고 있을까?

이는 시장이 제공하는 자극적인 환상과 당장의 이익에 눈이 멀어서 장기적이고 일관성 있는 수익을 창출할 수 있는 투자 철학, 투자방법론이라는 자신만의 투자 시스템을 구축하지 못하거나 알아도 실천하지 못하기 때문이다. 시시각각 변화하는 정보와 시장에 부합하지 않는 자신의 주관적인 예측에 기반하여 잘못된 투자를 반복하고 있기 때문이다. 시시각각 트렌드가 변화하는 주식시장에서 살아남기 위해서는 눈앞의 이익에 급급한 효율만을 추구할 것이 아니라 장기적으로 생존할 수 있는 전략에 기반하여 오래도록 이익을 낼 수 있는 자신만의 시스템을 구축할 필요가 있는 것이다. 시장에서 진정한 승리자로 살아남기 위해서는 단기적인 효율성이 아니라 당장의 수익이 높지 않더라도 꾸준하고 일관성 있게 수익을 낼 수 있는 투자 시스템을 구축해야 한다. 투자자는 안정적 시스템을 기반으로 크지 않지만 꾸준한 이익을 추구하는 자세로 보수적인 투자를 실행해야만 시장에서 계속적으로 살아남아 안목을 증가시킬 수 있다. 그리고 인생에 몇 번 찾아오지 않는 기회를 발견했을 때에 그제야 진정으로 승부를 보는 기회에 도전할 수 있다.

하지만 대다수의 사람들은 워런 버핏과 같은 진정한 투자자로서의 통찰력과 안목도 없을 뿐만 아니라 그와 같이 수년, 수십 년을 바라보고 투자할 수 있는 인내력의 마음 통제 시스템이 장착되어 있지 않다. 다른 의미로 인간이 가진 욕심이 자기 자신을 망치고 있는 것이기도 하다. 머리로는 일관성 있고 안정적인 투자 시스템을 구축해야 한다고 생각하고 있으면서도 시시각각 변화하는 주식 시장에서 다른 기업들이 급격한 수익을 내거나, 다른 투자자들의 성공담을 듣고 있노라면 원칙을 어기고서라도 당장에 이익을 얻고 싶은 마음을 보통의 인간은 참아내기 어렵다. 그래서 주식시장에서 살아남아 오래도록 이익을 창출했던 벤저민 그레이엄, 워런 버핏, 세스클라만 같은 사람들은 안전마진(Safety Of Margin)을 강조하면서 방어적인 자세로 시장에 임할 것을 강조했던 것이다. 시장의 등락과 쏟아지는 정보에 반응하는 불나방 같은 투자가 아니라 마음의 평정을 유지하면서 안전을 담보하는 주식에 장기적으로 투자함으로써 오직 소수의 사람들만이 대다수가 패배하는 시장에서 복록을 누리는 것이다.

인간이 효율성에 함정에 빠지는 것은 대체로 인간의 욕심에서 기인한다. 그것은 눈앞에 이익, 가시적인 성과, 화려한 성취에 현혹되기 쉬운 인간의 나약한 본성에 비롯된다고 생각한다. 또 다른 예를 하나 들어볼까 한다.

우리 앞에 지금 IQ 200을 뛰어넘을 정도로 측정한 불가능한 지적 능력을 보유한 10살의 천재 소년이 있다고 생각해 보자. 효율적인 관점에서만 생각해 보자면 이 소년은 당장 뛰어난 교수진의 관리를 받으면서 하루빨리 외국의 유학이 필요할 것만 같다. 그리고 유학에서 돌아온 천재 소년의 능력을 십분 활용하여 우리나라의 국방 기술과 과학기술에 지속적으로 이바지할 수 있도록 국가는 지원을 아끼지 말아야 한다. 인간의 삶에 대한 목적, 방향을 고민하지 않은 채 우리는 방금 천재소년을 국가의 경쟁력과 잠재적인 자본 창출력을 위한 하나의 수단으로 전락시키고 말았다. 우리는 가끔 인간이라면 누구나 인간으로서의 존엄을 가진 존재라는 사실을 잊고 산다. 우리 모두는 각자의 삶의 주인으로 자신이 원하는 자기 목적적 삶을 실현하며 살아가 권리가 있는 존재임을 망각한다. 'IQ 200'이 아니라, '천재'임이 중요한 게 아니라 한 명의 '소년'이라는 사실을 먼저 생각할 수는 없는 것일까? 필자 또한 효율성의 덫에 걸린 나약한 존재처럼 살아왔다는 사실을 부인할 수 없다. 그러나 지속적으로 기업, 국가가 아니 개인이 자기 자신에게 마저 혹독한 효율과 성취만을 강조한다면 그것은 종국에 가서 그토록 원했던 효율과 성취도 파괴하는 결과를 가져오지는 않을까? 상처받은 외로운 천재 소년이 진정으로 공동체와 인간을 위하는 연구를 할 수 있는 동력을 가질 수 있을까?

인간은 그 존재 자체로 가치가 있다. 그러한 태도로 소년을 대한다면 이 소년이 성장하면서 남들과 다르다는 사실로 인하여 성장 과정에서 훨씬 더 많은 상처와 아픔을 받을 수도 있다는 사실을 예견하고 배려하는 태도는 자연스럽게 생겨날 수 있다. 소년에게 다양한 교육과 연구의 기회를 장려할 수 있지만 그마저도 그 소년에게 강제할 수는 없다. 인간으로서의 존엄이 지켜지고 배려하는 환경에서 자라난 소년은 결과적으로 기대했던 것보다 훨씬 더 대단하고 인류의 가치를 생각하는 업적을 남길지도 모른다. 업적이나 가치의 문제가 아니라 소년이 스스로 평범한 삶을 선택했다면 그것은 그것 자체로 존중할 수 있는 사회로 거듭나야만 한다. 우리는 인간의 욕심, 성취만을 근거로 지나친 사회 시스템의 효율성을 추구하고 있는 것은 아닌지 되돌아볼 필요가 있다.

효율성의 함정에 빠진 사회 문제는 눈만 돌리면 찾을 수 있다. 단기적인 이익만을 위해서 교수법이나 비전과는 상관없이 온갖 학생을 다 받아들이는 학원, 눈앞의 매출과 주가만을 위해서 수주를 가리지 않고 다 받아내는 제조기업, 겉으로 괜찮다 싶으면 엄격한 기준도 없이 투자해대는 펀드들이 효율성의 함정에 빠진 사례라고 할 수 있다. 참된 연구를 해야 할 상아탑의 대학에서도 효율성의 함정에 빠져 있는 것을 발견할 수 있다. 사실 진정한 연구는 단기적인 성과, 이익이나 평가와는 별개로 인간의 호기심, 알고자 하는 열망, 세계에 대한 끊임없는 탐구 속에서 탄생하는 것이다. 뉴턴이나 아인슈타인은 누가 시켜서 프린키피아를 저술하거나 상대성이론을 정립하지 않았다. 그러나 대학이 자본이나 겉으로 드러난 성취에 지나치게 신경 쓰기 시작하면 관리자들은 겉으로 드러나는 단기적인 성취나 논문 작성 수에 집착할 수밖에 없다.

객관적인 평가 기준이나 숫자로 드러나는 기준이 무용하다고 주장하는 것은 아니다. 다만 대학이 추구해야 할 참된 본질과 가치에 좀 더 집중한다면 논문 작성 수와 같은 단기적인 효율이나 가시적인 성취에만 집착하지는 않게 된다는 의미이다. 대학이 진리를 추구해야 할 담지자로서의 목적을 분명히 한다면 장기적으로 연구자 스스로도 자부심을 느낄 만한 인류 전체에게 훨씬 더 가치 있는 연구가 일관되고 지속적으로 창출될 수 있을 것이다.

우리 사회는 효율성의 함정에 빠져 아직까지 온전하게 진정한 가치를 추구하는 일관성 있는 공동체를 구현하고 있지 못한 것이 현실이다. 다소 시간이 걸려서 단기적인 효율을 희생하더라도 개인과 공동체의 장기적이고 행복한 삶을 위해서는 인간과 사회의 본성에 부합하는 일관성 있는 시스템을 고민하고 구축해야 한다. '일관성>효율성'의 공식을 늘 기억하자. 올바른 목적으로 기반으로 하는 일관성 있는 시스템에서만 효율성이 진정으로 빛날 수 있다.

4) 통제 가능한 자원에 집중하고 주변의 가용자원부터 활용하자

疑人勿用 用人勿疑(의인물용 용인물의)
의심스러운 사람은 쓰지 말고 사람을 썼거든 의심하지 말라.
- 송나라 사필(謝泌)

의심스러운 사람은 애초에 쓰지 말고 사람을 쓰게 되었다면 의심하지 말라는 '의인물용 용인물의'의 인사 철학은 시스템 설계자, 운영자가 무엇에 집중해야 하는지 해답의 실마리를 제공한다. 이는 인재경영을 최고로 생각했던 삼성의 고(故) 이병철 회장의 인사철학으로도 유명하다. 인재를 채용하기 전에 경영자는 다양하고 엄밀한 검증 방식을 통하여 회사에 적합한 인재를 채용해야 할 책무가 있다. 만약 채용과정에서 원하는 인재로 성장하지 못할 것 같다는 의심이 든다면 불확실한 미래를 걸고 사람을 채용할 것이 아니라 차라리 보류하거나 채용을 하지 않는 것이 타당하다. 인재를 채용하기 전에 모든 결과에 대한 책임은 경영자에게 있으며 경영자는 자신의 선택 기회를 활용하여 최대한 자원을 집중할 필요가 있다. 되돌릴 수 없는 비가역적 문제는 미리 예견하고 애초에 자신의 통제 가능한 영역에 있을 때 차단하는 것이 진정한 시스템 정신이다.

경영자가 고심 끝에 인재를 등용했다면 엄밀한 검증절차와 함께 자신의 판단을 믿고 채용된 인재가 최고의 능력을 발휘할 수 있는 환경을 조성해주는 일에 집중해야 한다. 인재 채용의 결과는 이미 돌이킬 수 없는 일이며 경영자가 집중해야 할 일은 채용된 인재들이 회사에서 잠재력을 발휘하고 만족감을 느끼며 회사를 다닐 수 있도록 업무 시스템과 문화를 조성하는 것이다. 시기와 장소마다 무엇이 통제 가능한 일인지 분명하게 파악하는 일에 내가 가진 에너지, 시간, 경제적 자원 등을 투자하는 태도가 진정한 시스템 정신이다.

시스템을 설계, 해석, 운영할 때 가장 먼저 파악해야 일은 통제 가능 여부이다. 설계자, 운영자는 통제할 수 있는 것과 통제할 수 없는 일을 가장 먼저 냉정하게 파악해야 한다. 물론 통제할 수 있는 일과 통제할 수 없는 일의 구분이 모호하거나 불확실한 경우도 많겠지만 그러한 경우에도 최대한의 통찰, 조사를 바탕으로 예측 가능한 범위를 미리 파악하는 자세가 요구된다. 시스템의 설계주체인 인간은 언제나 합리적이고 이성적이지 않다. 인간의 생각에는 늘 욕심, 욕망, 감정이 동반된다. 필자 또한 세상을 초월한 현인이 아니기에 늘 상 머리로는 이해하면서도 통제 불가능한 일들에 집착과 마음을 두는 것이 사실이다. 특히 한 사람이 지나온 삶의 궤적은 더 이상 되돌릴 수 없는 과거임에도 불구하고 우리는 과거에 집착하며 지나치게 반성하고 현재에 집중하지 못하는 경우가 허다하다. 나아가 아직 오지도 않은 미래를 걱정하며 지나치게 현재를 희생하는 일도 반복한다. 진정한 시스템주의자라면 내가 집중하고 통제할 수 있는 '지금 그리고 여기'에 나의 온 정신을 쏟아내는 태도가 필요하다.

통제할 수 없는 일에 대해서 미련과 집착을 떨쳐내기 위해서는 있는 현실을 그대로 직시하는 이성적인 자세, 욕심을 비워내는 능력을 갖춰야 한다. 지나간 과거, 다가올 미래, 주변 환경, 내가 태어난 시대 등은 내가 변화시킬 수 있는 요소가 아니라는 사실을 냉정하게 직시하고 내가 바라는 성취나 목표는 최종적으로는 나의 의지나 노력만으로는 되지 않는 사실을 받아들이고 욕심을 버리는 태도가 요구된다. 통제할 수 없는 것들에 대해 미련을 가지며 현실을 있는 그대로 직시하지 못하고 욕심을 가지고, 집착을 부리면 결과적으로 자신의 감정을 망치고 올바른 선택을 할 수 있는 기회마저 잃어버리게 된다. 학창시절 앞서 잘 보지 못한 시험 때문에 다음에 볼 시험에 집중하지 못한 경험이 있는 사람이 있을 것이다. 잘 보지 못한 시험은 이미 지나간 일이기 때문에 객관적으로 직시하고 보면 다음에 볼 시험에 집중해야 한다는 사실을 알 수 있다. 우리가 해야 할 일은 미련을 떨쳐내고 다음번 시험에 모든 정신과 노력을 최대한 쏟아내야 한다.

지나간 일에 이미 마음을 빼앗긴 사람들은 통제할 수 없는 일 때문에 통제할 수 있는 일을 망치게 된다. 무엇이 통제할 수 있는지 없는지 명료하게 직시한다면 보다 현실적인 해결책과 대안을 마련할 수 있다. 사업의 진행 방향을 고려할 때도 통제할 수 없는 영역과 통제할 수 있는 영역을 분명히 하고 통제할 수 있는 일에 시간과 자원, 에너지를 집중해야만 효과적인 성과를 달성할 수 있다.

물론 아무리 이성을 가지고 초탈하려고 하지만 극복할 수 없고 참을 수 없는 슬픔과 시련의 감정이 있음을 인정한다. 어린 자녀가 아파서 병원비를 감당할 수 없을 정도로 힘든 상태의 부모에게 세상을 초탈하는 자세를 가지라며 마음의 평정을 강요할 수 있겠는가? 인간의 기쁨, 슬픔, 욕망과 같은 감정들은 완전히 사라질 수도 없으며 필요하기까지 하다. 다만 통제할 수 있는 기회나 시간이 주어져 있을 때 미리 더 큰 슬픔이나 아픔을 막아내기 위한 삶의 태도는 필요하다. 어쩌면 자기 자신에 대해 결과적으로 해를 끼칠 것임을 알면서도 인류가 끊임없이 환경에 대한 통제를 확대해 나가는 것은 다가올 더 큰 불안과 슬픔을 막아내기 위한 호모 사피엔스의 슬픈 발악일지도 모르겠다.

지금까지의 설명대로 통제 불가능한 일에 대해서는 이성적인 제어가 필요하다. 반대로 통제 가능한 자원을 찾기 위해서는 멀리 있는 자원이 아니라 시스템이 내부에 고유하게 자리 잡고 있거나 주변에 있는 자원에 집중해야 한다. 다른 사람이 가진 돈, 권력, 명예를 탐하는 것이 아니라 내가 가진 감정과 주변 환경을 먼저 인정하고 받아들이면서 그러한 자원을 최대로 활용하고자 하는 태도가 삶에 대한, 시스템에 대한 통제력을 확보해 나가는 올바른 태도이다.

남의 떡이 더 커 보인다는 속담처럼 내가 가진 떡에 집중하지 못하고 다른 자원을 기웃거리는 것은 '지금 그리고 여기'에서 통제할 수 있는 시간, 기회, 강점을 놓치는 어리석은 태도이다. 한 개인의 삶으로 말할 것 같으면 내가 강점, 성격, 개성이 스스로 통제 가능한 자원이다. 기업도 다른 기업이 가진 제품이나 서비스를 무작정 모방할 것이 아니라 우리 회사가 걸어온 역사와 문화와 조직적 강점을 먼저 파악하고 활용해야 한다. 경영자는 회사 내에 있는 훌륭한 인재들을 먼저 알아보고 그들이 만들어 낼 수 시너지에 대해서 고민해야 한다.

국가 정치에서도 마찬가지다. 서양의 패권만을 부러워하거나 그들의 사고방식이나 문화를 무작정 부러워하거나 고집하는 자세는 옳지 않다. 우리 국민의 특성, 국민의 법 감정, 국민 문화를 먼저 파악하고 이를 더 잘 살릴 수 있는 정치 시스템, 선거 시스템, 교육 시스템, 법 시스템을 고민하는 것이 기본적인 자세이다. 지구라는 행성도 마찬가지이다. 영화 '인터스텔라'에서 볼 수 있듯이 인류는 새로운 행성에 대한 탐험과 생존에 대한 열망을 가지고 있지만 사실 지구인은 지구라는 행성에 가장 최적화되어 진화된 생물이다. 우리가 다른 행성에 먼저 눈을 돌리고 다른 행성을 찾아내려는 태도만을 가지고 현재 가지고 있는 지구 자원을 낭비할 것이 아니라 먼저 우리가 가지고 있는 지구라는 행성에 애착을 가지고 보존하는 작업이 우선시 되어야 한다. '지금 그리고 여기' 있는 것들에 대한 우주적인 관심, 애정과 집중이 필요하다고 생각한다.

시스템주의는 알 수 있는 모든 것들을 파악하고 밝혀내면서 그것들을 통합적으로 관리하며 시스템의 필연성을 증가시켜나고자 하는 사고관이다. 그러나 이는 달리 말하면 도저히 통제할 수 없는 상황과 환경에 대해서는 놓아 줄 수 있는 정신이기도 하다. 내가 가진 시스템이 가진 강점에 집중하며 내가 잘할 수 없고 불가능한 일에는 마음을 두지 않아야 한다. 내가 아무리 노력해도 변할 수 없는 다른 사람의 마음이나 외부의 시선, 사회의 편견에 집착하여 자신이 통제할 수 있는 일에 집중하지 못한다면 '지금 그리고 여기'를 놓치고 사는 어리석은 태도이다. 이는 인간으로서 할 수 있는 모든 일에 최선을 다한 뒤 욕심을 버리며 하늘에 모든 것을 맡기는 진인사대천명의 정신의 연장이기도 하다. 통제라는 단어가 지나치게 나쁘게 받아들여지지 않기를 바란다. 통제하기 위해서 다른 누군가를 돈과 권력을 활용하여 꼭두각시처럼 통제한다는 의미는 통제에 관한 매우 좁은 의미의 개념이다. 모든 개인은 자기 삶의 주인으로서 자신의 삶의 방향과 목적에 맞게 인생을 통제할 수 있을 때 자기 효능감을 가지며 행복해 질 수 있다.

인간은 스스로 무언가를 창조하면서 강렬한 통제감을 경험하고 행복을 느낀다. 글을 쓴다든지, 그림을 그린다든지, 피아노를 치는 등의 예술적 활동은 우리 스스로를 통제하는 행위이지만 동시에 우리를 자유롭게 한다. 개인이 좋아하고 잘하는 일에 나만의 시간과 노력, 신체, 정신을 투입하며 통제하는 일은 삶을 행복하게 한다. 좋은 사회는 사회 구성원의 마음을 거스르는 강제적인 통제가 아니라 자신들의 자발적인 통제에서 우러나오는 삶의 양식 속에서 각자가 행복을 추구할 수 있도록 만드는 사회이다. 그러한 태도 속에서 우러나온 진정한 연대의 정신으로 훌륭한 공동체를 만들어 갈 수 있다.

통제 가능한 자원에 집중하며, 최대한 내가 가지고 있는 주변의 자원을 활용하자. 이러한 태도는 '지금 그리고 여기'에 몰입하는 삶의 정신과 일치한다. 필자 또한 과거와 미래에 집착하지 않고 온삶을 온전히 지금, 이곳에 100% 집중하는 시스템주의자의 삶을 살아가기를 다짐해본다.

04 시스템에 대한 오해와 한계

1) 시스템에 대한 오해

시스템에 대한 생각의 폭을 넓혀 가다 보면 목적을 향해 맹목적으로 달려가는 파괴적인 시스템에 대한 가능성을 우려하지 않을 수 없다. 목적을 지향하는 시스템적 사고에는 반드시 전체주의적인 위험성이 내포되지 않을 수 없고 시스템주의자로서는 어떻게든 이러한 전체주의의 덫에서 탈출해야만 한다. 이를 위해 우선 시스템에 관한 선입견에서 벗어날 필요가 있다. 공동체 시스템을 예로 들어보자. 공동체가 구성되는 가장 극단적인 양 축은 바로 전체주의와 아나키즘(혹은 다원주의)이다. 그런데 지난 역사를 겪어 오는 과정에서 우리는 진정한 아나키즘 혹은 다원주의는 한 번도 경험한 적이 없으며 단지 전제정치, 절대 국가 체제하에서 파괴적인 상흔의 역사를 경험했을 뿐이다. 상황이 이렇다 보니 시스템에 어떠한 목적을 두지 말고 개인을 있는 그대로 인정하자는 아나키즘이 대안으로 등장하게 되었다. 대안으로 등장한 아나키즘은 정말 아무런 목적이 없는, 반 시스템적이라고 할 수 있는 것일까? 아나키즘이란 개인을 지배하는 국가권력 및 모든 사회적 권력을 부정하고 개인의 절대적 자유가 이뤄지는 사회를 실현하고자 하는 이념이다. 따라서 아나키즘의 실현에도 '국가권력 및 모든 사회적 권력을 부정한다'는 분명한 목적이 존재하고 있다.

자연이 진공을 허락하지 않는 것처럼 권력은 공백을 허락하지 않는다. 모든 국가권력과 사회적 권력을 타파하기 위해서라면 아나키즘을 지향하는 사회는 개인의 절대적 자유를 지향한다는 강력한 목적을 바탕으로 개개인의 권력을 최대로 강화시켜야 할 것이며 사회적 권력, 국가의 간섭을 배제시키기 위해서 다양한 기준과 약속을 필요로 하게 될 것이다. 결국 아나키즘 또한 하나의 분명한 사회 공동체 시스템으로 흘러 가게 될 것이라는 사실을 인정할 수밖에 없다.

우리가 현대 사회에서 구축하고 있는 자유 민주주의 질서체제에서도 '자유', '다원주의'라는 이념은 대의제 민주주의 시스템의 중요한 가치 중의 하나이다. '자유'를 중요한 가치 중 하나로 지향하고 있다 보니 우리 사회는 어떠한 목적이나 가치도 지향하고 있지 않다는 오해를 가질 수도 있다. 그러나 우리 사회는 자유 민주주의적 질서체제 자체를 붕괴시키는 행위에 해당하는 자유까지는 허용하지 않는다. 우리 사회도 특정한 자유라는 테두리 속에서 유지되는 가치 추구적, 목적 지향적 시스템이라는 사실을 부정할 수 없다. 자유라는 가치를 지향한다고 하여 그 시스템이 곧바로 반(反) 시스템, 무(無) 시스템이라고 할 수 없다. 오히려 자유라는 가치를 더 잘 지키기 위해서라도 공동체는 훌륭한 시스템을 구축해야만 한다.

그간 사회 시스템이 기득권들의 독점적 지배력 하에 폭력적이고 권력 강화의 도구로 악용되어 온 경험으로 인하여 우리는 시스템이라고 하면 전체주의적이고, 획일화된 개념의 도구라고 생각하기 쉽다. 그러나 이는 시스템이란 개념 속에 포함된 잘못된 사례 중 하나일 뿐이다. 시스템은 아나키즘까지 포섭할 수 있는 방대한 사상, 개념, 도구라고 할 수 있으며 사회 구성원들이 어떤 목적을 세우고 어떤 약속을 만들어 가는지에 따라 시스템은 획일적일 수도 있고, 자유지향적일 수도, 다원적일 수도 있는 것이다.

물론 시스템에는 여전히 획일화되고 통제적인 요소가 존재한다는 사실을 부정하기는 어렵다. 이로 인해 모든 개개인의 감성과 개성을 살려 주는 이상적인 시스템을 설계하는 것은 불가능하다는 사실도 부정하기는 어렵다. 하지만 인류의 역사를 돌이켜 보면 사회 시스템은 이러한 한계를 점차 극복하며 발전하였고 역사적 교훈, 과학기술, 세계 간의 교류를 바탕으로 인류는 보다 자신의 인간성에 부합하는 사회 공동체 시스템을 만들어 나가고 있다.

나아가 인간이 삶의 주인으로서 자유롭고 주체적인 존재인 것은 사실이지만 어떠한 경우에도 신처럼 자유로운 존재는 아니라는 사실을 상기해야 할 필요가 있다. 인간은 법칙을 지배하는 신이 아니다. 인간은 법칙에 종속되는 존재이다. 인간이 자신을 종속하는 사회 시스템을 버리고 자연으로 돌아간다 하더라도 인간은 여전히 자연 시스템을 거스를 수 없다. 인간은 절대적인 물리법칙, 생물학적 법칙, 자연 만물의 법칙 안에서만 자유로울 뿐이다.

인간이 가진 육신 또한 하나의 신체 시스템이다. 우리의 몸은 물리학적, 생물학적, 생리학적 원리의 총체에 의하여 지배받고 있다. 인간은 자신의 의지와 무관하게 반사 신경을 가지고 있다. 음식을 섭취하면 침이 나오고, 위에서는 위산이 분비되며, 소장은 분절운동을 한다. 만약 이러한 시스템들이 제대로 작동하지 않는다면 어떻게 될까? 눈에 모래가 날아오는데도 눈을 그대로 뜨고 있다거나, 밥을 아무리 먹어도 위산이 분비되지 않고 소장이 운동을 하지 않는다면 인간은 더욱 자유롭지 못한 존재로 전락하게 될 것이다.

결국 시스템에 일정량의 통제와 강제적 요소가 존재함은 부인할 수 없는 사실이지만 이는 개인의 자유와 전적으로 배치되는 것이 아니며 오히려 인간을 더욱더 자유롭게 하기 위하여 필요한 장치이기도 하다. 시스템에는 제한적이고 통제적인 요소가 존재하지만 이는 개별 존재자들의 다양성과 인간성, 감각, 직관, 개성을 존중하며 보다 조화로운 가치를 실현하기 위해서 반드시 필요하다. 따라서 시스템 그 자체는 인간의 자유, 감성, 개성, 인격의 보존과 배치되지 않는다.

인간의 생명, 건강을 위해서 설계된 약(藥, medicine)이 남용되거나 오용되었다고 해서 약 전체를 무용하다고 주장해서는 안 된다. 중요한 것은 시스템을 만들어 나가는 주체들이 올바른 방향과 목적에 부합하는 고도로 조직화된 견고한 시스템을 수립하고 이행하는 것이다. 더군다나 시스템을 옹호한다는 생각이 현존하는 자본주의체제, 정치체제, 기업경영체제 등을 전적으로 용인하거나 인정한다는 생각도 아니다. 이러한 시스템의 오해를 극복하고 시스템의 존재를 있는 그대로 받아들이면 오히려 현존하는 시스템의 오용과 남용, 넓게는 현존하는 시스템이 지향하고 있는 가치를 보다 분명히 하며 보다 나은 시스템으로 개선되기 위한 하나의 관점, 시선을 획득할 수 있다. 심지어 우리가 무질서하다고 믿고는 있는 혼돈(카오스)의 세계에서도 점차 그 '조직성'이 밝혀지고 있으며 더 이상 학자들은 혼돈(카오스)을 조직성 없는 현상이라고 생각하지 않는다. 이제는 더 이상 혼돈 현상을 기피하지 않으며 그것 자체를 주요한 연구 대상의 하나로 삼고 있다.[xiii]

시스템은 분명 가장 일반적, 추상적인 이야기이며 거대한 보편적 담론이지만 그 자체에는 아무런 내용이 없다. 내용이 채워지지 않은 시스템에 거대한 하나의 담론만 욱여넣는다면 시스템은 맹목적이고 획일화될 것이다. 하지만 시스템에 다양한 담론이 펼쳐질 수 있는 공간을 마련한다면 시스템은 각자의 다양한 이야기가 뭉쳐지면서 조화로운 이야기를 토대로 생동하는 거대한 물결을 만들어 낼 수 있을 것이다. 아래에 인용된 프랑스 철학자 장 프랑수아 리오타르의 이론에서 그 단서를 보다 분명히 할 수 있을 것 같다.

> 리오타르는 기독교의 구원론, 계몽주의 사상, 현대 마르크시즘, 자본주의 사상에 이르기까지 모든 진리의 주장을 '큰 이야기' 혹은 '메타 이야기'라고 부르고 있다.
> 이러한 큰 이야기들은 스스로가 유일한 진리라는 잘못된 확신 위에서 실천윤리를 강요한다. 전체주의가 바로 여기에서 비롯되

며, 리오타르는 '19세기와 20세기는 우리가 겪을 수 있는 모든 테러를 가져다주었다'라고 말한다. 이에 대한 리오타르의 탈근대적 대안은 그가 '작은 이야기'라고 부르는 담론 양식들과 그것이 생산하는 서사적 지식이다. 신화나 설화와 같은 '작은 이야기'를 중시하고 큰 이야기를 믿지 않는 것이다. xiv)

리오타르는 전제 군주, 소수의 집단이 확신하는 절대적 진리에 의해서 사회가 유지 되는 것이 아니라 다수의 자유로운 이야기들이 넘쳐흐르기를 기대하는 것이다. 리오타르가 꿈꾸는 사회 공동체는 다양한 사람들의 목소리가 하나의 획일화된 신념과 이념에 갇혀 있지 않은 것이다. 서로가 서로에게 절대적으로 우월하다고 주장할 수 있는 가치는 없으며 개인은 자신의 기준에 따라 자신만의 존재 가치를 가진다. 그것이 리오타르가 생각하는 사회 시스템이었으며 이러한 사회의 모습은 목적을 지향하는 시스템의 철학과 상반되지 않는다.

2) 시스템의 한계

1장에서 줄곧 시스템의 필요성에 대해서 역설했지만 이제는 시스템이 세상의 모든 문제를 해결해주는 만능의 비기 같은 것이 아님을 분명히 밝힐 필요가 있겠다. 사실 구체적, 개별적 상황을 해결하기 위해서는 일반적인 원칙, 구조, 기법만으로는 충분하지 않다. 메타이론은 그저 메타이론에 불과할 뿐이다. 심지어 대다수의 사회 시스템은 처음부터 완벽한 설계과정을 기반으로 형성되지 않는다. 외려 시스템이 형성되어 가는 과정은 무수한 개별적 경험과 반복적인 실패, 구체적 상황에서의 이해를 기반으로 종합적이고 결과적인 시스템을 형성할 뿐이다.

예를 들어 우리는 글쓰기 기술, 독서 기술을 명시적으로 알고 있기 때문에 글쓰기를 할 수 있거나, 독서를 할 수 있는 것은 아니다. 명료화되고 언어화된 원칙이나 나만의 기준이 없더라도 누구나 글을 읽고 쓸 수 있다. 대체로 다양한 시스템들은 경험적으로 터득하는 경우가 많다. 우리가 시스템이라고 부르는 개념들은 이러한 개별적인 경험들이 축적되고 나서 형성된 하나의 경향성, 일반성을 가진 결과론적인 체계, 원칙, 방법, 구조이다. 시스템이라는 개념은 어쩌면 하나의 시스템을 해석하기 위한 보조적 수단에 불과할지 모른다. 피겨 스케이터를 꿈꾸는 모두가 잘 설계된 교육 시스템을 수료한다고 김연아처럼 성장할 수 있는 것도 아니다. 과학적, 논리적, 구조적 시스템 이전에 존재하는 인간의 타고난 재능, 본성, 법칙, 환경까지 시스템으로 통제할 수는 없다. 특히 인간의 통찰력, 직감, 영감은 체계를 세우기 전부터 이미 선행한다. 시스템은 이러한 속성들이 보다 효과적으로 발현될 수 있도록 절차를 만들고 문화를 조성해주는 보조적인 역할을 수행할 따름이다. 말을 물가에 끌어다 놓아도, 물을 먹일 수는 없는 법이다. 시스템을 설계하는 것만으로 인간의 타고난 본성을 바꾸거나 존재하지도 않던 천재적 통찰력과 감성을 발휘하게 할 수는 없다.

시스템주의는 세상의 원리를 벗어나 모든 것을 새롭게 만들자는 창조주의 철학은 결코 아니다. 시스템주의는 현재 가진 자원을 있는 그대로 받아들이고, 진정한 가치에 부합하는 목적을 달성하기 위해 통제할 수 있는 것에 집중하며 효과적인 자원 배분과 결과를 창출하기 위한 현실적인 철학이다. 그렇다고 시스템주의는 운명론으로 귀결되어서는 안 되며 우리가 변할 수 있는 것에 대해서 최대한 인간으로서의 가능성을 발휘하고자 하는 필연성에 기반을 둔 사상이라는 점을 이해해야 한다.

『시스템의 힘』 저자 샘 카펜터는 십여 년간 엉망진창으로 돌아가던 콜센터 사업 경영자로서 사업이 망하기 일보 직전 시스템이라는 한줄기

영감을 받았고 시스템이라는 아이디어를 활용하여 회사를 살리는 경험을 하게 되었다고 한다. 샘 카펜터는 회사의 제도를 만들고 이를 매뉴얼화, 문서화 하여 일관성 있고 효율적인 사업 운영을 통해 망해가던 회사를 되살렸다. 이는 분명 책의 제목 그대로 '시스템의 힘'에 기반했다고 생각한다. 그러나 여기서 주목해야 할 점은 샘 카펜터가 십여 년간 콜센터 사업을 몸소 경험한 경영자라는 사실이다. 십여 년간 체계적인 경영을 하지 못해서 사업이 효율적으로 운영되지 못한 것은 사실이지만 그동안 알게 모르게 콜센터 사업을 몸소 경험하며 축적된 의식적, 무의식적 사업의 영감이 그의 정신에 녹아 있었다는 점을 잊어서는 안 된다. 저자 샘 카펜터는 의식적으로 이러한 사실을 인식하고 있는지는 모르겠다. 하지만 시스템으로 모든 것이 가능하다고 믿기 시작한다면 이는 '시스템의 덫'에 빠지는 것이다.

나는 『시스템주의자』라는 제목을 내걸고 책을 쓰고 생각을 펼쳐가면서도 여전히 시스템이 최고의 해답이라고 생각하지는 않는다. 시스템이 정말 최고라면 왜 방대한 데이터와 치밀한 논리를 갖춘 경영 컨설턴트들은 모두 스티브 잡스나 빌 게이츠와 같은 경영의 신으로 거듭나지 못하는 것일까? 치밀한 데이터, 논리를 갖춘 시스템만으로는 경영의 성과를 담보하지 못한다. 진정한 경영은 시대를 파악하는 타고난 통찰력, 인간을 꿰뚫어 보는 인문정신, 소비자들의 마음을 헤아리는 감수성에서 비롯되는 것이며 이는 시스템만으로 갖출 수 있는 것은 아니다.

따라서 시스템 만능주의가 되어서는 안 된다. 시스템은 인간이 가진 꿈, 열정, 기술, 재능, 의지 등을 목적에 부합하게 조금 더 일관성 있고 효율적으로 만드는 것이지만 그 이전에 시스템만으로 만들 수 있는 다양한 가치와 경험, 정신, 문화, 법칙, 환경과 같은 생래적인 영역을 바꿀 수는 없다. 시스템 그 자체가 인간의 노력, 열정, 고생, 경험을 대신할 수는 없을 테니까.

세상에는 우연과 필연이 공존한다. 시스템을 통해 긍정적인 목적 달성을 위한 필연성을 높이는 것도 좋지만, 우리가 관여할 수 없고 인정해야만 하는 우연의 영역이 존재한다. 우연의 영역은 우리의 운명으로 받아들이고, 그를 수용해야만 우리가 필연성을 높일 수 있는 영역에 더 집중할 수 있다. 우연과 필연의 공존을 인정하는 겸허한 태도가 진정한 시스템주의자의 정신이라고 생각한다.

01 시스템을 바라보는 3가지 관점

    2장에서는 세상 만물이 시스템으로 이루어졌다고 생각하는 '시스템주의자'의 아이디어를 조금 더 이론적으로 해석해보는 시간을 가져 볼 것이다.

    시스템을 해석하기 위해 시간, 공간, 법칙의 3가지 관점을 활용한다. 시스템을 해석하고 바라보기 위한 기준이 자연적으로 존재하는 것은 아니다. 시간, 공간, 법칙의 기준 외에도 보는 사람마다 다양한 기준을 만들어서 시스템을 해석할 수 있을 것이다. 심지어 시간, 공간, 법칙의 축은 너무 일반적이고 쉬운 개념이라 지루하게 여겨질지도 모른다. 그러나 가장 일반적이고 흔한 것이야말로 가장 중요하고 보편적이기 때문에 결과적으로 흔해진 것뿐이다.

    다만 이에 대한 논의에 앞서서 시간과 공간의 축을 분리시키는 것이 현대 과학의 관점에서는 다소 구시대적이라는 비판을 받을 여지가 있다. 근대 과학에서는 우주의 시간과 공간은 분리되어 있다고 인식했으나 현대 과학에서는 시공간으로 통일하여 바라봐야 한다는 시각으로 변했기 때문이다. 하지만 빛의 속도에 비하면 한없이 느린 속도로 움직이는 거시적인 인간 세계에서는 시간과 공간을 분리하는 것이 충분히 의미가 있다고 생각했다. 아무리 현대 과학이 발달하여 시공간의 축을 하나로 통일시켰다 해도 인간의 사고는 여전히 시간과 공간을 분리하여 해석하고 있다. 빛의 속도보다 현저히 느린 속도로 생각하는 인간의 사고와 천천히 발전하는 인간 사회를 고려한다면 시간과 공간을 분리하는 것은 여전히 유의미한 관점이다.

    자연과학, 특히 물리학에서는 공간(x, y, z)과 시간(t)과 같은 다양한 변수를 활용하여 세계를 해석하는 것이 일반적이다. 그러나 사회과학에서는 그러한 개념이 구체화되어 있지는 않다. 그러나 명시하고 있지 않을 뿐 사회과학도 자연과학과 마찬가지로 시간, 공간, 법칙에 지배되는 인간의 모습을 해석하는 학문이기 때문에 당연히 시간, 공간, 법칙을 통해 사회를 해석하는 관점이 암묵적으로 스며들어 있다.

예를 들어, 인류가 경제를 추동시켜 온 역사를 탐구하는 경제사학은 통시적인 시간의 관점에서 변화하는 사회의 모습을 파악하는 것이다. 또 당대의 경제현상을 탐구하는 것은 공시적인 관점에서 사회의 경제 실태를 파악하는 것이다. 나아가 경제를 탐구할 때 거시적이고, 미시적인 관점에서 나누어 파악할 수도 있으므로 이는 공간적인 면에서(혹은 영역적인 면에서) 사회의 모습을 탐구하는 것이라고 할 수 있다. 또한 경제를 지배하는 다양한 법칙들(예를 들면 수요와 공급의 법칙, 파레토의 법칙, 한계효용의 법칙)을 통해서 사회의 모습을 탐구하는 것은 법칙적인 관점에서의 경제현상에 대한 해석이라고 할 수 있다.

법학(法學)도 시간, 공간, 법칙의 관점에서 파악할 수 있다. 법제도가 역사를 따라 변해오는 과정을 탐구하는 법제사는 통시적인 관점에서 사회를 파악하는 학문이다. 당대 법학의 체계를 파악하는 것은 공시적인 관점에서 법을 파악하는 것이다. 그리고 한국의 법뿐만 아니라 다른 나라와의 법을 비교하며 영역 간의 탐구를 하는 비교법학이나 한국의 법체계 내에서도 헌법과 민법, 형법 간의 위계와 영역의 관계를 탐구하는 것은 공간적인 관점에서 법학을 파악하는 것이라고 할 수 있다. 또 법체계에 일반적으로 존재하고 있는 죄형법정주의, 형벌비례의 원칙, 적법절차의 원칙 등은 법을 법칙적인 관점에서 파악하는 것이라고 볼 수 있다.

다만 자연과학과는 달리 사회과학은 이러한 요소들을 독립적으로 파악하는 것이 쉽지 않다. 법학을 파악하는 시간, 공간, 법칙적 관점은 결코 서로 간에 완전히 분리되거나 독립적인 관점으로 파악될 수는 없다. 사회과학에서는 다양한 관점들이 서로 교차하고 서로의 관점을 넘나들면서 동시에 이해되어야만 한다. 시스템을 논한다는 것은 넓게 보면 관찰자와 관찰자를 둘러싼 온 우주를 논하는 관점이기 때문에 자연, 인간 세계가 굳이 괴리된 영역으로 나뉘어 있을 필요는 없다. 시간, 공간, 법칙의 관점에서 보자면 자연과 사회 모두 하나의 시스템으로 분석될 수 있는 탐구 대상이다.

시스템이 무엇인지 알고자 하는 이라면 인간의 사고체계를 살펴보는 것이 좋을 것 같다. 인간의 사고관을 통해 시스템을 파악하는 것이 유용하다는 사실은 크게 두 가지 이유에서 기인하는데 이는 곧, '인간의 사고관에 투영된 세계'와 '인간이라는 주관적 관찰자'라는 키워드로 요약할 수 있겠다.

첫째, '인간의 사고관에 투영된 세계'라는 의미에 대해 생각해 보자. 인간은 자신의 사고를 통해 객관적인 우주, 사회 현상을 이해하고자 한다. 이는 자연스럽게 인간의 사고에 반영되어 현상이 가지고 있는 의미를 깊이 투영하게 된다. 때문에 우주와 사회 현상의 본질을 파악하기 위해 역으로 인간의 사고관을 분석하면 된다고 추론할 수 있다. 비록 세계의 본질이 인간의 사고에 투영되는 과정에서 완벽한 모습을 담아내지 못할지도 모른다. 사고관을 통해 역으로 시스템의 모습을 분석하다 보면 일부 소실되거나 왜곡되는 세계의 모습도 존재할 것이다. 그러나 인간의 사고관만큼 시스템의 모습을 투영하는 수단을 찾기 어려운 점을 고려하면 이를 분석하여 시스템을 해석하는 일은 훌륭한 방법이 될 것이다.

둘째, '인간이라는 주관적 관찰자'라는 의미에 대해 생각해 보자. 인간과는 별개로 아무리 객관적이고 절대적인 시스템의 모습이 존재한다고 하더라도 세계는 인간의 사고를 거치지 않고서는 도무지 해석될 수 없기 때문에 이 사실을 부정하기는 어렵다. 그렇다면 인간의 사고관을 통해 해석되는 시스템의 모습은 비록 완벽하게 절대적이고 객관적이지 않은 사실임을 인정하더라도 자신만의 사고라는 렌즈를 통해 시스템에 대한 해석이 불가피한 인간에게는 '주관적인 관찰자'로서 성찰해보는 시스템의 모습도 유의미하다.

이러한 두 가지 이유를 통해서 인간이 가지고 있는 보편적인 사고관을 통해서 시스템의 모습을 역으로 추적해보고자 한다. 앞서 밝힌 것처럼 인간의 사고관이 시스템 그 자체라고 말할 수는 없지만 인간의 사고에서 드러나는 대표적인 특징을 통해서 시스템 간의 동형성을 이해하며 시스템의 모습을 간접적으로 파악하는 것에서도 충분한 유의미성을 획득할 수 있다.

결론부터 밝히자면 시간(공시와 통시), 공간, 법칙이라는 3가지 관점에 따라 그와 일치하는 사고관을 아래와 같이 정리할 수 있다.

① 시간적 관점
  - 공시적 관점 : 인과론적 사고관
  - 통시적 관점 : 발산적 사고관 / 수렴적 사고관
② 공간적 관점(공간) : 전체론적 사고관(Holism) / 분석론적 사고관 (Reductionism)
③ 법칙적 관점(법칙) : 이과적 사고관(절대법칙), 경성체제 / 문과적 사고관(상대법칙), 연성체제

2장에서는 인간의 사고관과 구체적으로 시스템이 어떻게 연계되는지에 설명할 것이다.

어려운 내용이 아님에도 필자의 설명이 다소 친절하지 않았기 때문에 그 의미가 완벽하게 전달되지 못했을 것이다. 시간, 공간, 법칙의 관점에서 파생되는 시스템의 요소, 속성, 사고관을 다음의 표로 정리했다.

[시스템의 3가지 관점에서 분석한 시스템의 요소, 속성, 사고관]

3가지 관점	시간		공간	법칙
	공시적	통시적		
시스템 요소	절차, 기능	진화	구조	규칙 전제 원칙 등
시스템 속성	IPO(인과관계)	인과관계, 상관관계의 배치, 연관의 변화	시스템 간 위계 (거시, 미시구조)	보편성과 특수성
관련 사고관	인과적 사고관	발산적, 수렴적 사고관	환원론적 사고관과 전체론적 사고관의 조화	경성체제적 사고관과 연성체제적 사고관

1) 공시적 관점

(1) IPO(Input-Process-Output) 구조에 대한 개괄

중학교 과학시간에 자주 거론되는 원리 중에 '질량 보존의 법칙(The law of conversion of mass)'이 있다. 질량 보존의 법칙은 물리적, 화학적 반응 이전과 이후에 질량이 변하지 않는다는 법칙이다.

나는 누구나 당연하게 받아들이는 질량 보존의 법칙에서 우리가 살고 있는 이 우주에는 변하지 않는 어떤 원리, 본성 같은 것이 있음을 이해하게 되었다. 모두가 당연한 공리로 받아들이는 질량 보존의 법칙을 통해 우주에는 절대로 벗어날 수 없는 등가 교환의 법칙이 존재한다는 사실을 깨닫게 된 것 같다. 좀 더 높은 물리학적 관점에서는 에너지의 개념을 도입하여 질량도 절대적으로 보존되지는 않는다는 사실이 밝혀졌지만 그럼에도 불구하고 자연에는 반드시 절대적인 인과관계가 성립한다는 사실에는 변함이 없다. 무언가 얻기를 바란다면 반드시 그 대가를 지불해야 한다는 것은 자연과학만이 아니라 사회현상, 인생에서도 드러나는 우주의 섭리임을 점점 자각하게 되었던 것이다.

결론부터 말하자면 이번 장에서 다루고자 하는 핵심적인 내용은 모든 시스템은 공시적인 시점에서 특정한 'Input → Process → Output'의 구조가 존재한다는 내용이다. 투입 없이는 어떠한 산출물도 얻을 수 없다. 무언가를 얻기 위해서는 그에 합당한 희생과 대가를 지불해야 한다.

이게 무슨 대단한 이론이냐며 반문하는 사람들도 있겠지만 나는 모든 만물의 법칙에 적용되는, 가장 메타적인 법칙에 해당하는 대단히 중요한 개념이라고 생각한다. 머리로 이해하는 것과 몸으로 깨닫는 것과는 다르기 때문이다. 컴퓨터 프로그래밍 용어 중에 GIGO는 'Garbage In, Garbage Out'을 의미하는 약어이다. 해석 그대로 무가치한 데이터는 무가치한 결과를 산출한다는 의미이다. 우리 속담에 '콩 심은 데 콩 나고, 팥 심은 데 팥 난다'도 동일한 의미를 담고 있다. 이에 대한 내 생각을 효과적으로 전달하기 위해서 아래의 이야기를 좀 더 이어가고자 한다.

옛날의 한 지혜로운 왕은 백성을 사랑하는 마음에, 그들을 깨우치고 평생 잊지 않고 간직해줄 수 있는 지혜를 남기고자 하였다. 깊은 고민에 빠져 있던 왕은 뛰어난 신하들을 불러 놓고 후대에 남길만한 『지혜록』을 편찬하여 백성들을 깨닫게 하자고 말하였다. 명령을 받은 신하들은 세상 곳곳에서 지혜를 모으고 모아서 마침내 12권의 책을 왕에게 바치게 되었다. 그러나 왕이 고민해 보니 12권의 책은 너무 방대하여 백성들이 깨우치기에는 어려움이 따를 것이라 생각하게 되었다. 왕은 신하들에게 내용을 대폭 줄여 오라고 명령하였다. 신하들은 중복되거나 유사한 내용들을 제외하여 마침내 한 권의 책으로 요약하고 왕에게 바쳤다. 지혜로운 왕은 이를 보고도 노인과 어린 아들은 이해하기 어려울 듯하여 더 줄여 오도록 명령한다. 그리고 마침내 신하들은 12권의 책을 단한 문장으로 만들어 왕에게 전했다. 왕은 단 한 문장으로 된 글을 보고는 매우 만족하며 이것이야말로 고금의 지혜를 모아 놓은 결정체라고 말했다. 모든 백성들이 이 문장에 담긴 진리를 안다면 우리 백성들의 삶의 문제가 나아질 것이라고도 남겼다. 왕의 손에 쥐어져 있는 한 문장은 이러했다.

세상에 공짜는 없다.

사회과학의 꽃이라고 할 수 있는 경제학의 기본이념은 '공짜 점심은 없다(There's no lunch)'이다. 학문으로 체계화되는 모든 법칙들은 특정한 투입과 산출의 결과를 기술하는 집합체이다. 세상의 모든 보편적인 진리라고 부르는 원리들은 'Input → Process → Output(IPO 구조)'의 구조를 벗어나지 않는다. 모든 시스템은 이러한 IPO 구조로 해석할 수 있다. 이는 시스템을 해석하는 가장 근본적이면서도 최소한의 단위라고 볼 수 있다. 유기체로 생각하자면 IPO 구조야말로 세포이며, 원자이다. IPO 구조는 만물의 모든 법칙을 이해하는 일종의 줄기세포이다. 물론 줄기세포를 추출했다고 곧바로 원하는 신체 장기로 분화시키는 것은 불가능하듯이, 이러한 깨달음을 얻었다고 만물의 모든 법칙을 이해한 것은 아니다. 원자를 이해했다고 물질을 이해한 것이 아니고, 세포를 이해했다고 생물을 이해한 것은 아니다. 대신 어떤 시스템을 파악하고자 할 때, 중심을 잃지 않고 이 시스템의 Input과 Output은 무엇인지, 그 Process는 어떻게 구성되어 있는지 구조적인 접근을 할 수 있는 사고의 기반을 마련해줄 것이다.

어떤 결과(Output)가 발생하기 위해서는 그를 위한 원인(Input)을 필요로 한다. 그리고 그러한 원인은 특정한 과정(Process)을 거쳐서 가공된 뒤에 결과를 만들어 낸다. 공학을 전공한 사람이라면 대단히 일상적인 생각의 방식이다. 그리고 발생한 결과(Output)는 다시 원인(Input)에 반영되어 순환의 과정을 거친다. 이것을 환류모형(Loop Model)이라고 한다. 비단 학문에서만 이러한 법칙이 적용되는 것이 아니라 모든 시스템에서, 모든 만물에서 이러한 법칙은 반복되고 있다. 대체로 일반시스템 이론들도 공시적인 관점에서 시스템의 구조를 파악하기 위해 이러한 IPO 구조와 환류모형(Loop Model)을 강조하고 있다.

그런데 IPO 구조에서 가장 중요한 부분은 바로 Process 부분일 것이다. 콩을 심어야 콩이 나오고, Pain이 있어야 Gain이 있는 것은 사실이다. 하지만 어떤 Process를 거치느냐에 따라서 콩의 품질과 Gain의 결과는 얼마든지 달라질 수 있다. 같은 콩을 심더라도 얼마나 정성을 들이고, 주기적으로 물을 주고, 해충을 관리하느냐에 따라 콩이 수확되는 양과 질은 달라진다. 동일한 시간(Input1)에 동일한 책(Input2)을 공부하는 사람이라고 하더라도 학생들마다 자신만의 공부 Process(타고난 머리, 사고방식, 학습의 태도 등)에 따라 성적(Output1), 암기량(Output2)은 천차만별일 것이다.

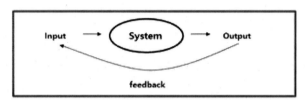

시스템 기본단위(Base Unit)

시스템을 설계할 때 Input과 Output이 무엇인지 파악하여 관찰할 요소를 확정 짓는 것이 첫 번째 단계라면, 가장 중요하고 많은 시간을 투자해야 하는 부분은 당연히 Process에 대한 고민과 성찰이다. Process에 대한 깊은 고민 없이 Output만을 기대하는 사회 분위기 속에서는 훌륭한 시스템이 형성될 수 없다. 많은 시간과 정신적 노력을 투자하여 훌륭한 시스템의 Process를 고민하는 사회 분위기를 형성해야 한다. 사회 시스템의 Process가 썩은 사회에서는 천재도 범인으로 만들고, 금덩이도 의미 없는 고철과 같은 취급을 한다. 그런 의미에서 나는 서문에서도 밝힌 아인슈타인의 통찰력 있는 명언을 사랑한다.

어제와 똑같이 살면서 다른 미래를 기대하는 것은 정신병 초기 증세이다.

시스템에 대한 가장 기본적인 분석은 IPO 구조라는 인과관계로 설명될 수 있으며, 모든 시스템은 IPO 구조의 복잡한 연결망의 집합체로 간주될 수 있다. 러시아 마트료시카 인형처럼 시스템의 입출력 구조는 상, 하위 구조에서 반복적으로 나타난다. 작은 구조가 전체 구조와 비슷한 형태로 끊임없이 되풀이되는 프랙털 구조라고 할 수 있다. 이와 같은 IPO 구조는 학문, 사상체계, 개인의 사고방식, 조직, 국가 곳곳에서 다양한 영역에서 모두 적용되고 있다.

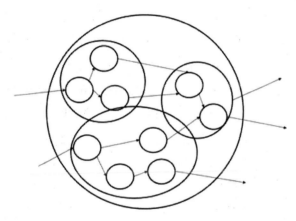

시스템은 IPO 구조들의 일종의 프랙털 구조

자연과학이나 공학을 전공한 사람들의 눈에는 대체 왜 이런 기본적이고 당연한 내용을 가지고 무수한 언어놀음을 하고 있는지 의문을 제기할지도 모른다. 기계공학이나 제어이론, 전자공학 등등 공학에서 이러한 IPO 구조는 매우 당연한 문제 접근 방식이다. 그리고 공학을 전공하지 않더라도 우리는 이미 학창 시절 과학을 배우면서 독립변수(Input), 종속변수(Output), 상관관계(Process) 등의 개념을 통해 이러한 시스템적 사고를 무수히 체화시켜 왔다. 수학에서 함수가 대단히 중요하게 다루어진 이유도 세상 만물이 이러한 'x → f(x) → y'의 형태로 분석되기 때문이다. 그러나 이러한 깨달음이 학업을 조금만 벗어나 일상에서는 제대로 적용되지 못하는 게 현실이다. 과학을 육화(肉化)시켜 가며 재미있게 공부한 게 아니기 때문이다. 자기 분야에서는 독립변수와 종속변수 간의 메커니즘을 명확하게 규명하는 연구원도 자신의 일상으로 돌아오면 이러한 구조의 적용의 노력의 자세를 잃어버릴지 모른다. 세상 만물이 체계적인 인과관계의 그물로 이루어져 있다는 생각은 분야를 막론하고 다양한 영역에서 사용되는 범용적인 만물의 진리이다.

혹자는 시스템에 대해서 거창하게 설명하더니 이게 정말 전부냐고 반문할지도 모르겠다. 그런데 정말 이렇게 간단한 내용을 우리 사회는 제대로 이해하고 있는 걸까? 합리적인 구조대로 사회가 흘러가고 있는 걸까? 대형 재난의 과정(Process)이 동일하게 반복되고 있음에도 우리는 근본적인 문제를 해결하고자 하는 걸까? 우리 사회는 정말 이성적으로 흘러가고 있는 것일까?

우리 사회에서 무수하게 반복되는 대형 재난들은 대체 무엇 때문인가? IPO 구조를 통해, 인과관계를 통해서 조금만 생각해 보더라도 대한민국에서 성수대교 붕괴, 삼풍백화점 붕괴, 대구지하철 참사, 세월호 참사와 같은 대형 참사가 반복된다는 사실에서 사회의 Process, 사회 구조에 대단한 문제가 있다는 것을 이해할 수 있다. 대형 재난이 일어나면 이를 다시 막기 위해 정확하게 사실과 원인을 규명하고 그러한 사실이 다시는 반복되지 않도록 구체적인 매뉴얼을 만들고, 사회 인프라를 구축하고, 재발방지를 위한 문화를 형성하고, 민방위 훈련과 같은 단체 활동을 조직하고, 학교에서는 반복적인 교육을 행하면 된다. 이것은 IPO 구조를 통해 조금만 세상의 문제를 고민해 봐도 누구나 이해할 수 있음에도 우리 사회의 Process는 고장 나고 경직되어 있다. 더 복잡한 시스템을 고민하지 않더라도 이러한 기본기를 제대로 갖추고 있지 못하다는 생각이 강하게 들기 때문에 아주 간단해 보이는 IPO 구조를 이렇게 열심히 설명하고 있는 것이다.

　대형 재난과 참사만이 아니라 사회 곳곳에서 일어나는 부정부패, 갑질 문화, 권위의식 등은 그간 사회 구조에 적폐된 문제와 성찰 없이 구조를 쌓아온 현상에 기인한다. 그리고 그러한 사실들을 지적하거나 문제를 제기하는 자에 대해서는 가차 없는 엄벌과 사회적 분리를 가함으로써 우리 사회는 점점 소리 내지 않고, 비판하지 않고 자신의 안위만을 보존하기 위한 세상으로 흘러가고 있는 것이다. 세상을 IPO 구조 혹은 인과론적으로 바라보는 방식은 이후에 설명될 서양 전통의 환원론적 사고방식에 국한되는 것이 아닌가 하는 의문이 들 수 있다. 그러나 인과론적 설명방식은 동양 전통의 통합적 사고방식에도 적용되는 일반적인 법칙일 뿐이다. IPO 구조를 매우 미시적이고 구체적인 조건 속에서 바라보면 이는 서양의 분석적인 접근 방식에 해당하지만, IPO 구조를 보다 거시적이고 맥락적인 관점에서 바라보면 이는 동양의 통합적 접근 방식에 해당할 수도 있다. 동양에서 발원된 주역, 동양의학, 명상, 불교와 같은 주제들도 인과론(IPO 구조)에서 벗어나지 않는다. 다만 주역과 같이 그 영역이 지나치게 광범위해지기 시작하면 보다 일관성 있고 신뢰성 있는 보편적인 체계를 확보하기는 다소 어렵게 될 뿐이다.

　그런데 이러한 인과론을 고민하며 여전히 풀지 못한 의문이 있다. 흔히들 우주는 무에서 창조되었다고 하는데, 그렇다면 우주의 창조는 인과론을 벗어난 상태에서 가능했는가 하는 의문이다. 정말 우주는 무에서 유를 창조하는 과정에서 발생한 것인가? 그렇다면 인과론을 넘어서는 더 거대한 법칙이 존재한다는 의미인가? 정말 아무것도 없는 무에서 우주는 창조될 수 있는 것인가? 아마 영원히 해결하지 못할 숙제로 마음속 고이 남겨야 할 것 같다.

(2) 수학의 함수(Function)로 이해하는 우주 시스템의 IPO 구조

필자는 학창시절 수학에 천부적인 소질은 없었지만 그럼에도 불구하고 약간의 학업과 지난 경험으로 미루어 볼 때 수학이라는 학문에서 가장 중요한 비중을 차지하는 개념을 꼽으라고 한다면 주저 없이 함수(Function)를 말할 것이다. 수학의 함수는 그 자체로서도 대단히 매력적이고 파생적인 성과를 낳는 개념이지만 대단히 실용적이기도 해서 물리학, 화학과 같은 자연과학은 말할 것도 없고 그 분야를 넓혀서 경제학, 심리학, 사회학에서도 수학의 함수를 논하지 않고는 더 이상 학문의 발전을 논하기 어렵게 되었다.

인간의 선험적인 이성을 바탕으로 하는 수학은 공리와 명제를 받아들이기만 한다면 누구도 반박 불가능한 고도로 논리적인 학문이다. 천재들의 뜨거운 지적 욕구와 의식의 확장으로 말미암아 인류의 이성을 고도로 체계화시키는 수학이라는 학문은 결코 실용적이거나 특정한 목적을 위해 발전해가는 학문이 아니다. 그럼에도 불구하고 수학에서 파생되는 다양한 개념과 원리들은 자연을 해석하고, 사회의 특성을 파악하는데 대단히 유용하게 사용되고 있다. 수학자들은 특정 개념과 정의, 정리, 법칙을 발견하면서도 전혀 예상치도 못한 다른 분야에서 화려하게 꽃 피는 수학의 저력은 과연 우연이라고 말할 수 있을까? 세계를 파악하겠다는 어떠한 의지도 없이 그저 인간의 이성에만 집중했던 결과로 발전한 수학이 세계를 있는 그대로 해석하는 데 사용되고 있다는 놀라운 저력을 단순한 우연의 일치라고 말할 수 있을 것인가? 이성적 영역에만 기반한 수학이 경험적 영역을 완벽하게 설명해내는 사실을 우리는 어떻게 설명할 수 있을까? 인도 천재 수학자 라마누잔이 증명도 없이 놀라운 수학적 원리들을 발견하는 근원을 묻자 '신의 은총'이라고 대답한 것처럼 수학과 세계의 일치는 정말 신의 은총인 것인가.

필자는 우연의 일치처럼 보이는 수학과 세계의 놀라운 일치가 사실은 인간의 사고체계에서 비롯되는 절대적인 필연이라고 생각한다. 인간은 자신에게 주어진 이성을 활용하여 수학이라는 견고한 성을 쌓아나갔다. 인간이 수학을 통해 이성을 실현해나가는 과정은 라마누잔이 '신의 사색을 표현하지 않는 방정식은 나에게 무의미하다'고 말했던 것처럼 그저 자신에게 주어지는 영감에 따르는 결과에 불과했다. 이 과정에서 그 누구도 세계를 완전히 해석하겠다는 목적을 가지고 떠난 적은 없다.

그런데 필자는 어떠한 목적도 가지지 않고 탐구 그 자체가 되어 자기목적적으로 발전한 수학의 발전이야말로 우리의 진정으로 세계를 반영하는 원천이었다고 생각한다. 인간의 지성, 이성 그 자체만을 생각해 보자면 인간은 우리 스스로 자신만의 이성적 세계를 쌓아가는 주체적인 탐험을 했다고 생각하기 쉽다. 하지만 인간은 의식적, 무의식적으로 우리를 둘러싼 세계에 완전한 영향을 받고 있다. 우리는 우리를 둘러싸고 있는, 우리 눈에 보이는, 우리 귀에 들리는 우주와 세계에 벗어나서 생각할 수 없다. 인류는 의식적으로 세계를 반영하겠다는 마음으로 수학을 발전시킨 적은 없지만 우리가 인식하고 있는 그 세계관이 그대로 우주에 투영된 채로 발전했던 것이다.

비유클리드 기하학의 발전만 보더라도 인류는 세계를 반영하여 수학을 발전시키고 있다는 점을 이해할 수 있다. 인류는 당장 눈에 보이는 현 세계의 관점에서 출발하여 유클리드 기하학을 발전하였고 그것이 우리의 기하학적 세계를 모두 표현해준다고 믿고 있었다. 하지만 눈에 보이지 않는 세계에 대한 상상력이 확장되기 시작하면서 인류는 더 이상 눈에 보이는 유클리드 기하학의 우주에서만 살고 있는 것이 아니라는 깨달음을 얻게 된다. 그에 따라 인류는 자신의 세계관을 반영하여 비유클리드 기하학을 발전시키고 또 다른 수학의 세계를 발견한다. 유클리드 기하학의 부정과 비유클리드 기하학의 탄생은 인류가 의도적인 목적을 가지고 수학을 발전시켜가는 것은 아니지만 우리가 가진 세계관을 그대로 투영하여 수학을 추동시키고 있다는 사실을 보여준다.

이런 상상을 해보자. 현 인류와 완전히 동일한 두뇌를 가지고 있는 또 다른 인류가 우리 우주와는 완전히 또 다른 법칙 속에서 문명을 발전시켜 나가는 상상을! 우리와 완전히 다른 환경, 법칙에 놓여 있는 인류라면 현재의 수학과 같은 이성체계를 발전시켜 나가지는 않았을 것이다. 의식적이든, 무의식이든 인류는 자신의 주변에 둘러싼 환경을 반영하여 이성을 발전시켜 나갔을 것이고 그렇게 발전한 수학은 다른 우주를 반영하는 체계로 자연스럽게 발전해갔을 것이다. 심지어 우리와 같은 우주에 살지만 완전히 환경에 사는 높은 지성의 외계인들은 우리와 발전, 표현 방식이 대단히 상이한 수학 체계를 가지고 있을 것이라고 합리적으로 추정해볼 수 있다.

필자는 수학에서 드러나는 함수의 탄생도 이렇게 우리를 둘러싼 세계의 모습을 반영하는 과정에서 이해할 수 있다고 생각한다. 앞서 IPO(Input-Process-Output)의 구조가 우주의 가장 메타적인 원리라고 설명한 것처럼, 세계의 모습을 무의식적으로 반영하며 발전하는 수학 체계도 IPO 구조를 자연스럽게 반영하면서 수학의 함수체계를 발전시킨 것이라고 생각한다.

독자들도 눈치채고 있겠지만 수학의 함수와 IPO 구조는 동일한 개념이라고 봐도 무방하다. 다만 그러한 원인과 결과의 필연적인 관계로 수학이라는 학문에서 쓰이면 함수, 법학에서 쓰이면 인과관계, 부처가 말하면 연기법, 필자의 표현대로라면 IPO 구조로 통칭될 수 있는 것이다. 이는 결코 우연이 아니다. 거대한 인과적 그물망 속에서 일어나고 있는 세계의 모습을 여러 영역에서 자연스럽게 반영하여 나타난 결과이다.

사실 이러한 깨달음을 가지고 학창 시절 수학을 공부했다면 보다 진지한 태도와 우주에 대한 경이로운 마음으로 즐겁게 공부할 수 있다고 생각해 보니 의무적으로만 학업에 임한 시간과 에너지가 아깝다는 생각도 든다. 과거에는 왜 수학의 함수가 다양한 분야에서 자연스럽게 사용되고 있는지 이해할 수 없었지만, 세상 만물을 이루고 있는 구조가 거대한 IPO 구조라는 것을 자각하고 나서부터 수학의 함수라는 도구가 예사롭게 보이지 않았다. 수학은 인간의 사유를 보다 명료하고 효율적으로 벼리어 내는 과정에서 가장 단순하고 아름다운 기호언어로 수학의 함수를 자연스럽게 정립한 것이다.

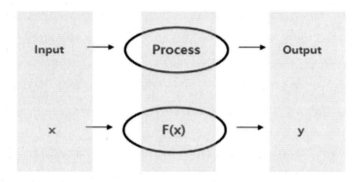

수학의 함수와 IPO 구조의 상동성

만물의 시스템 구조가 'Input → Process → Output'으로 이루어져 있고 세상에는 워낙 복잡하고 다양한 변수가 많이 존재하기 때문에 이를 인간이 통제하고 관리할 수 있도록 주요한 변수를 설정하여 [x → f(x) → y]와 같은 함수로 나타내어야 할 필요가 발생했던 것이고 조금 더 복잡한 현상을 표현하기 위해서는 변수를 조금 더 늘려가면서 [x, y → g(x, y) → s, v]와 같은 다변수 함수로 만들어 가면서 복잡한 세상을 수학으로 이해할 수 있게 된 것이다. 함수는 현재까지 세상의 인과적 관계를 가장 명료하고, 이상적으로 표현하고 해석할 수 있는 수단이다. 이러한 수단을 활용해서 자연과학, 공학, 경제학, 심리학, 인류학, 사회학의 다양한 분야에서 수학의 함수는 거침없이 사용되고 있다. IPO 구조와 함수의 상동성은 우연이 아닌 절대적 필연이다.

다만 수학의 함수는 가장 추상화되고 축약된 인과관계의 표현 방식이기 때문에 역설적이게도 수많은 변수에 따라 다양한 인과관계를 형성하고 있는 자연과 사회 현상을 완벽하게 설명할 수는 없다. 실제 우주 시스템은 수학으로만 표현할 수 있는 것보다 훨씬 더 복잡하고 다양하다. 나아가 수학은 공리와 명제에 따라 아주 견고한 구조를 가지고 있지만 사회 시스템의 경우에는 공리와 명제라고 할 만한 절대적인 법칙이 거의 없기 때문에 이러한 역동성을 수학적으로 표현하기는 쉽지 않다.

따라서 수학적 언어가 세계에 대한 가장 효율적인 표현 방식인 것은 사실이지만 역동적으로 변화하는 세상 만물 시스템을 수학으로 표현할 수 있는가에 대해서는 다소 의문이다. 사회 현상과 변화를 인간의 통찰력과 직관을 담아내어 표현하기 위해서는 여전히 언어의 힘이 필요하다.

이러한 지점에서 인공지능(AI)이 기계적이고, 견고한 체계에 따라 인간의 다양한 모습을 정확하게 판단하기는 쉽지 않을 것이라는 추측도 가능하다. 예를 들어 인공지능 변호사가 대단히 발전하더라도 다양한 환경, 상황, 사실을 고려한 법관의 고도화되고 유연한 판단력을 가지기는 쉽지 않을 것이다.

하지만 수학의 세계관은 끊임없이 진화하고 있으며 결정론적인 세계관을 넘어서 비결정론적 세계관까지 확률함수 등을 통해 해석해내고 있다. 현재의 모습을 통한 미래의 예측은 언제나 쉽게 빗나가는 만큼 충분한 시간이 지나 인류가 생존하고 있다면 복잡한 수학적 관계망을 통해 인간의 고도로 발전된 판단을 넘어서는 능력을 AI가 발휘할지도 모르겠다는 상상은 충분히 가능하다.

(3) 학문 체계와 학문의 융합을 통해 이해하는 IPO 구조

이번 장에서는 학문 체계를 하나의 IPO 구조의 방식으로 이해해보고 자 한다. 학문도 하나의 시스템이라고 볼 수 있는데 그렇다면 학문을 하나의 IPO 구조로 파악해본다면 학문은 어떤 Input, Output, Process의 키워드로 해석할 수 있을까?

우선 Input은 세계에 대해서 던지는 질문이라고 할 수 있다. 예를 들어, '지구라는 행성에서 공기가 없다고 가장할 때 1㎏의 물체를 수평방향으로 10m/s로 던진다면 공이 지면에 도달했을 때 이동한 수평거리는?'과 같은 질문이 그것이다. 이는 인류가 물리학(Physics)으로 정립한 학문 체계에서 해결할 수 있는 질문이다. 그렇다면 물리학이라고 불리는 학문의 Process(혹은 좁은 의미에서의 System)는 무엇일까? 이는 '물리적 현상'이라는 개념으로 통합될 수 있는 공통적 영역에 대해서 과거와 당대의 학자, 관련 집단에 의하여 실증적, 실험적, 과학적으로 검증된 일관성 있는 지적 산출물의 집합체라고 부를 수 있다. 이는 물리학뿐만 아니라 다양한 학문의 Process에도 해당하는 개념이다. 공통 개념으로 포함할 수 있는 분야에 대해서 실증적, 실험적, 과학적으로 증명되어보다 진리에 가깝다고 받아들여진 축적된 지적 산출물의 집합을 학문체계의 Process라고 할 수 있으며, 좁은 의미로는 이러한 지적 산출물의 집합체가 학문 시스템 그 자체라고도 볼 수 있다.

이에 따라 학문의 Output에 대한 개념도 자연스레 도출된다. 학문의 Output이란 어떤 질문이라는 Input에 대해서 당대까지 형성된 인류의 지적 산출물의 집합에 의하여 검증되어 일관성 있게 도출되는 답변, 해결책, 해답이 될 것이다. 그러나 각각의 학문에 따라서 Output이 결코 단 한 가지로 통일되지 않는 경우가 많다. 예를 들어 위의 물리학에 대한 질문은 진공상태라는 가정이 분명하다면 하나의 일치된 답변(Output)을 얻을 수 있을 것이다. 하지만 인문학의 경우에는 과거부터

'인간의 본성은 어떠한가'라는 질문(Input)에 대해서 학자마다 성선설(Output1), 성악설(Output2)과 같이 다양한 해답을 내어놓고 있으며 본래 하나의 답변(Output)으로 일치되기 어려운 경우도 다수 존재한다. 이러한 학문의 특성에 대한 논의는 2장 3절의 법칙적 관점에서 주로 다루고자 할 것이다.

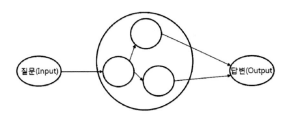

기존의 학문 집합체(Process)

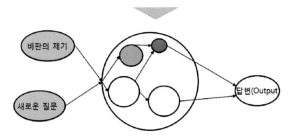

진화된 학문 집합체(Process)

학문적 영역에서 늘 새로운 질문과 비판의 제기를 장려하는 이유는 무엇일까? 이는 우리가 늘 진리에 있다고 확신할 수 없기 때문이며, 그로 인해 비판의 제기와 새로운 질문을 기존의 학문 체계가 수용하며 보다 진리에 가까운 새로운 영역으로 개척되어가기 때문이다. 기존의 학문 체계와 학자들은 지금까지 형성한 학문 체계에 대해 관성 따라 움직이기 때문에 최대한 그들의 생각을 쉽게 변화하려고 하지 않을 것이다. 그러나 관성에 따라 움직이는 학문은 죽은 학문이며 새롭게 제기되는 질문과 비판을 이겨내며 더 나은 진리로 나아가야만 생동하는 학문이라고 할 수 있다. 따라서 진리를 추구하는 참 지식인이라면 표현의 자유를 토대로 늘 새로운 질문과 비판의 제기가 열린사회를 주장하고 갈망할 것이다.

사실 우리가 학문이라고 부를만한 지식 체계가 탄생하던 당시에는 현재와 같은 분과학문들이 존재하지 않았다. 최초의 철학자 탈레스가 '만물의 근원은 물이다'라고 주장했듯이 초기의 학문은 철학자의 직관에 기인하는 단편적인 지식이 존재할 따름이었다. 이를 차츰 사람들은 '철학'이라고 부르기 시작했다. 시간이 흘러가며 유사성이 있는 질문과 지적 체계들은 점차 공통된 학문의 영역으로 인정받기 시작했고 이러한 학문들은 점차 분화하고 발전하면서 현재의 학문 체계로 자리 잡게 된 것이다. 인간의 필요로 의해 많은 학문이 분리되었지만, 그 정도가 지나치게 협의의 관점에 머물게 되어 학문 간의 소통은 점차 사라지게 되었다. 과학자들은 역사와 철학이 필요 없다고 여기게 되었고, 법학자들은 더 이상 물리학이나 생물학은 배울 필요가 없는 것처럼 생각하기 시작했다. 그리고 각 영역의 사람들은 서로서로 이해하지 못한 채 점차 괴리되고 이질적인 존재로 남아버린 것이 현대 사회의 모습이다. 하지만 사회 구조의 다변화, 과학기술의 급속한 발전으로 인해 다양한 문제들이 발생하기 시작하였고 이러한 문제들은 더는 한 가지 영역만으로 해결하기 어렵게 되었다. 생명과학자들은 인간의 배아가 인간인지 아닌지에 대해서 분명하게 판별하는 생명윤리에 대해 관심을 가지지 않으면 안 되게 되었다. 법관과 검사들은 범죄자를 색출하기 위한 과학 수사 기법에 대한 깊은 이해를 필요로 하게 되었다. 지적재산권을 다루는 변호사들은 반도체 칩 설계 재산권과 같은 새로운 재산권에 대한 법적 분쟁을 해결하기 위해 전자공학에 대해서도 이해해야만 한다. 앞으로 더욱더 가속화될 다양한 질문(Input)에 맞는 적절한 해답(Output)을 내놓기 위해서는 다양한 분과의 융합이 필연적일 수밖에 없게 된 것이다.

이에 대한 이야기를 좀 더 이어가기 위해 만화 원피스의 주인공 루피처럼 팔이 고무처럼 끝없이 길어지는 인간의 모습에 대해서 생각해 보자. 만약 과학기술이 점차 발전하게 된다면 우리도 '고무고무 열매'를 삼킨 뒤에 팔이 무진장 늘어나는 인간으로 다시 태어날 수도 있지 않을까? 이를 지나치게 만화적인 상상력이거나 공상 따위로 치부하지는 말자. 불과 10년 전만 해도 우리는 무인 자동차가 상용화 가능할 것이라고 생각해 본 적이 없다. 무인 자동차로 인해서 다양한 법적, 기술적, 문화적 문제가 현대 사회의 현실적이면서도 중요한 사안임을 감안해 본다면 필자는 이러한 만화적 상상력을 먼저 던져보는 것도 대단히 유의미한 작업이라고 생각한다. '언젠가 우리 인간도 고무고무 열매를 먹는다면 팔이 고무처럼 늘어나는 인간이 될 수 있지 않을까? 그런 사회는 어떤 모습일까?'라는 질문(Input)을 던져보자. 이것이 현실적으로 가능한지 불가능한지는 알기 어렵고, 불가능할 가능성이 높겠지만 그럼에도 불구하고 만약 이러한 가능성이 존재한다면 이를 해결하기 위해 우리는 과연 어떤 학문 체계(Process)를 필요로 하는가?

우선 세포 생물학적 지식이 필요할 것이다. 팔이 늘어나기 위해 단기간에 세포 수가 늘어날 수 있는지, 아니면 세포의 크기가 지금보다 더 커질 수 있는지에 대한 이해가 필요하다. 그러나 세포 생물학에서도 협소한 답변만 내놓을 수 있다. 실제로 팔이 늘어 날 때마다 신체가 구조적으로 어디까지 감당할 수 있는가에 대한 인체물리학적 검증도 필요할 것이다. 또한 팔이 수없이 늘어나기 위해서는 신체 내부의 무수한 화학적 작용이 필요하고 생각만으로 팔이 늘어나기 위해서는 정확한 신경 메커니즘을 파악하기 위해 신경생리학적 이해도 필요하다. 나아가 '악마의 열매'라는 단순한 음식 섭취만으로 우리 몸의 근원적 DNA까지 변화시킬 수 있는지 유전공학적 이해와 약리학적의 수준 높은 해답도 요구된다. 더 나아가 이것이 실제로 가능하다면 우리는 윤리적으로 어떤 관점을 가져야 하는지 고민해야 한다. 법적으로는 과연 이러한 상품의 매매를 허용해야 하는가? 그리고 허용한다면 우리 인류와 사회는 어떻게 변화될 것인가에 대한 인류학, 사회학적 통찰도 요구할 것이다. 또 팔이 늘어날 때 사람들이 할 수 있는 새로운 스포츠나 직업은 무엇이 있을지 문화적인 상상도 가능하다. 경제학적으로는 과연 이 '고무고무 열매'라는 제품이 얼마의 가격에 형성되어야 하는지 기업들은 이러한 제품을 팔기 위해서는 어떠한 경영전략과 마케팅이 필요할지에 대한 경영학적 통찰도 필요할 것이다.

비록 가능할지, 불가능할지도 알 수 없는 간단한 공상적 질문을 하나 던졌을 뿐이지만 이에 대해 대답하기 위해서는 단편적 학문만으로는 불가능하다는 사실을 알 수 있을 것이다. 하나의 학문과 단편적 지식만으로는 앞으로 과학기술이 더욱 발전하면서 발생하게 될 기이하고 놀라운 질문들에 대해서 답변하기 대단히 곤란하다. 학문의 통섭과 융합은 다양한 질문들을 해결하기 위해 경계를 넘나드는 학문 간, 학제 간의 소통과 시너지를 촉구하기 위해서 제기되었다. 이에 대한 경쟁력을 갖추기 위해서는 기존에 체계와 생각에 갇히지 말고 생각하지 못했던 상상의 세계를 계속해서 질문할 수 있어야 한다. 더 이상 정형화된 질문을 답습하지 않고 이상하고 독특한 질문을 던지고 해결책을 찾고자 하는 괴짜들, 자신만의 독특한 개성에 집중하는 오타쿠들에게 관용을 베풀며 다양한 사람이 융화될 수 있는 문화가 필요하다. 세계적으로 산업계, 학계, 연구 분야가 융화되며 산학연을 강조하는 맥락도 이와 다르지 않다. 지금까지는 논의를 편하게 하기 위해 학문적인 관점에서만 설명했지만 학문을 떠나서도 전문가와 일반인, 완전히 관련 없어 보이는 영역의 사람들 간의 협의체 등을 활성화하면서 다양한 영역들이 경계를 넘나들고 독특한 질문을 던지고 해결책을 찾으려는 시도를 장려하는 것이 여러 영역에서 필요하다고 생각한다.

다양한 분야의 선입견 없는 태도와 수용력은 앞으로의 시대를 대비하는 필수적인 역량이다. 전문가라고 부르는 사람들은 더 이상 기존의 Process를 외우듯이 답습하는 사람이 아니다. IBM의 왓슨이 제퍼디 퀴즈 쇼에서 인간을 제치고 우승을 했고, 한국의 AI 엑소 브레인이 퀴즈쇼에서 수능 만점자를 제치고 우승하는 모습에서 볼 수 있듯이 기존의 질문에 답변하는 것은 점차 기계가 대신하게 될 것이다. AI 위에 서 있는 진정한 전문가가 되기 위해서는 하나의 고정된 영역이 아니라 다양한 분야를 넘나들며 새로운 질문을 던지고, 기계가 내어놓을 수 없는 독창적인 해석을 내어놓는 사람이 될 것이다.

2) 통시적 관점

(1) 시스템의 통시성과 진화

엔트로피의 개념을 제안한 클라우지우스(Rudolf Clausius), 진화론을 정립한 다윈에 의하여 진화론은 물리학, 생물학, 사회학에서 하나의 과학적 영역으로 확립되었다. 과학의 모든 분야는 연구 대상의 존재 질서를 연구해야 할 뿐만 아니라 연구 대상의 진화법칙도 연구해야 한다. 그리고 연구 대상의 진화 속에서 연구 대상의 존재를 연구해야 한다. 세계를 고정불변의 존재로 보는 근대 과학의 신조는 철학적 사변에 의해서가 아니라 과학적 사실에 의해 철저히 무너지게 되었다.xv)

시스템학에서는 시스템의 4가지 성질로서 전체성, 안정성, 적응성, 위계성을 설명한다. 하지만 헤라클레이토스 이후 모든 변증법적 철학자들은 만물은 부단히 흐르고 있으며 운동은 영구하고 변화는 절대적이라고 주장한다. 모든 시스템, 그 구조와 기능, 전체성, 안정성, 적응성, 위계성은 통시적 변화를 거친다. 때문에 시스템학에서는 시스템의 존재 자체가 통시적 변화의 결과로 간주되어야 하며 시스템의 통시성은 시스템의 기본성질의 하나로 간주해야 한다고 본다.^{xvi)} 과학의 임무는 변하지 않는 자연 질서를 발견하는 것이기보다 끊임없이 변하는 자연 질서를 탐구하는 것이라고 할 수 있다. 진화론 사상이 우주학, 지질학 및 생물학 분야에 등장하여 영구불변의 자연에 대한 세계관은 동요하기 시작했고, 만고불변의 자연 질서라는 믿음은 붕괴하기 시작했다.^{xvii)}

변하지 않는다고 믿었던 자연세계에 대한 관점도 고정불변하다고 여겨지는 만큼 사회과학, 인문학에서의 세계관은 더욱더 변화의 관점에서 파악되어야 할 것이다. 사회 시스템에 대한 효과적인 관리는 사회 시스템 진화과정에 대한 관리여야 하기 때문에 사회 시스템의 관리 또한 반드시 시스템 진화론의 기초 위에 세워져야 한다. 많은 복잡한 시스템에 적용되는 시스템의 진화 주기율은 인간의 의지에 의해서 전이되지 않는 객관적인 법칙이다. 인간은 그것을 제거할 수도 초월할 수도 없다. 그러므로 효과적인 관리 전략을 세우기 위해서는 마땅히 시스템 진화론의 기본 원리에 근거하여 시스템 진화의 방향성뿐만 아니라 주기성을 고려하는 것이 마땅하다.^{xviii)}

앞서 언급한 공시적 관점에서의 IPO 구조는 시간이 변함이 따라 얼마든지 변화할 수 있다. 공시적, 통시적 개념에 대해 상세히 설명하지 않았지만, 이 두 가지가 비교되어야 하는 지금은 이에 대한 설명이 필요하다. 공시성이란 어떤 체계 내 특정 시점에서의 IPO 구조의 양상이다. 특정 시점, 장소, 환경이 고정되어 있다고 가정할 때 그 체계 내에서의 IPO 구조는 고정불변하며 하나의 절대적인 진리 가까운 효과를 발휘한다고 간주할만하다. 하지만 시간의 영역을 넓혀서 IPO 구조를 역사적으로 살펴본다면 상황이 다르다. 통시성이란 역사적인 관점에서 시간의 변화에 따르는 IPO 구조의 변화를 관찰하는 것이다. 따라서 진화를 거듭하는 시스템의 통시성은 IPO 구조도 충분히 변할 수 있다는 것을 암시한다.

예를 들어 대한민국에서 간통죄가 폐지되기 전인 2008년 10월 30일 이전의 간통 사건들은 한국의 형법 시스템 상에서는 간통죄로 간주될 수 있고 유죄로 취급받는 것이 진리이지만, 그 이후에 발생한 간통사건들은 무죄로 간주되는 것이다. 즉 2008년 10월 30일을 기점으로 간통이라는 사실 행위(Input)가 대한민국 형법 시스템(Process, 혹은 좁게는 System)을 거치면서 유죄라는 Output에서 무죄라는 Output으로 변화한 것이다. 사회 시스템은 이렇게 IPO 구조가 근본적으로 변화하고 있다고 볼 수 있다.

자연 시스템의 경우에는 그 자체의 IPO 구조가 변화하기보다는 인류의 무지로 말미암아 그것을 해석하는 인류 사고의 IPO 구조가 변화하는 것이라고 봄이 마땅하다. 지난 역사로 미루어 짐작할 때 자연의 법칙은 변하지 않는 불변의 진리로 간주할 수 있지만, 인간의 과학기술 체계의 한계로 그것을 해석하지 못했을 뿐이다. 즉 지구는 계속해서 태양을 돌고 있었지만 인류가 무지했던 탓에 천동설을 믿고 있었을 뿐이며 세월이 흘러 인류의 지성이 발전하면서 비로소 지동설이라는 세계관으로 우주를 바라볼 수 있게 된 것이다. 뉴턴 역학에서 아인슈타인의 역학으로 관점이 변한 것도 인류 지성의 발전으로 말미암아 우리의 세계관이 변화한 것이다. 그럼에도 어쨌든 인류가 세상을 해석하는 방식이 지속적으로 변화한다는 점에서 우리는 우리가 알고 있는 자연에 대한 세계관, 자연 과학 지식을 끊임없이 비판, 성찰하고 발전시켜 나가야 함이 타당하다. 물론 이러한 관점이 모든 자연과학에 타당이 적용되지는 않는다. 앞서 언급했듯이 생명체는 생존하는 한 끊임없이 진화하고 있고 수억 년 뒤의 생명체의 모습은 또 다르기 때문이다. 일반적인 사회 시스템에 비하면 자연 과학 시스템의 변화는 자연 세계 그 자체가 아니라 우리가 세계를 바라보는 세계관의 변화에 더 큰 초점을 맞추어야 한다. 그러나 인간이 만들어 나가는 사회 시스템의 경우에는 우리의 세계관이나 사고관뿐만 아니라 사회를 이루고 있는 IPO 시스템 그 자체가 변화한다. 사회의 정치체계, 경제체계, 교육체계, 사회체계, 문화체계의 변화는 인간의 단순한 인식이나 이념으로 박제된 것이 아니라 물질적이고 경험적으로 변화하는 것이다. 자연 시스템과 달리 사회 시스템에는 인간의 의지와 생각, 노력, 투자에 따라서 시스템의 본질적인 IPO 구조가 변화할 수 있음을 의미한다. 따라서 사회 시스템에서 인간의 사고관은 단순히 사회를 해석하는 관점으로만 머무는 것이 아니라 그러한 사고관이 변함에 따라 실제 사회의 IPO 구조를 변화시키는 추동력, 장악력이 될 수 있음을 이해해야 한다. 이것이 사회 시스템에서 변화와 진화적 성격, 통시성을 무시하면 안 되는 이유이다. 임계점을 넘어서 인간의 행복을 파괴하는 방식의 급격하고 무리한 구조의 변화를 시도하는 것은 자제해야겠지만 '우리는 같은 강물에 두 번 들어갈 수 없다'는 헤라클레이토스의 생각처럼 사회의 변화를 늘 예의주시하며 점진적인 구조의 변화와 개혁의 길을 꿈꾸는 것은 진화하는 사회 시스템에서 생존하기 위한 인류의 당연한 의무일 것이다.

(2) 발산적 사고·수렴적 사고

공시적 관점에서 IPO 구조는 수학의 함수와 같이 다양한 영역에서 인과관계에 기반을 둔 사고방식으로 드러난다고 하였다. 통시적 관점에서 변화하는 시스템을 해석하고 드러내기 위한 인간의 사고 과정은 바로 발산적 사고와 수렴적 사고이다.

인간은 발산적 사고와 수렴적 사고를 지속적으로 반복하며 자신의 사고관을 수정하고 발전시켜 나간다. 이 과정은 끊임없이 변화하는 사회를 이해하고 우주에 대한 인간의 인식을 발전시켜 나가기 위한 인간 사고의 진화방식이라고 생각한다. 만물이 재료를 발산하고 다시 수렴하며 하나의 시스템을 형성하는 과정과 인간의 사고 과정이 발산되고 수렴되는 과정 간에는 동형성이 발견된다.

발산적 사고란 주어진 제약이나 조건들이 완전히 주어지지 않은 상태에서 명확한 틀에 구애 받지 않고 다른 문제를 제기하고, 질문하며 사고를 형성하기 필요한 조건, 담론을 만들어 나가는 과정이다. 기존에 정립된 인간의 정신, 행동, 사회현상, 자연관에 의문을 제기하고 그 의문에 대해 지속적으로 질문을 제기하면서 사고를 확대시켜 나감을 말한다.

수렴적 사고관이란 발산되어서 흩어져 있는 다양한 조건, 환경을 하나의 전제조건으로 받아들이고 제약된 조건 속에서 최적의 답안을 도출해나가는 과정을 의미한다. 수렴적 사고관은 정립된 공리, 명제에 따라서 가장 효과적이고 효율적인 해결책을 찾아 나가는 생각 방식이라고 볼 수 있다.

발산적 사고와 수렴적 사고관은 당연히 직선적이지 않으며 발산적 사고를 하는 과정 중에도 수렴적 사고를 하고 있고, 수렴적 사고를 하는 과정 중에도 발산적 사고는 진행된다. 위의 도식적인 설명은 발산적 사고와 수렴적 사고의 과정을 명확하게 대비하기 위해서 나눈 것이라고 생각하면 되겠다. 세계를 하나로 운동하는 실체로 바라보는 변증법적 철학자들이 정(正), 반(反), 합(合)의 사유를 정립한 것은 우연이 아니다. 발산하고 수렴해 나가면서 기존의 사고를 수정해나가는 과정을 필자는 발산적 사고, 수렴적 사고라는 개념으로 설명하고 있지만 변증법적 철학자들은 이를 정반합의 사고방식이라고 표현했을 뿐이다.

인류는 역사상 그 어느 순간도 완벽한 진리를 가져본 적이 없고, 아마 인류가 지구상에서 사라지는 날이 올 때까지 완전한 지식을 손에 넣기는 불가능할 것이다. 그렇기 때문에 우리가 생존하고 더 발전하기 위해서는 변화하는 환경을 이해하기 위해 끊임없이 우리가 가진 세계관을 수정해 나가야 한다. 인류가 처음부터 세계에 대해 현재 보유한 정도의 지혜를 가지고 있던 게 아님을 생각해 보면 인류 정신의 진화 과정 자체가 발산적 사고와 수렴적 사고의 크고, 작은 반복이었다고 볼 수 있다.

인류는 우주 만물과 지구상에서 벌어지는 다양한 현상에 대해 지속적으로 의문을 제기하는 발산적 사고를 진행해왔다. 명확한 해답을 찾을 수 있는가에 대해 개의치 않고 끊임없이 '왜?'라고 의문을 제기하고 그 의문에 대해 꼬리를 물고 다시 의문을 제기하는 과정이 바로 발산적 사고이다. 우주 만물은 도대체 무엇으로 이루어져 있는가? 이것이 최초의 철학자 탈레스가 우리 우주에 대해서 던진 질문이다. 그리고 이러한 의문을 해결하기 위해 인류는 자신이 던진 의문에 대한 주제를 정립하고 개념, 키워드, 세상에 대한 이해를 생성해나간다.

이렇게 정립된 개념과 키워드, 자신의 이해방식을 재료로 활용하여 자신만의 결론을 내려 나간다. 이것이 인류가 수렴적 사고로 결론을 내리는 과정이다. 우주 만물이 무엇으로 이루어져 있는가에 대해 의문을 제기했던 탈레스는 수렴적 사고의 과정을 통해 '물'로 이루어져 있다는 결론을 내렸다. 비록 그 답은 틀렸지만 중요한 것은 의문을 먼저 제기하고 그것에 대한 나름의 결론을 내리는 태도였다. 이로 인해 지식은 점점 축적하며 변증법 철학자들의 표현대로 인류는 정반합의 지적 역사를 겪어왔고 지금의 지혜를 얻게 된 것이다.

(3) 창조적인 사회로 거듭나기 위한 발산적 사고의 중요성

국내 교육 문화에 대한 이야기는 뒤에서 일부 다루겠지만 특히나 이번 장과 관련하여 우리의 교육 현실에 대해서 고민해 보는 시간이 필요하겠다. 크게 보면 교육은 발산적 사고와 수렴적 사고를 함양하는 것에 있다고 볼 수 있다. 다양한 세계에 대해 의문을 제기하며 궁금증과 호기심을 가져서 질문하는 능력을 키워가는 발산적 사고와 주어진 공리, 전제, 정리, 조건 등을 토대로 가장 최적의 해답을 찾아내는 수렴적 사고가 교육의 본질을 어느 정도는 대변한다고 말할 수 있을 것이다.

대한민국 국민이라면 굳이 설명하지 않아도 우리 교육에서 부재한, 우리 사회에서 가장 부족한 능력이 무엇이냐는 질문에 질문하는 능력, 즉 발산적 사고라 답할 수 있다. 이는 아시아의 질문하지 않는 문화에서 비롯되므로 비단 대한민국만의 문제는 아니나 다른 아시아 국가와 비교하더라도 우리나라 학생들의 학업 만족도, 행복도는 가장 최악이란 사실을 심각하게 성찰해볼 필요가 있다. 지식의 산실이라고 할 수 있는 대학에서조차 질문을 통한 지적 자질의 함양이 아니라 그저 교수님의 필기나 강의를 시험에서 그대로 따라 적어내는 과정을 반복하고 있다는 것은 대체로 알려진 사실이다. 대체 왜 대한민국 교육 현장에서는 질문하고 비판하며 토론하는 문화가 거세되어버린 것일까?

우선 아시아 학생들에게서 드러나는 질문의 부재에 관련해서는 아시아 공통의 유교문화에 원인을 둘 만하다. 유교문화에서 정립된 신분사회, 토론 부재, 점잖은 군자 문화와 같은 특징은 다양성과 비판 능력, 활발한 토론을 통한 진리 탐구의 과정이 필요한 현대 교육 문화에서는 심각한 저항요인이 될 수밖에 없다. 그러나 정작 유교를 탄생시킨 중국이 성리학, 양명학, 공양학 등을 통해 비판적으로 학문을 계승시켜 나간 사실을 돌이켜보면 유교문화 그 자체에 전적인 혐의를 두기는 힘들어 보인다. 유교 자체에 모든 혐의를 두기 어렵다면 결국 그러한 학문을 계승시켜 나가는 사람들의 정신, 문화에 문제가 있는지 다시금 살펴볼 필요가 있다. 같은 교과서를 배워도 책에 적힌 말만 읊어대는 사람이 있는가 하면 배운 내용을 토대로 비판적이고 창의적인 사고를 통해 상상력을 발휘하고 자신만의 생각을 구축해나가는 사람도 존재하기 때문이다. 어쩌면 대한민국은 사람으로 치면 전자의 고분고분한 학생에 해당하는지도 모를 일이다. 중국 사상을 과도하게 신봉하여 이미 유행이 지나 비판받고 있는 성리학을 조선은 지나치게 오래 부여잡고 있었는지도 모를 일이다. 지난 조선 500년의 역사를 돌이켜본다면 다양한 학문이 꽃 피지 못하고 오로지 성리학만이 교조화된 점을 볼 때 우리는 우리 내부에 잠재된 어떤 종속적인 정신, 문화의 DNA가 아직도 이어지고 있는지도 모를 일이다.

그러나 막연히 유교, 종속적 문화에만 우리 교육의 모든 원인을 찾는다면 이미 바꿀 수도 없는 주어진 조건에 우리의 모든 교육적 운명을 맡기는 것과 다름없다. 우리는 보다 적극적이고 능동적인 관점에서 미래의 우리 모습을 변화시킬 수 있는 가능성을 발견해야만 한다. 그러기 위해서는 보다 구체적이고 명확한 당대의 현실과 조건을 통해 우리의 문제를 진단해야 할 것이다. 그런 의미에서 필자는 질문이 사라진 대한민국 교육의 가장 현실적인 문제는 가난을 벗어나겠다는 일념으로 '경제', '성장'을 최우선시하며 학생들 한 명, 한 명을 군사 자원, 경제 자원처럼 키울 목적으로 형성된 교육 제도와 여전히 근본적으로 그러한 정신과 태도를 떨구지 못한 현재의 공교육에 있다고 생각한다. '교육은 백년대계'라는 유명한 말처럼 교육의 대상이 되는 학생들은 단기적인 경제 성장의 자원으로 생각되거나 오로지 부국강병과 같은 구체적인 수단으로 이용되어서는 안 된다. 학생들은 예비 시민으로서 자기 삶을 주체적으로 살아 낼 수 있는 건강한 인격체로 자라날 목적으로 대우받아야 한다. 이는 서구 계몽주의 사상가들의 교육 이념이었으며 시민들이 스스로 들고일어나 기득권과 싸우고, 피를 대가로 꽃 피운 자유 민주주의의 선진국들이 직접 실천하고자 하는 교육이념이다.

그러나 대한민국은 너무도 뒤늦게 근대화를 이룩하게 되었고 슬프게도 그마저도 우리의 힘으로 실현하지 못했다. 그러다 보니 당연히 주체적으로 생각하고 독립적으로 행동하는 시민을 양성하는 교육을 고민할 조건과 여유가 없었다. 그나마 눈에 보이는 경제만이라도 잘 살려보자는 일념으로 맹목적이고 효율적인 교육을 위해 일방적인 주입식 교육을 설계하여 선진국들이 이미 이룩한 결과물들을 따라가는 데 집중할 수밖에 없었던 것이다. 결국 개인을 삶의 주인, 건강한 시민으로 길러내는 인본주의적 정신을 교육에 주입하지 못했고 이는 제도에 그대로 투영되어 획일화된 학생들을 양산해내는 맹목적인 교육 시스템을 지금껏 이어오게 된 것이다. 대한민국 학생들은 이러한 교육 시스템 속에서 나와 사회, 환경, 우주, 타인에 대해 자유롭게 호기심을 펼칠 기회를 잃어버리고, 한창 사고를 형성해 나갈 시기에 다양한 사람들과 토론하여 자신만의 건강하고 개성 있는 사유체계를 형성해나가는 모든 가능성과 잠재력을 박탈당한 채로 성장하게 된 것이다.

이를 토대로 성장한 학생들은 다양한 시야와 관용, 의식 확장을 하지 못한 채로 정치인, 교육자, 과학자, 법조인 등이 되어 우리 사회에 참여하면서 고질적인 병폐의 문화를 더욱 확산시키며 슬픈 교육의 악순환을 반복하고 있다고 진단할 수 있다. 물론 당연히 훌륭한 정치인, 교육자, 과학자, 법조인들도 많이 존재하고 있고 우리 사회의 교육이라는 문제가 전적으로 어두운 면만 있다고 진단할 수는 없겠지만 평균적으로, 구조적으로 보자면 분명 우리 교육은 심대한 문제를 가지고 있음을 부정하기 어렵다. 이러한 결과에 대해서 부도덕하거나 부정한 정치인, 교육자, 과학자, 법조인 개인 한 명, 한 명을 마냥 비판하거나 주홍글씨를 새기는 것만으로는 근본적인 우리 사회의 문제를 해결할 수 없다. 그러나 우리 사회의 문제는 보다 근본적이고 구조적이며 대단히 뿌리 깊이 박혀 있어서 사실상 어디서부터 손을 대어야 이 모든 순환이 건강하게 변화할 수 있을지 쉽게 진단하기 어렵다. 과연 변할 수 있을지도 의문이 드는 것이 솔직한 심정이다.

하지만 우리 사회의 구성원들은 이대로라면 점차 자신과 자녀, 후손들의 삶이 망가지고 있다는 사실을 깨달을 수밖에 없을 것이고 우리들과 자손들의 안전하고 자유롭고 행복한 삶을 위해서라도 주체적이고 건강한 시민을 길러내는 원천인 교육에 대해 집단적인 의문을 제기할 수밖에 없다.

교육은 근본적으로 개인의 행복과 관련된 문제이며 자신의 주체성, 개성, 인격의 발현을 토대로 자신의 잠재력, 가능성을 발휘하는 인간답고 행복한 삶을 살기 위해서 반드시 필요한 시민의 권리라는 사실을 점차 자각하게 될 것이다. 기존의 교육 체계로는 삶에 의문을 던지고, 훌륭한 삶을 성찰하기 어려우며 이로 인해 자신의 일상과 행복을 영위할 수 있는 능력, 원천을 교육에서 충분히 얻지 못했다는 사실을 사회를 경험하며 뒤늦게 자각하게 될 것이다.

삶의 주인으로, 건강한 시민으로 길러내는 교육은 빠르게 변화하고 다양한 문제가 쏟아지는 사회의 변화 속에서도 자신의 존재를 분명하게 인식하고 자신의 삶을 성찰할 수 있는 능력을 제공한다. 자신의 삶이 행복해지기 위해서라도, 그리고 내 자녀가 더 아름다운 세상에 살기 위해서라도 개인 한 명, 한 명의 정치참여와 목소리가 대단히 중요하다는 엄중한 인식을 기르게 해줄 것이다. 개인과 사회를 조화롭게 바라보는 가치관을 토대로 내 일상과 업무에서도 늘 새로운 질문을 던지고 능동적으로 즐거움과 의미를 찾아낼 수 있을 것이다. 교육 과정에서 다른 사람의 생각을 이해하며 토론을 통해 의식을 확장시켜 나가고 세계에 대한 질문과 성찰을 통해 사회를 이해해나가는 능력을 갖추지 못한 사회는 다른 사람을 이해하지 못하게 되었고 오직 자신의 틀 속에서만 사유하게 되었다. 이로 인해 사회에는 절대적인 정답이 존재하고 있는 그대로의 편견을 아무런 비판 없이 그대로 답습하는 분위기만 커지게 되었다. 사회에는 표준적인 훌륭한 스펙과 외모가 그 어떤 나라보다 명료하게 그려지기 시작했다. 또한 모범적인 인생도 그려지며 명문고등학교, 명문대학교를 거쳐서 우수한 직장에 취업하는 것이 가장 훌륭하고 모범적인 삶이라는 정답은 규범화되어 버린다.

그러나 획일화된 주입식 교육만을 탓하며 비관에 빠져 있을 수만은 없다. 이미 지나간 과거이고 이미 형성된 사회의 모습이지만 해결책은 단 하나다. 있는 그대로의 문제를 정면으로 인식하고 기존의 관성, 고통을 희생으로 걷어내고 변화에 도전해야 한다. 미래의 국가 운명과도 직결된 교육의 근본적인 문제를 해결하지 않고서는 우리 사회에 서려 있는 남루한 정신을 극복하기는 어려울 것이다. 변화가 싫다는 이유만으로 여전히 기존의 교육 제도에 안주하고 경직된 사고를 지속한다면 변화하는 시대에서 전혀 적응할 수 없는 교육으로 인하여 현재의 안주하고 있는 국가의 모습보다 더욱 추락할 가능성은 다분하다. 학생들에게 질문하고, 세계에 대한 호기심을 가지게 하는 능력을 갖추기 위해서 우선 교육은 지금과 같은 주입식 교육이 아니라 학생 스스로 독자적으로 생각하는 형태의 교육 방식을 찾아야 한다. 시험 점수와 같은 결과에 지나친 초점을 둘 것이 아니라 교육 그 자체에 녹아들게 되는 흥미 있는 교육 제도를 마련해야 한다. 이를 통해 학습이 시험을 보기 위한 도구, 입신양명을 위한 수단이 아니라 나 자신의 시야의 확장, 의식의 확장, 지식의 확장을 통해 행복해지는 길임을 인식시켜줄 필요가 있다. 구구단을 무작정 외우게 하거나, 효율적인 계산 기법부터 알려줄 것이 아니라 손가락으로 계산을 하거나 줄을 그어가며 계산하는 한이 있더라도 스스로 생각하고, 투박하지만 홀로 걸어갈 수 있도록 보조해주어야 한다. 그러한 과정은 다소 고단하여 교사나 학생 모두 힘이 들 수 있겠지만 일정 시간만 지나면 학생은 자신만의 사고 회로를 구축해나가면서 생각하는 것에 흥미를 느끼게 될 것이고 교사는 이러한 힘을 토대로 살아 있는 수업을 이끌어나가는 보람을 느낄 것이다. 또한 질문하는 발산적 사고의 능력을 함양하기 위해서는 논술, 토론 방식의 수업을 주된 방침으로 가져와야 한다. 논술과 토론이 유행이라는 생각에 빠져 형식적이고 보조적인 수업의 일환으로 삼을 것이 아니라 논술과 토론의 과정에서 자신의 생각과 다른 사람의 생각이 너무도 다를 수 있다는 사실을 깨달아가며 자신의 생각을 지속적으로 수정하고 정립해가는 과정이 요구된다. 이를 통해 암기를 하더라도 다른 사람에게 설득력을 높이고, 풍부한 지식으로 자신의 생각, 논증을 강화하는 수단으로서 활용하게 될 것이다.

즉, 암기가 시험을 위한 암기가 아니라 나의 사유 체계를 탄탄하게 하기 위한 진정한 수단으로서의 암기가 시작되는 것이다. 이는 철학하는 태도의 교육이라고도 할 수 있다. 우리나라에서 고등학교 교육과정에서 철학이 주요한 과목으로 다뤄지지 않는 이유도 여기에 있다. 철학은 데카르트가 어떤 책을 쓰고, 베이컨이 어떤 말을 했는지에 대해 단순히 지식을 나열하는 학문이 아니기 때문이다. 대한민국은 정확히 말하면 철학을 가르치지 않는 것이 아니라 가르칠 수 없는 것이다. 물론 필자는 수렴적 사고, 달리 말하자면 주어진 조건을 활용하여 최적의 결론을 찾아내는 문제 해결적 사고도 발산적 사고만큼 중요하다고 생각한다. 다만 우리 사회에 가장 부족한 문제를 고민하다 보니 문제 해결책을 내놓기 이전에 올바른 문제를 제안하는 능력의 필요성을 말하지 않을 수 없었다. 여전히 인간에게도 반복적인 학습과 암기는 무시할 수 없다. 아무리 책과 인터넷에서 주어진 정보를 얼마든지 찾을 수 있다고 하더라도 절대적인 공부량으로 형성된 자신만의 사유체계가 머릿속에 존재하지 않는다면 우수한 보조 수단이 있어도 그것을 활용할 능력이 부재할 것이기 때문이다. 또한 질문, 토론이 담보되지 않는 주입식 교육은 수렴적 사고의 그 목적 자체도 제대로 달성하지 못한다. 수렴적 사고, 문제 해결형의 가장 대표적인 과목은 수학이라고 생각한다. 우리나라뿐 아니라 수학 문제는 대체로 주어진 조건을 활용하여 정해진 하나의 답을 찾는 과정의 반복이다. 따라서 수학 학습은 세계 어느 나라고 할 것 없이 고도의 수렴적 사고를 발달시키는 과목이라고 할 수 있다. 우리나라는 엄청난 경쟁의 열기를 통해 세계적인 수학 학업 성취도 평가에서 늘 최상위권을 달성하고 있다. 하지만 수학 학업 흥미도는 최하위이다. 문제의 해결은 주어진 조건, 주어진 환경에서만 기계적으로 행하는 것이 아니다. 문제가 주어졌을 때 본인 스스로 주체적으로 해결하고 싶다, 정리해 내고 싶다는 자발적인 마음이 먼저 앞서야 한다. 이것이 위에서 언급한 수학 학업 흥미도의 근원이라고 할 수 있다. 이러한 마음을 갖추기 위해서는 수학의 공부 과정이 비록 수렴적 사고, 문제 해결책이라는 한 가지 길을 찾아는 과정 일지라도 나 스스로 그 해답의 과정을 찾아 나가는 과정에서의 희열을 느껴야만 한다. 해답지에 적혀있는 답이나 풀이가 아니라 내가 스스로 길을 찾아 나가는 과정이 즐겁다는 사실을 깨닫게 해야 한다. 그리고 정답은 하나일지 모르지만 나의 사고방식에 따라 그것을 찾아가는 과정도 얼마든지 다를 수 있음을 이해시킬 수 있는 것이다. 수렴적 사고의 본질은 과잉경쟁 속에서 남들보다 빠르게 기계적으로 답을 찾아내는 능력이 아니라 어제의 나를 극복해나가며 하루하루 발전해 나가는 주체적 문제해 결정신을 기르는 것에 있다. 이러한 수렴적 사고, 문제 해결형 사고를 발달시키기 위해서라도 스스로에게 자신만의 의문을 제기하게 만드는 발산적 사고는 필요한 것이다. 스토리텔링, 흥미유발, 주체적 학습을 기반으로 질문을 제기하는 발산적 사고와 결합된 수학 공부는 더욱더 효과적인 수렴적 학습의 효과를 발휘하게 할 것이다.

　생각해 보면 수학자들도 주어진 문제만을 풀어내는 사람들이 아니다. 수학자들 또한 자신들이 스스로 세상에 문제를 제기해내면서 이를 바탕으로 수렴적인 해결책을 찾아내는 사람들이다. 수학자들이 단순히 주어진 문제만을 풀어내는 사람들이라면 수학 이론의 발전은 없었을 것이다. 수학자들도 당장 수렴적인 증명을 이뤄내지는 못할지라도 페르마의 마지막 정리, 골드바흐의 추측과 같은 문제를 제기해야만 발산된 조건을 토대로 진정한 논리적, 문제해결, 수렴적 사고를 발휘할 수 있는 재료를 얻게 되는 것이다. 발산적 사고의 교육방식이 거세되었을 뿐만 아니라 이는 주체적인 수렴적 사고를 함양하는 데도 한계를 가진다는 것이 우리 교육 문제의 본질이다. 더군다나 이세돌과 알파고의 대결에서 체감한 기계의 위협에서도 질문하는 인간을 길러내는 교육은 의미를 가진다. 인공지능은 주어지는 조건이 명확하고 그 조건을 통해 정답을 찾는 방법, 알고리즘만 정확히 구현한다면 인간을 완전히 초월한 연산속도, 연산능력을 갖추게 된다. 앞으로 이러한 경향성이 가속화됨을 생각해 본다면 인간이 어렵게 해오던 수렴적 사고, 문제해결형 사고의 많은 부분은 기계가 대신하게 될 것이다.

　결국 다가오는 미래를 주도하는 인간은 질문하는 인간, '호모 퀘스쳐너(Homo-Questioner)'들이 될 것이다. 15,000년 전 스페인의 어두컴컴한 동굴 속에서 호모 사피엔스의 조상은 들소를 그리는 창조의 업적을 남겼다. 알타미라 동굴 벽화이다. 누가 시키지도 않았지만 자신의 내면에 잠자고 있는 창조력을 발산한 호모 사피엔스다운 행동이었다. 왜 그림을 그렸느냐에 대한 추측은 다양하지만 분명한 것은 호모 사피엔스의 내면에는 자신의 상상력, 창조력을 발산해내는 표현, 창조의 능력, 질문 능력은 오래전부터 내재해 있었다는 사실이다. 발산적 사고를 함양하는 교육은 우리의 기원에 부합하며 앞으로 인간만이 할 수 있는 창조적 시대를 추동해내기 위한 훌륭한 수단인 것이다.

　마지막으로 창조적 시대를 살아내며 발산적 사고를 발휘하기 위한 가장 기본적인 자세를 이야기하며 이야기를 마치고자 한다. 스페인의 어두운 동굴에서 알타미라 동굴 벽화를 남기던 호모 사피엔스는 다른 동료들이 열매를 따 먹거나 동물 사냥하기 급급할 뿐만 아니라 거친 야생 동물의 사냥감이 되지나 않을까 불안한 생활을 하는 와중에도 자신의 내면에서 솟아나는 창조력을 바탕으로 '용기'를 가지고 그림을 그렸다. 아무리 인간의 내면에 질문의 힘, 창조의 힘이 잠들어 있다고 하더라도 남들이 지금까지 생각하지 않고, 해본 적도 없는 생경한 이야기를 말하고 창작물을 표현하기 위해서는 기존의 사회가 가지고 있는 편견과 남들의 시선을 이겨내는 대담한 용기를 필요로 한다. 『욕망해도 괜찮아』의 저자 김두식 교수는 창의성이란 과학고나 영재학교에서 배울 수 있는 기술이 아니라 남들과 다를 수 있는 용기라고 정의했다. 20세기 초반에는 누구나 한번쯤 하늘을 날아다니는 물체를 상상해보았을 것이다. 그러나 목숨을 담보로 하는 비행 물체를 만들고자 하는 진지한 시도를 해본 사람은 드물었을 것이다. 결과적으로 하늘을 날겠다는 진지한 꿈을 실현하기 위해 무언가에 홀린 듯 자신의 내면의 목소리를 따라 용기를 내었던 라이트 형제만이 최초로 비행기를 발명한 창조자들로 역사에 남았다. 그들은 누구나 생각해 본 적 있지만 시도해 본 적 없는 두려운 꿈 앞에 과감히 발을 내딛기로 용기를 내었다. 용기야말로 창조적 업적의 완성이다. 물론 남들이 생각도 해보지 못한 것을 생각해 낸 아인슈타인 같은 천재들도 존재한다. 그러나 그들도 신이 주는 대로 마냥 창조성을 발휘해 낸 것이 아니라 자신의 머리에서 떠오르는 남다른 생각에 대해서 두려워하지 않고 과감하게 그 벽을 돌파하고자 하는 용기를 가졌기 때문에 놀라운 성취를 얻을 수 있었던 것이다.

　어쩌면 우리나라에 창의성이 싹을 트지 못하는 다른 이유는 다른 생

각을 관철시키고자 하는 사람들, 이질적인 사람들의 행동에 대해서 나
와 다르다는 이유만으로 먼저 손가락질하고, 근거 없이 비난하고 있는
문화가 지나치게 심한 것은 아닌지도 돌아볼 일이다. 한 명의 개인, 소
수의 창조적인 집단이 용기 있게 목소리를 내는 것도 중요하지만 그러
한 목소리와 행동을 원천적으로 차단시키는 문화를 가진 사회라면 새로
운 이야기, 행동, 창조물을 만드는 사람은 스스로 용기 내기 꺼릴 것이
다. 나와 다른 생각과 행동을 너그럽게 인정하고 포용하는 존중의 문화
가 질문하는 사회, 도전하는 사회, 창조하는 사회로 만드는 것이 아닐까.

03 공간적 관점: 시스템을 바라보는 구조적 관점

1) 동서양의 사고관 비교와 그 통합의 역설

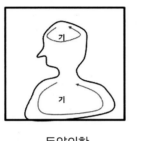

동양의학   서양의학

　동양의학과 서양의학은 병을 치료하는 동일한 목적을 가지면서도 해결 방식이 그토록 다를 수 있을까? 동서양 의학을 막론하고 의학이 추구하는 것은 변함없이 인간의 병을 예방하고 치료하여 보다 건강한 삶을 추구하는 것이다. 동일한 목적이 있으면서도 동서양 의학이 각자 몸을 바라보고 설명하는 방식이 판이하게 다르다는 사실에 의문이 들었다.

　동양의학은 기와 혈이라는 개념으로 우리 몸을 전체적이고 통합적으로 진단한다. 세부적인 몸의 기관과 현상에 집중하기보다는 유기적으로 연결된 몸의 전체성에 더 초점을 맞추고 병을 진단한다. 반면 서양의학의 경우 신체와 병을 진단하고 해결하는 방식이 대단히 환원적이고 분석적이다. 동양의학과 달리 서양의학은 몸을 분할하고 특정 부위를 집중적으로 진단하여 병을 해결하고자 한다. 서양의학이 병을 분류하는 방식은 대단히 세부적이어서 종합병원에만 가도 내과, 외과, 신경외과, 신경과, 피부과, 정형외과 같은 다양한 분과로 나뉜다.

　　동서양 의학의 차이에 대한 문제 제기는 철학적으로도 상당히 의미 깊다. 그리고 이러한 동서양 의학의 극단적인 양상은 동양과 서양이 기본적으로 사물을 바라보는 방식이 대단히 다르기 때문이라는 사실 때문이라는 성찰에도 이르게 되었다. 여기서는 그에 대한 짧은 성찰을 담고자 한다.

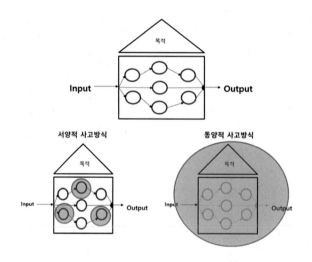

• *서양적 사고방식:*

개별적인 현상의 아주 명확하고 분명한 인과관계 파악 - 나무를 보는 것

• *동양적 사고방식:*

목적에 부합하는 전체적인 이해 방식에 적합함 - 숲을 보는 것

동서양 의학의 차이점을 분석하기 위해서는 그 자체를 들여다봐서는 해결할 수 없다. 동양과 서양을 지배하고 있는 사유의 흐름과 생각의 방식에서 그 원인을 탐구해야 한다.

근대의 데카르트 철학에서 확실하게 정립되기 시작한 서양의 사유는 대단히 분석적이고 환원적이다. 서양의 환원론적 사유는 만물을 해체하고 분해하여 세부적인 요소를 관찰하는데 집중한다. 그리고 만물을 이루는 세부적인 요소들 간의 명확하고 구체적인 인과관계를 파악하려고 시도한다. 과학의 영역에서는 갈릴레이가, 철학의 영역에서는 데카르트가 이러한 분석적 사유의 방식을 구체화시킨 이후 서양에서는 환원적이고 분석적인 사유가 폭발적으로 발전하기 시작하면서 현재의 과학문명과 과학이론을 만들었다고 해도 과언이 아닐 것이다. 이렇게 서양의 사고방식, 문제해결 방식의 특징을 파악한 뒤에 서양의학을 바라본다면 서양의학이 왜 그토록 분석적으로 발전했는지 이해하기가 어렵지 않다. 반면 동양의 사유의 방식은 거시적이고 전체론적이다. 그리고 만물을 유기적이고 통합적인 맥락의 영역에서 이해하고자 한다. 물론 동양에서도 논리적이고 분석적인 사유의 전통이 전혀 없다고 주장하는 바는 아니다. 동양의 사유가 비이성적이라는 의미도 아니다. 다만 서양의 사고방식에 비하면 동양이 만물을 대하는 방식은 관조적이면서도 맥락적이다. 그래서 서양의 과학이나 철학처럼 명확하고 구체적인 인과관계를 파악하고자 하는 노력은 부족할 수밖에 없었다. 맥락적인 사고방식은 상황마다 해석이 변할 수 있으며 모두가 동의하는 보편적인 지식을 정립하기가 어렵다. 지식이 축적되고 발전하기 위해서는 모두가 이해하도록 보편적이고 구체적이어야 한다. 그래서 동양의 전통에서만 발견되는 사주명리나 주역과 같은 영역의 동양 사유 체계는 보통 사람들이 보기에 뜬구름 잡기 식의 이야기로 다가올 수밖에 없는 것이다.

반면 서양의 과학과 철학은 그 구체적 조건의 설정과 명확한 인과관계의 파악의 능력 덕분에 모두가 공유할 수 있는 보편적인 지식을 축적하기 시작하면서 더욱 파괴력 있게 학문을 발전시키고 수백 년 만에 전 세계 문명을 지배할 수 있게 되었다. 근대 이후의 역사를 돌이켜 그 결과만 놓고 보면 서양의 환원론적 사유방식은 동양의 맥락적인 사고에 승리했다고 말할 수밖에 없다. 그러나 단순히 서양의 승리로만 이야기를 끝내고자 했다면 나는 애써 글을 써 내려가지 않았을 것이다. 데카르트와 갈릴레이가 구체적으로 열어젖힌 서양의 분석적인, 환원적인 과학의 전통은 만물을 해체하고 세부적인 인과관계를 파악하며 진리 탐구에 탁월한 성과를 이룬 것이 사실이다. 그러나 정작 그러한 진리들이 어디를 향해 나아가야 하는지, 인간을 둘러싸고 있는 다양한 환경과의 작용은 어떻게 이뤄져야 하는지 목적론적 성찰과 전체적인 관계를 소홀히 하면서 자연과 생태계는 인간을 종속된 도구로 전락하게 되었다. 이러한 관점이 심화된다면 인간의 장기나 인간 그 자체도 단순한 도구로 바라보게 되지 않으리라고 장담할 수 없다.

환원론적 방식으로 세상의 모든 만물을 해체하여 미시적인 인과관계를 알아낸다고 하더라도 우리는 완전한 진리에 다가설 수 없다. 전체는 부분의 합과 다르기 때문이다. '시스템의 창발성'에서도 언급도 했듯이 '물 35L, 탄소 20kg, 암모니아 4L, 석회 1.5kg…'을 아무리 분석해도 인간의 특성은 알아낼 수 없다. 모든 것을 환원시킨 뒤에 그것을 조합하여 진리에 이를 수 있다는 전제가 불완전하므로 아무리 슈퍼 컴퓨터가 발달하여 모든 환원론적 요소를 결합한다고 하더라도 인간은 완전한 진리에 다가설 수 없다. 전체는 전체로, 복잡함은 복잡함 대로 받아들이는 동양의 관조적인 맥락적인 사유는 이러한 지점에서 그 필요성이 커졌다. 동양적 사유는 하나의 기법이라기보다 만물을 대하는 태도에 가깝다. 필자는 동양적 사유가 서양 사유의 대안이라고 주장하는 것이 아니다. 이 둘은 서로의 장단점을 보완하며 인간의 부족함을 채우는 길이다.

서양의학의 관점에서 피부가 좋지 않은 환자는 피부과에 가고 피부 그 자체에 집중하며 레이저를 쏘아 피부를 개선하거나 약물을 통해 그 부분을 집중적으로 해결하려고 노력한다. 그러나 동양의학은 신체의 질환을 파악할 때 어느 한 곳에 집중하는 것이 아니라 몸을 통합적이고 유기적으로 파악하면서 문제가 발병한 표면만을 중시하는 것이 아니라 원인이 되는 부분이 소화기의 문제는 아닌지, 비뇨기의 문제는 아닌지 전체적으로 파악하고자 한다. 실제로 서양의학에서는 단순한 신경성이라고 치부하며 해결할 수 없는 모호한 병들이 동양의학의 통합적인 접근을 통해 해결할 수 있는 사례가 다수 존재한다. 서양의학을 전공한 의사들이 완치가 불가능하다고 판단했던 암 환자들이 민간요법과 식이요법으로 건강을 회복했다는 사례들은 이를 증명한다. 그러나 동양의학이나 동양철학의 사유체계는 전체 맥락을 파악하고자 하는 시도에서 불가피하게 모호함을 발생시킨다. 따라서 체계적인 진리를 갖추기 위해서는 전체의 목적에 부합하는 넓은 시야와 관조적인 태도를 가지면서도 세부적인 인과관계를 파악하는 노력을 병행해야 한다.

동양의 사유와 서양의 사유는 대립의 관계가 아니라 보완의 관계이다. 다만 근현대 세계사에서 서양의 환원론적 사고가 지나치게 강조되고 대두된 점을 생각하면 동양적 사유 태도를 조금 더 강조할 필요는 있을 것 같다. 『시스템학』의 박창근 교수는 '시스템 이론 연구는 서양 학자들에 의해 시작되었지만 동양의 전통문화에 시스템론의 맹아가 많이 내포되어 있다. 이런 점을 감안하면 시스템론과 시스템학의 향후 발전에 동양 문화의 기여가 크게 기대된다. 따라서 어쩌면 시스템연구는 동양에서 그 결실을 보게 될지도 모른다.'xix)고 예측하였다. 서양에서는 볼 수 없는 '주역'과 같은 독특한 사유체계는 동양적 사유의 가능성을 보여준다.

"주역의 기와 음양오행론 System theory"이라는 논문은 '현대학문의 분석·개별적 환원주의 그리고 물질론·기계론적 학문의 한계점과 문제점을 극복하기 위한 대안으로, 전체적이며 종합적이고 유기체론적인 구체적 학문적 노력으로 나타난 학파가 시스템 이론이다. 그러나 구체적이고 실용적인 학문은 없다. 그런데 동양에서는 수 천 년 전부터 시스템적 학문으로 전해오는 것이 바로 주역이다. 특히 우주론적으로 접근하면서 그 학문적 범위와 종교·철학·과학기술적 학문을 모두 포괄하여 나타내고 있다는 점에서 더욱 의미가 있다. 그리고 과학기술적 학문으로서 동양오술을 비롯한 다양한 학문이 있다는 점에서 보다 의미 있는 학문'xx)이라고 논문을 요약하고 있다. 주역 그 자체가 도구가 될 수는 없겠지만 동양적 사상에 잠재되어 있는 이러한 유기적이고 종합적인 사유의 전통이 잘 드러나는 예가 될 수 있겠다.

박창근 교수의 생각대로 동양의 선진국이라 자부하는 대한민국에서 종합적이고 유기적인 사유의 전통을 우리 스스로 꽃 피울 수 있을까? 작금의 상황만 놓고 보았을 때 필자는 어렵다고 보고 있다. 오히려 서양에서 자신들의 사유 방식의 한계를 자각하고, 동양의 문화와 철학, 학문에 더 넓은 관심을 확대하며 자신들의 사유 체계로 흡수하고 있는 실정이다. 정작 우리는 우리가 가진 가능성과 자존을 잃어버리고 서양의 지배적인 전통, 학문을 그대로 답습하기에도 급급하다. 교육, 정치, 과학, 경영에 할 것 없이 우리의 어떤 가치가 사고방식을 녹여 내려는 시도보다는 그저 비판과 성찰 없이 서양과 지배국들의 모습을 따라가는 모습이 대다수인 것 같아 안타깝다. 서양의 좋은 점은 기꺼이 수용하되, 우리의 강점이 될 만한 전통과 역사, 문화까지도 희생시켜 가며 우리의 본연의 모습을 잃어버릴 필요는 없다. 우리만이 가지고 있는, 우리만이 할 수 있는 가치와 문화를 발견하고 그것을 꽃 피우는데 좀 더 집중할 필요가 있다. 오해하지 말아야 할 점은 이미 서양의 문화와 사고 체계는 동양에 매우 많이 흡수되었기 때문에 현대의 동양인은 이곳에서 말하는

'동양적인 사고'만을 이행하고 있다고 보기 어렵다. 그리고 동양인들이 마냥 주역이나 사주명리 같은 거대한 담론만 이야기했던 것도 아니다. 서양처럼 논리학이 명확하게 발달하지는 못했지만, 동양에서도 분명 논리적이고 인과적인 사유를 했고 분석적인 접근을 해왔다. 이 장에서 강조하고 싶은 부분은 동서양 사고의 큰 경향성 차이라고 볼 수 있다. 세계적인 심리학자 리처드 니스벳의 『생각의 지도』에서 이러한 동서양의 사유체계의 차이에 대해 실증적이고 상세하게 분석되어 있으니 관심 가는 독자들은 참조하면 좋겠다.

　동양의 통합적인 사고를 강조하는 필자라고 하여 유기적이고 통합적인 시각에 대한 구체적인 접근 방법론을 제시할 수 있는 것은 아니다. 그러나 동양의 사고의 전통에서 배워야 할 부분은 구체적인 기법보다는 차라리 그 태도(Attitude)에 있다고 생각한다. 만물을 바라보는 시야를 넓히고 다양한 부분을 선입견 없이 바라보며 그 재료들 사이의 연결성을 고민하고 융합의 지점을 파악하고자 하는 태도 말이다. 현대 과학으로 여전히 명쾌하게 풀어내지 못하는 영역 중 하나는 인간의 '마음'이 아닐까 생각한다. 아무리 과학이 발전해도 인간의 마음에 담긴 우주를 완벽하게 풀어내기는 어려울 것이다. 뇌를 아무리 분석적으로 파헤치고 뒤집어 봐도 마음의 근원을 완전히 규명하기는 쉽지 않다. 그럼에도 인간은 있는 그대로의 마음을 받아들이고 이해하며 '명상'과 '성찰'을 통해 마음을 다스리고 행복한 삶을 추구할 수 있다. 반드시 모든 것을 파헤치고 쪼개고 분석하는 과정에만 진리가 존재하는 것은 아니다. 동양에서는 이러한 사유의 태도가 오래도록 전해온 문화를 통해 이미 주요하게 형성되어 있다. 따라서 서양에서 발전된 환원적이고 논리적, 분석적인 사고를 잘 배워 흡수하되, 동양의 강점을 잘 조화시키며 보다 진리에 가까워질 수 있다.

　정신에 문제가 있는 사람에게 화학적인 약물을 투여하는 것은 타당할 수 있다. 정신에 문제가 생겼다는 것은 실제 뇌 구조에 해로운 화학물질이 존재할 수 있기 때문이다. 그러나 해로운 화학 물질을 만들어 내는 근본적인 원인은 그 사람이 가진 부정적인 사고관과 나쁜 습관에 있을지도 모른다. 그래서 화학적인 약물을 통한 치료는 단기적으로 그 사람의 정신을 고칠 수 있을지는 모르지만 근본적으로 그 사람을 치료하지는 못할 수도 있다. 그 사람이 가진 연인과의 실연, 어린 시절 발생한 트라우마가 정신병 환자에게 더 큰 문제일 수 있기 때문이다.

이런 환자에게는 약물이 아니라 지속적인 상담과 올바른 사고의 형성, 외적 생활의 변화가 더 근본적인 해결책이 되어야만 한다. 우리가 지나치게 모든 문제를 분석적이고 환원적으로 접근하려는 태도도 이러한 접근 방식과 다를 바 없을지도 모른다. 지나치게 표면적이고 형식적인 문제에만 주목하고 있는 것은 아닌지 성찰할 필요가 있다. 동서양의 사유의 차이를 고민하며 내린 필자의 결론이자 다짐이다.

2) 거시적 / 미시적 관점으로 시스템 바라보기

일체화된 시스템은 하나 이상의 목적을 달성하기 위하여 다양한 요소들이 계층적으로 작동하면서 유기적으로 관계하고 있다. 이를 전체적으로 바라보느냐, 환원적으로 바라보느냐에 따라 동양적 사고관의 성격을 가질 수도 있고, 서양적 사고관의 성격을 가질 수도 있다. 시스템을 해석하는 방식은 결국 시스템이 가지고 있는 거시적인 요소에 초점을 두느냐, 미시적인 요소에 초점을 두느냐로 볼 수도 있을 것이다. 어떤 하나의 대상, 시스템을 해석함에 있어서 거시적인 요소와 미시적인 요소는 대립적인 요소가 아니라 목적 달성을 위해 유기적으로 관계되어 있고, 동시에 해석되어야 한다. 숲과 나무를 동시에 살펴보라는 한 문장에 이러한 의도가 들어가 있다고 볼 수 있겠다.

전체적인 숲의 모습을 지나치게 강조하다 보면 나무의 세밀한 모습을 놓치기 쉽고, 나무의 디테일에 지나치게 신경 쓰다 보면 개별적인 나무들이 이루고 있는 전체 숲의 큰 그림을 바라보기 어렵다. 개별적인 나무에 대한 분석 없이 숲만 논하는 것은 지나치게 추상적이거나 공허하고, 개별적인 나무만 보고 숲을 논하는 것은 무가치하다. 결국 시스템을 해석하는 것은 숲과 나무의 종합적인 면을 두루 살피는 노력에서 출발한다.

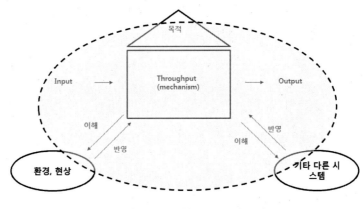

거시적 관점의 시스템 바라보기

시스템을 거시적인 관점에서 바라볼 때는 하나의 시스템이 개별적으로, 독자적으로 존재할 수 없다는 것을 전제로 한다. 해석자가 바라보는 시스템은 어떤 상위 시스템에 안에 놓여 있고, 나아가 수많은 하위 시스템의 전체로 해석될 수 있다. 또한 동등하거나 유사한 시스템들과의 상호경쟁, 상호협력, 강한 연계, 약한 연계, 양의 작용, 음의 작용 등의 유기적 상관관계, 인과관계에 놓여 있음을 이해하는 것이다. 나아가 시스템은 주변의 다양한 환경과 현상에 영향을 주고받는 존재라는 점을 이해해야 한다. 이를 하나의 단어로 표현하자면 시스템은 환경과 감응하는 개방적 시스템(Open System)이라고 할 수 있다. 따라서 하나의 시스템을 거시적으로 바라보겠다는 시도는 그 시스템이 환경과 접촉하고 있는 시스템의 경계면(Boundary Layer)까지 렌즈를 확대시켜서 환경과 직접 맞닿아 생동하는 시스템의 전체적인 모습을 조망하겠다는 의도이다. 이로 인해 거시적으로 시스템을 관찰하고자 한다면 환경과 직접적으로 감응하는 경계에서의 커다란 변수가 중요해지는 것이다.

다만 렌즈를 거대하게 확장하다 보니 필연적으로 환경과 감응하는 수많은 변수를 관찰해야만 하는 어려움이 발생한다. 인간의 관찰적, 인지적 한계로 인해 이러한 모든 변수를 다 이해하고 분석하고 통제할 수는 없다. 따라서 거시적 시스템을 바라볼 때는 더욱더 내가 이러한 시스템을 관찰하고자 했던 목적을 분명히 할 필요가 있는 것이다. 모든 시스템을 살펴보겠다면 막무가내로 모든 변수를 파악할 수는 없다. 인간의 시간, 에너지, 능력은 한계가 있기 마련이며 전체 시스템을 조망하기로 마음먹었다면 아쉽지만 가장 중요하다고 생각되는 필수적인 변수만으로 시스템을 바라볼 수밖에 없다. 따라서 거시경제학에서는 경제학에 존재하는 수많은 변수 중에서도 거대한 지표라고 할 수 있는 국내 총생산, 환율, 인플레이션, 유가와 같은 몇몇 지표에 집중해서 경제 시스템을 파악하는 것이다. 거시적인 교육 정책을 추진하는 정책가, 입법가의 경우에도 수많은 교육현장을 모두 고려할 수는 없기 때문에 개략적인 전체 수치나 지표에 근거하여 우선적으로 교육정책과 제도를 수립하고 추진할 수밖에 없다.

거시적 접근의 시스템은 시스템을 지나치게 표면적, 형식적, 도식적으로 해석한다는 점에서 한계가 존재하고 있으며 모든 변수가 아니라 중요하다고 판단되는 일부 변수만을 집중적으로 다루기 때문에 거시적 분석에서 나온 시스템의 모습은 경험적, 통계적, 상관관계적 요소에 국한된다. 거시적으로 분석한 시스템의 모습이 절대적인 인과관계라고 주장하기는 힘들 것이다.

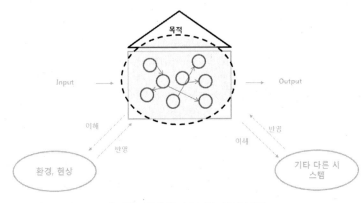

미시적 관점의 시스템 바라보기

시스템을 미시적 관점에서 바라볼 때는 관찰하는 시스템을 하나의 독자적이고 강고한 체계로 바라보는 것이다. 미시적 관점의 분석도 전체 시스템의 목적을 고려하지 않는 다거나, 주변 환경을 완전히 무시한다고는 볼 수 없다.

하지만 미시적으로 시스템을 바라보는 분석은 기본적으로 분석하고자 하는 경계 내에 존재하는 변하지 않는 요소들을 최우선으로 살펴보겠다는 것이다. 미시적 분석은 전체 시스템을 이루고 있는 일부 요소들 간의 관계에 관심을 가지며 요소들 간에 직접적인 인과관계를 분석하며 사물의 실체를 파악하고자 한다. 미시적 관점은 관찰자가 살펴보고자 하는 범위를 의도에 따라, 범위에 따라 설정할 수 있고 다양한 가정을 하기가 편하기 때문에 조건, 전제, 환경을 규정하기가 용이하다. 따라서 조건, 전제, 환경을 비교적 일관되게 유지할 수만 있다면 미시적 분석은 변수들의 인과관계를 거의 일관성 있게 분석하고 결론 내릴 수 있다. 이는 마치 수학, 물리학 같은 이론들을 전개하면서 분명한 공리, 전제, 가정을 바탕으로 보편적으로 받아들일 수 있는 논리적이고 객관적인 결론을 내리는 분석과 동일한 맥락의 분석이다. 반대로 미시적 분석은 지나치게 세부적인 인과를 파악하고자 하는 태도 때문에 자연스럽게 그 한계가 도출된다. 미시적인 분석은 공리, 전제, 가정을 바탕으로 특정한 상황을 전제로 내린 결론이기 때문에 공리, 전제, 가정이 일정하지 않은 실제 환경, 사회, 우주 내에서는 이론이 완벽하게 적용되기는 어렵다.

현대에 와서 이러한 환원론적 분석의 한계를 인정하고 복잡함을 있는 그대로 복잡하게 해석해야 한다고 판단하여 종합적인 우주의 질서를 파악하고자 하는 시도로 탄생한 것이 복잡계 과학이다. 시스템은 기본적으로 요소와 요소 간에 늘 창발적인 속성을 만들어 내기 때문에 환원적으로 분석한 개념들을 산술적이고 형식적인 종합만으로 그러한 시스템의 본질을 표현하기는 어렵다. 미시적 관점만으로는 시스템의 전체적인 목적에 부합하고 거대한 시스템의 본질을 조망하는 점에는 한계가 따른다. 그러나 그 한계가 존재한다는 사실이 곧 미시적인 분석이 무용하다는 결론으로 내려져서는 안 될 것이다. 결국 현대과학의 결실은 시스템의 복잡함을 있는 그대로 파악할 수 없는 인간의 인지적 능력의 한계 속에서 시스템을 쪼개고 분석하는 과정에서 미시적으로 명확한 인과관계를 파악하며 발전한 역사이기 때문이다. 여전히 인류는 미시적이고 분석적인 과학을 통해서 진리를 추구할 필요가 있으며, 이와 동시에 그 한계를 받아들이는 겸손함과 더 넓고 거시적인 우주와 사회의 맥락에서 진리를 탐험해야 한다는 병행적 노력이 필요하다.

04 법칙적 관점: 시스템을 지배하는 운행원리에 관하여

1) 보편성과 특수성의 상대성에 관하여

사회과학에서 보편성과 특수성에 대한 논쟁은 상당히 중요한 주제이다. 그런데 필자는 사회과학이 아닌 자연과학을 예시로 보편성과 특수성에 대해 논의해보고자 한다. 일반적으로 사회과학은 절대적인 법칙이 존재하기 어렵다는 암묵적 전제 때문에 보편성과 특수성의 논쟁이 매우 자연스럽지만, 자연과학은 절대적인 법칙을 추구하는 학문으로 여겨지기 때문에 이 논의가 의미 있게 다뤄지지 않는다. 이 때문에 사회과학 시스템에서만 보편성과 특수성의 논의가 필요하다고 여겨지기 쉬우나 자연과학 세계에서는 여전히 유효한 논의이다. 특히 현대물리학에서 다중우주론이 제기되며 우리 우주에서 찾은 물리법칙이 절대적인 법칙이 아니라 오직 우리 우주에서만 유효한 법칙일 수 있음을 부정하기 어려운 시대가 되었다. 보편성과 특수성의 개념이 자연과학에서도 의미가 있음을 주지한다면 사회 과학에서의 보편성과 특수성의 논쟁의 의미는 더욱 선명해질 것이다. 나아가 우리가 찾은 과학적 지식도 특수할 수 있음을 깨닫고 무한한 우주 앞에 조금은 겸손한 마음을 가질 수도 있을 것이다. 일반적으로 자연과학이 탐구하는 세계는 전 우주(Universe)라고 할 수 있으며 우주에 대한 앎은 보편적(Universal)인 지식이라고 여겨진다. 그래서 자연과학체계는 사회과학체계와는 달리 절대적인 진리이며 이 때문에 과학이 우리를 구원해줄 것이라는 과학주의가 등장했다. 적어도 '우리 우주'만 한정한다면 자연과학의 보편성은 옳은 생각인 듯하다. 그러나 더욱 넓은 시야로 우주를 확장한다면 자연과학도 결코 보편성과 특수성의 담론에서 자유로울 수 없다.

자연과학 시스템의 경계(Boundary)를 어디에 두느냐에 따라 보편성과 특수성은 상대적으로 변한다. 자연과학에서 보편적으로 받아들여지는 법칙도 관점과 시간, 장소에 따라 특수하게 변하는 상대적인 개념일 뿐이다. 물론 필자는 특정 경계와 조건 안에서는 일관되는 효과를 발휘하는 진리가 있다고 믿는다는 점에서 상대적 절대주의자라는 사실을 밝혀두는 것은 잊지 말아야겠다. 먼저 지구를 경계(Boundary)로 중력법칙(The law of gravity)에 대해서 생각해 보자. 지구 내에서 중력 가속도의 근사치는 9.8㎧ 정도이다. 같은 지구라도 고도에 따라서 중력가속도가 달라지지만 정도의 차이는 무시하기로 하자. 지구 내부에서 발생하는 중력 효과를 고려한다면 9.8㎧라는 중력가속도는 보편적인 법칙이다. 다시 말해 지구 안에서 발생하는 중력법칙만을 고려한다면 우리는 애써 다른 중력법칙을 고민할 필요가 없다. 그런데 인류가 시야를 더 넓혀서 지구 밖의 새로운 우주를 탐험하고자 한다면 9.8㎧의 중력가속도는 더 이상 보편적인 법칙이 아니다. 이내 인류는 지금까지 알던 중력법칙이 지구에 국한된 특수한 법칙임을 깨닫게 된다. 가까운 달에서의 중력 가속도만 해도 지구의 1/6 정도에 해당하는 1.6㎧ 이기 때문이다. 이러한 한계를 깨달은 뉴턴은 만유인력법칙을 통해 지구를 넘어서 우주 내에 보편적으로 존재하는 중력법칙을 발견했다. 9.8㎧의 중력가속도는 지구에서만 작용하는 특수한 법칙인 만유인력(Universal Gravity)을 발견한 것이다. 우주에서 질량을 가진 모든 물질은 서로 끌어당기는 인력의 작용을 받고 있다. 만유인력 상수값 G는 $6.67259×10-11$ $N·m^2·kg^{-2}$로 일정하다. 그런데 여기서 우리는 시야를 조금 더 확장해볼 수도 있다. 우리가 알고 있는 만유인력의 상수 값 $6.67259×10-11$ $N·m^2·kg^{-2}$이 사실 '우리 우주'에서만 통용되는 특수한 값이 아닐까 하는 의문을 제기할 수도 있지 않을까. 이러한 의문은 현대물리학에서 등장한 평행우주의 개념 때문에 더욱 설득력을 얻을 수 있다.

평행우주론은 우리가 속한 우주는 무한히 펼쳐진 평행 우주의 하나일 수 있음을 의미한다. 신발가게에 놓인 다양한 크기의 신발처럼 무한히 펼쳐진 평행우주는 다양한 중력상수값을 가지고 있을지도 모를 일이다. 그리고 어쩌면 다른 우주에서는 인력이 아니라 척력이 작용하며 질량을 가진 물체끼리 끊임없이 밀어내고 있을지도 모를 일이다. 어쩌면 우리 우주에서는 상상도 할 수 없는 기이한 법칙이 일관되게 작용하고 있을 지도 모를 일이다. 멀리 다른 우주까지 가지 않더라도 우리 우주가 현재 의 모습으로 팽창하기 이전에 빅뱅 초기의 우주는 과연 현재의 법칙과 동일했을까? 현재까지 밝혀진 과학이론에 따르면 우주의 급팽창시기 이 전에 물리법칙과 현재의 물리법칙은 매우 달랐을 것이라고 예측하고 있 다. 그렇다면 시점을 어디에 두느냐에 따라 우리가 보편적으로 믿고 있 는 법칙들도 당연히 절대적인 법칙이 아니라는 결론을 내릴 수 있다. 보 편적이라고 믿는 법칙은 우리 우주라는 공간과 현재의 시점에서만 통용 될 뿐이다. 더 나아가 우리 우주가 급팽창을 겪었던 과정이 절대적이고 필연적인 경로가 아니라 무수한 가능성 중 하나의 우연에 불과하다면 현재 우리가 알고 있는 물리법칙과는 너무나도 다른 법칙이 현재 우리 우주를 지배하고 있을지도 모를 일이다.

사실 우리가 물리 법칙을 이해하고 적용해 온 역사는 고작 300년에 불과하다. 우주의 나이는 대략 140억 년이라고 하는데, 우주 전체 역사 에 비해 물리법칙을 알아내고 검증할 수 있었던 시기는 우주의 나이에 비해 고작 0.00002%에 불과하다. 사실 300년에 걸쳐 검증한 물리법칙 이 안정되어 있었다 하여 1,000억 년 뒤에 물리법칙이 이와 동일할 수 있다고 아무도 장담할 수 없다. 시간의 범위(빅뱅 초기, 수천억 년 이 후), 공간의 범위(평행우주)를 확장하면 우리가 절대적이라고 믿고 있던 보편적 원칙들도 사실은 특수한 원칙에 지나지 않을 수 있음을 깨닫게 된다.

그렇다고 필자가 지금까지 인류가 발견한 우주의 법칙을 부정한다는 오해는 하지 않길 바란다. 우리가 지금까지 발견한 법칙들은 지금 살고 있는 우리 우주에서만큼은 진리로 간주할 수 있을 만큼 보편적인 법칙이다. 현재 우리 우주의 관점에서 보면 지금까지 발견한 물리적 법칙은 여전히 최상위단계의 보편적 진리에 가까울 수 있다. 다만 이 글을 통해서 강조하고 싶은 내용은 절대적으로 여겨지는 물리법칙마저도 넓게 보면 상대적인데, 변화무쌍하고 예측하기 어려운 사회 법칙들은 얼마나 가변적이고 특수한 이론에 불과하겠느냐 하는 점이다. 우리가 진리라고 믿고 있는 이데올로기들은 시간이 지나면서 얼마나 허망하게 무너져 내리겠는가 하는 점이다.

필자는 이러한 보편성과 특수성의 상대성에 관한 성찰을 공동체의 소통에서도 매우 긴요하게 적용할 수 있다고 생각한다. 장자의 성심의 개념을 통해 보편성과 특수성의 상대성에 관해 생각해 보자.

성심(成心)이란 한자 그대로 이미 이뤄진 마음으로서 개인이 세상을 살아가기 위해 옳고 그름(시비)을 따져내기 위해 스스로 형성한 마음의 시스템이다. 인간은 삶을 살아가기 위해 자신만의 시비판단의 시스템을 갖추어야 한다. 산에서 발견한 버섯이 독버섯인지 식용버섯인지, 내가 만나고 있는 이 친구를 과연 오래도록 믿고 만나야 할지, 말아야 할지, 이 직업을 선택해야 할지 저 직업을 선택해야 할지 등등 건강한 삶을 살기 위해 인간은 성심을 갖출 수밖에 없다.

문제는 다른 성심을 구축한 개인이 만나 충돌하면서 발생한다. 너도 나도 자신만의 성심이 자기 자신 안에서만큼은 보편적 진리이다. 따라서 다른 성심의 상대와 조우하게 될 때 타인의 생각과 행동은 내가 내면에 구축한 성심의 기준과 언제나 마찰을 일으킨다. 진리의 경계를 항상 나의 내면에만 둔다면 늘 자신의 생각만이 절대적 진리일 수밖에 없다. 한번 자신만의 성심 체계에 빠져버리면 이 절대적인 굴레 속에서 더 이상 다른 사람의 생각과 감정을 인정할 수 있는 노력을 시도조차 할 수 없다. 자신 안에 만든 온갖 선입견과 편견을 굳건하게 유지하는 개인들로 이루어진 사회에서는 각종 번민, 갈등, 혐오가 그칠 줄을 모른다. 생명을 위협하는 커다란 충격과 고생을 겪지 않고서는 대체로 자신의 성심을 버리고 타인의 성심을 이해하기 어렵다. 그러나 힘들고 어렵다는 이유로 포기할 수는 없다. 모든 변화는 시작이 가장 어렵다. 단 한 번이라도 상대의 마음의 시스템을 있는 그대로 존중하려는 노력, 나의 성심이 절대적 진리가 아닐 수 있다는 적극적인 자세가 변화를 위한 소통의 시작이다. 한번 비워내면 내 마음대로 타인이 따라주지 않으며 괴로워했던 번민과 고통이 모두 내 마음에서 비롯되었다는 사실을 깨닫고 세상을 있는 그대로 보려는 노력, 세상에 대한 감사와 축복을 얻을 수 있다. 모든 문제는 결국 타인이 아니라 나의 마음에서 비롯된다. 타인이 문제가 아니라 내 마음을 변화시키는 것이 귀찮고 어려워서 상대를 이해하려 하지 않았을 뿐이다. 타인의 있는 그대로의 마음을 인정할 때 자유로워지고 행복할 수 있다. 우주에서부터 시작한 보편성과 특수성의 상대성은 사변적인 담론이 아니라 우리를 행복하게 만들어주는 실천적인 지혜다.

2) 보편성의 이해: 편견을 버리고 세상을 있는 그대로 보는 힘

그가 내 앞으로 지나가시나 내가 보지 못하며 그가 내 앞에서
나아가시나 내가 깨닫지 못하느니라(욥기 9:11)

인간은 자신이 듣고 싶은 것만을 듣고, 보고 싶은 것만 본다. 1997년에 하버드대의 젊은 심리학자 대니얼 사이먼스와 크리스토퍼 차브리스는 '보이지 않는 고릴라'는 이름으로 알려진 유명한 실험으로 인간 인지력의 취약함을 지적했다. 이 실험은 검은 옷과 흰색 옷을 입은 사람들 간에 농구공을 패스하는 영상을 보여주는 실험이다. 실험 참가자들은 각각 검은 옷을 입은 사람들이 공을 패스하는 횟수 혹은 흰색 옷을 입은 사람들이 공을 패스하는 횟수를 세어보기를 제안받는다. 실험참가자들은 짧은 시간의 영상에서 고도의 집중력으로 사람들이 농구공을 패스하는 횟수를 세어본다. 그런데 사실 이 실험의 진짜 목적은 실험 참가자들이 흰색 옷과 검은색 옷을 입은 사람들이 농구공을 패스하는 영상 중간에 고릴라 분장을 한 사람을 인지할 수 있는가에 있었다. 고릴라는 천천히 화면 중간을 가로지르며 대단한 존재감으로 등장한다. 누가 봐도 고릴라의 존재는 알아차릴 것만 같다. 하지만 실제로 실험 참가자의 과반수는 고릴라를 본 적이 없다고 응답했다. 그리고 다시 실험참가자들에게 영상을 보여줬을 때 고릴라를 확인한 참가자들은 경악을 금치 못했다. 심지어 실험 참가자들 중에는 자신이 봤던 영상에는 정말로 고릴라가 없었다고 우기기도 했으며 실험 주최 측이 중간에 고릴라가 없는 영상에서 고릴라가 있는 영상으로 교체했다고 음모론을 제기하기도 하였다. 때문에 앞서 인용한 욥기 9장 11절의 성경 구절은 기독교 신앙의 좁은 해석으로만 쓰이기에는 아쉽다는 생각이 들었다. 이는 세상의 보편적이고 객관적인 현상을 있는 그대로 받아들이지 못하는 인간의 무지, 인간의 오만과 편견에 대한 적나라한 지적이라는 생각이 들기 때문이다. 앞서 보편성과 특수성의 상대성에 대해서 말했고 우리가 보편적이라고 믿고 있는 진리들도 관점에 따라서는 특수한 이론이 될 수도 있다고 논변하였다. 그럼에도 불구하고 특정한 경계(Boundary) 안에서 보편적인 진리효과는 발생하고 있다. 뉴턴 역학도 거시적이고, 속력이 느린 세계에서는 보편적인 진리이며 아인슈타인의 상대성 이론은 적어도 지금까지 우리 우주에서만큼은 절대적인 진리라고 간주될 만한 보편적인 진리로서 받아들여지고 있다. 그러나 진정한 진리, 보편적 진리는 왜 매번 소수에 의해서 발견되고, 소수의 집단들만 먼저 수용하여 새로운 창조를 만들 수 있는 것일까? 분명 눈과 귀가 있어 소리도 잘 들리는 대다수의 수많은 사람들이 동일한 시공간에 살아가고 있으면서도 누구는 진리를 발견하고 누군가는 자신의 시각대로만 세상을 더욱 편협하게 해석하고 있는 것일까? 이러한 보편적 발견의 비밀은 자신을 비워내고 세상을 있는 그대로 관찰하고자 하는 정신, 자신을 비워내는 진정한 관찰력에서 기인한다. 나를 둘러싼 보편적인 현상 이면의 원리, 법칙을 탐구하기 위해서는 나의 모든 선입견을 의심하고 사물을 예민하게 관찰하려는 노력에서 시작한다. 세상이 만들어 낸 이념, 관념, 편견에 휘둘리지 않고 진짜 세상을 보고자 하는 마음에 있다.

진리의 발견은 공자의 성선설을 절대적인 진리로 간주하는 것과 같은 교조적인 태도와 문화를 벗어던질 때 시작된다. 자신의 직접적이고 예민한 관찰을 통해서 세상 사람들이 선하지만은 않을 수도 있다는 생각과 있는 그대로의 세상을 담아내려는 노력에서 '성악설'과 같은 또 다른 주장이 등장할 수 있을 것이다. 이데올로기를 하나의 진리로 삼아서 지나치게 오랫동안 교조하는 태도와 문화를 지속해나가면 결국 우리의 주관적인 문화나 생각과는 별개로 변화하는 시대 풍랑에 거침없이 내동댕이쳐질 것이다. 기존의 것을 있는 그대로 답습하는 일은 몸도 마음도 너무 편해서 아무것도 변하고 싶지 않은 안락한 마음이 들겠지만 있는 그대로 보편적 진리를 외면하는 관성적 태도는 이 땅에서 서로를 이해하지 못하는 의미 없는 균열을 초래할 것이다. 보편성을 발견해내기 위한 핵심적 요소는 '객관성'을 확보하려는 노력에서 비롯된다. 나라는 존재를 잊어내고 세상의 보편성에 있는 그대로 몰입하는 태도에서 비로소 참된 진리의 발견이 시작되리라고 생각한다. 때때로 나라는 사람이 무엇을 하는지, 나라는 존재는 무엇인지도 잊어버리고 하나의 대상에 몰입하여 집중한 경험이 있다면 그것이 바로 진리를 확보해가는 과정이 아닐까? 대단한 이론을 발견하지 않아도, 아무런 단어 하나 남기지 못하더라도 먼저 몸으로 무아지경의 경험을 이루는 지점에서 보편적 진리는 싹틀 것이다.

필자 또한 대상을 있는 그대로 바라보지 못하고 살고 있고, 보고 싶은 것만 바라보는 평범한 인간에 불과하다. 지금 떠들고 있는 이 글들이 그런 편협한 자기의식의 소산임을 부정할 수 없다. 그러나 조금 더 세상의 진리에 다가가고 싶다는 욕망을 부정하지는 않을 것이다. 같은 공간에서 살아가고, 같은 것을 먹고, 같은 것을 경험하는 사람들이 평범한 사람들과는 전혀 다른 진리에 가까운 시선으로 살아가는 사람들을 존경한다. 세상을 더 있는 그대로 바라볼 수 있을 때 더 행복해지고, 더 가치 있는 인생으로 나아갈 것이다. 나아가 있는 그대로의 인간, 사회, 자연의 모습을 외면하지 않을 때 최악의 상황을 예견하고 이에 대한 대안, 보안, 해결책을 모색하며 위기를 대비할 수도 있을 것이다. 물론 이념을 가지지 않거나, 주관을 완전히 버리지 않을 수는 없다. 인간은 생존하고 더 나은 삶을 살기 위해 필히 시비판단을 해야만 하기에 자신만의 사고체계, 편견을 가지는 것은 불가피하다. 다만 우리의 '편견'은 우주의 진리를 온전히 파악하기에는 다분히 형편없다는 사실을 받아들이고 겸손한 마음의 자세가 요구된다. 진리에서 멀어지는 인간은 점점 사악해지고 이기적으로 변한다. 개성과 환경에 따라 자신의 성향은 모두 다를 수 있다. 정치적으로 보자면 진보주의자가 될 수도 있고, 보수주의자가 될 수도 있다. 정치철학적 관점에서 보자면 자유주의자가 될 수도 있고, 공동체주의자가 될 수도 있다. 다만 이러한 자신만의 이념과 생각을 가지기 이전에 이 생각을 지배하는 보편적인 사실과 원리를 보다 명징하게 살펴보고자 하는 노력이 있어야만 우리는 확증편향과 성급한 일반화를 피하고 보다 강건하고 행복한 삶을 살 수 있다. 미래학자 최윤식 씨의 말대로 '이치를 알고 싶다면 자기 경험의 우물에서 벗어나 겸손히 진리를 익히고 배워야 한다. 자연의 진리, 정치의 진리, 대인관계의 진리, 경제와 금융의 진리, 인간 심성의 진리 등을 공부해야'하는 것이다.xxi)

조직 구성원을 관리하는 인사 시스템의 정립을 예로 들어보자. 공정하면서도 직원들의 사기를 진작시킬 수 있는 최적의 인사 시스템을 만들기 위해서는 무엇보다도 인간, 조직에 대한 객관적인 이해가 바탕이 되어 있어야 한다. '직원들을 무한 경쟁시켜야만 회사와 직원은 성장할 수 있다'라고 어떠한 관찰과 분석도 없이 경영자만의 아집과 독선으로 인사 시스템을 만들게 되면 틀림없이 그 조직은 직원들 간의 불화와 의미 없는 경쟁으로 후퇴하고 말 것이다. 회사 직원들이 무슨 일을 하고 어떤 상황에서 회사와 자신의 업에 자긍심을 더 충실하고 행복하게 일하게 되는지 면밀한 인간에 대한 이해가 바탕이 되어야 한다.

아무리 경제발전을 위해 공학, 응용과학, 첨단기술이 강조된다고 하더라도 그 근간을 이루는 기초과학이나 철학은 여전히 중요하다. 공학이나 첨단기술은 시대의 조류에 따라 중요도가 변화하는 나뭇가지에 불과하지만 기초과학, 수학, 철학과 같은 근본적인 학문들은 보다 세상의 보편적인 원리와 법칙을 탐구하기에 시대에 따라 변하지 않는 굳건한 뿌리를 제공한다. 보편적 진리에 부합하는 기초과학, 철학의 뿌리가 튼튼해야만 세상의 참 된 진리를 왜곡하지 않고, 건강하게 파생되는 응용기술, 학문의 열매를 맺을 수 있다.

나아가 서로 간에 교조적인 태도를 버리고 우리가 모두 부족하다는 생각을 가지면 상대방의 의견을 겸허하게 경청하며 발전할 수 있는 공동체를 만들 수 있다. 진정한 진리는 뛰어난 한 명의 생각만으로 되지 않고 진리에 다가서는 공동체가 되기 위해서는 한 명의 개인이 모두 교조적인 태도를 내던지고 각자 간에 자유롭고 민주적인 소통의 장이 촉구된다. 민주적인 소통의 충돌 속에서 진정한 진리로 나아가는 길이 열릴 것이다. 이에 대한 내 생각은 아래와 같이 자유를 역설한 J.S. 밀의 『자유론』에서의 설명으로 대신해 본다.

> *어떤 문제에 대해 가능한 한 가장 정확한 진리를 얻기 위해서는 상이한 의견을 가진 모든 사람들의 생각을 들어보고, 나아가 다양한 처지에 있는 사람들의 시각에서 그 문제를 이모저모 따져보는 것이 필수적이다. (…) 다른 사람의 생각과 자신의 생각을 비교하고 대조하면서 틀린 것은 고치고 부족한 것은 보충하는 일을 의심쩍어하거나 주저하지 말고 오히려 습관화하는 것이 우리의 판단에 대한 믿음을 튼튼하게 해주는 유일한 방법이다. xxii)*

인간은 누구나 유한하다. 그 누구도 편견과 선입견에서 자유로울 수 없다. 그러나 자신의 한계를 인정하고 일단 표현해야만 다른 사람과 의견 교환을 통해 내 생각을 수정하고 발전시킬 기회를 얻을 수 있다. 다만 표현에 그치지 않고 어제보다 오늘 더 진리에 헌신하려는 독자적인 노력과 나의 의견을 다른 상대와 자유롭게 교환하고자 하는 노력이 동시에 시도되어야만 보편적 진리에 가까워 질 것이다. 밀의 생각대로 이러한 습관만이 우리의 믿음을 굳건히 해주는 유일한 방법이다.

3) 특수성의 이해: 변화무쌍한 환경에 뿌리 깊은 독자적 시스템을 만드는 힘

너 자신을 알라.

- 소크라테스

인간은 누구나 어제와 다른 내가 되고 싶은 욕구, 탁월한 사람이 되고 싶은 욕구를 가지고 있다. 이를 해소하기 위해 우리는 탁월한 사람들이 남기는 자기계발서를 찾곤 한다. 시중에 자기계발서를 읽고 있노라면 정말 그 순간만큼이라도 나는 대단한 사람이 되고 있는 것 같은 기분이 든다. 이제 나는 나 자신을 변화시켜 새로운 인간으로 태어날 것만 같다. 그러나 막상 자기계발서를 덮고 나면 나를 감동시켰던 생각들은 나의 온전한 생각으로 자리 잡지 못하고 내 삶의 어떠한 변화도 일으키지 못하는 경험을 반복한다. 막상 책을 읽고 나면 내가 무엇을 읽었는지도 기억하지 못하기 일쑤다. 그저 좋은 말이 적혀있었다는 소설책 같은 감상만 떠올릴 뿐이다. 자기계발서는 읽히지 못하고, 소비되고 있다.

책이 문제인 걸까? 그런데 책을 읽는 순간 대다수의 독자들도 고개를 끄덕이며 저자의 생각과 경험에 공감했다. 대체로 틀린 말도 없었다. 심지어 자기계발서의 저자는 자신이 기술한 방법을 통해 삶을 변화하고 자기만의 성공을 찾은 사람들이다. 자신의 글에 대한 정당성을 몸소 증명한 사람들이다. 결국 다시 화살은 독자에게로 돌아간다. 그런데 왜 내 삶은 변하지 않느냐고. 결국 자기 자신이 해답이다. 사실 대다수의 자기계발서는 독자 개개인의 인생, 환경과 같은 특수성이 전혀 반영되지 않은 내용을 담고 있다. 많은 사람들이 공감하고 좋아할 법한 내용이지만 개개인은 모두 독자적인 삶의 방식, 능력, 가치관, 환경, 직업을 통해서 고유한 삶을 살아내는 사람들이다.

독특한 개인의 삶을 변화시키는 데 있어서 자신의 특수성이 전혀 고려되지 않은 타인의 이야기만으로는 나 자신의 삶을 변화시킬 수 없다. 그렇다고 나에게 딱 맞는 계획과 방법을 누가 만들어 줄 수 있는 것도 아니다. 결국 자신을 가장 잘 이해하고, 신뢰할 수 있는 것은 자기 자신 외에는 없다. 발전하고 싶고, 탁월해지고 싶다는 욕구가 있는 사람이라면 결국 다른 사람의 이야기가 아니라 내 삶에 기반한 나만의 이야기를 만들어 나가야 한다. 이를 위해서 나 자신의 길을 깨달아가는 여정을 홀로 과감히 걸어가고, 그 길 위에서 나만의 도로를 만들어 가야 한다. 나 자신이 어떤 사람인지 정확하게 이해하려고 노력하지 않고, 자신을 성찰하지 않은 사람에게 다른 사람의 이야기는 그저 하나의 소비에 지나지 않는 무의미한 내용일 뿐이다.

자기 자신의 운명을 분명히 이해하고 자신만의 삶을 개척한 거부를 만나보자. 바로 오마하의 현인 워런 버핏이다. 버핏은 90년대 말 모두가 IT 산업에 장밋빛 전망을 그려가며 열을 올리던 시기에도 IT 주식의 매수를 단 한 번도 허락하지 않았다. 자신이 보유한 기업의 주가는 지지부진한 와중에 대다수가 관심을 가지던 IT 주식들의 주가가 하루가 멀다 폭등하고 있는 것을 쳐다보고 있기는 평범한 주식 투자자로서는 견디기 힘든 일이다. 그러나 버핏은 IT 주식들이 지나치게 고평가되어 있어서 자신의 투자원칙에 부합하지 않을 뿐만 아니라 IT 산업의 근본적인 성장에 대해서 회의적이었다. 원칙에 부합하고 자신이 가장 잘 이해하는 산업에 투자하는 소신 때문에 워런 버핏은 투자자들에게 원성을 사며 90년대 말 한동안 인고의 시간을 버텨야만 했다. 그러나 IT 산업의 화려한 전망은 얼마 가지 않아 종말을 맞이했다. 투자자의 열광적인 지지와는 달리 IT 산업의 현실은 충분히 여물지 않은 씨앗에 불과했던 것이다. 광풍이 휩쓸고 지나간 뒤에는 상처 입은 투자자들의 잔해만 남았을 뿐이다.

　버핏이 IT 산업의 광풍이 휘몰아치며 하루가 다르게 엄청난 폭등을 보이는 IT 주식을 단 한 주도 매수하지 않았던 것은 오롯이 자신의 내면에 세운 투자원칙 시스템을 유지하는 것에 집중했기 때문이다. 워런 버핏이 투자자에게 하는 핵심 조언 중 하나는 '내가 원하는 공에만 배트를 휘둘러라'이다. 자신이 어떤 성향의 타자인지 정확하게 이해하고 자신에게 맞는 공에만 배트를 휘둘러서 승부를 보라는 의미다. 어차피 모든 투수의 공을 전부 다 받아낼 수는 없다. 어떤 타자들은 직구를 잘 치고, 어떤 타자는 포크볼을 잘 칠 수 있다. 또 어떤 타자는 강속구를 선호할 수도 있다. 모든 공을 다 잘 치면 가장 이상적이겠지만 그러한 슈퍼맨은 이 세상에 있을 수 없다. 이러한 사실을 받아들이고 자신의 특수한 성향과 능력, 한계를 이해한 뒤에 자신만의 길을 꽃 피우는 투자자가 되라는 것이 워런 버핏에 잠언에 담긴 의미이다. 버핏은 늘 자신의 머리로, 자신의 직관으로 이해할 수 있는 기업에만 투자했다. 그리고 시간이 흘러 사회적 변동이 생기는 와중에도 여전히 사업모델과 경쟁력을 유지할 수 있는 경제적 해자(Economic Moat)를 가진 기업을 선택했다. 만약 워런 버핏이 자신의 이러한 고유한 투자 원칙 시스템을 지키는데 집중하지 않고 다른 사람들의 눈치를 살피거나, 시장의 변동성에만 주목해서 투자를 실행했다면 자신이 가진 강점마저도 깨뜨리고 결국 아무런 일관성 없이, 부화뇌동하는 투자자로 전락하며 역사에 이름을 남기지 못했을 것이다. IT 산업의 장밋빛 전망에 도취되어 자신만큼은 투기에 농락당하지 않고 적절한 시기에 빠져나올 수 있다고 믿으며 IT 주식에 버핏마저 열광하기 시작했다면 세계적으로 손꼽을만한 투자 현인으로 남지 못했을 것이다. 워런 버핏은 자신의 성향과 능력을 명징하게 이해하고 자신만의 투자 시스템에 집중하고 있었기 때문에 새로운 시대에 적응하지 못한 늙은 영감이라며 투자자들의 비난 받을 때에도 흔들리지 않았다. 그는 오랜 기간 자신에 대한 탐구를 통해 자신의 길을 분명히 이해하고 있었기 때문에 다른 누군가의 시선에 흔들리지 않고 자신만의 길을 걸어갈 수 있었다. 투자자로서 자신만의 고유한 능력과 개성에 집중하는 것만이 변덕스러운 투자 시장에서 살아남는 방법임을 오마하의 현인은 몸으로 터득하고 있었다. 우리가 인문학, 철학, 자연과학을 통해 자연과 인간에 대한 이해를 넓혀나가지만 결국 그 길의 끝에는 '나'라는 존재가 차지하고 있다. 위대한 철학자, 인문학자들이 남겨 놓은 이야기와 목소리가 아무리 감명 깊고 탁월한 통찰을 남기고 있다고 할지라도 그것이 세상을 인식하는 주체인 '나'에 닿지 못하고, 나를 변화시키지 않는다면 아무런 의미가 없다. 탁월한 사람들의 이야기라며 남의 이야기만 좇아가는 사람들은 정작 나 자신이 부재한 앵무새에 불과하다. 앞선 장에서 보편성, 진리에 대한 이야기를 줄곧 역설했지만 이렇게 명철하게 파악된 진리도 결국 나 자신과의 끊임없는 대화 속에서 나를 발견하는 지혜로 꽃 피워야 한다.

이를 돕기 위해 한 개인의 관점에서 '특수성'에 대한 논의를 펼쳐갔지만 특수성을 필요로 하는 것은 비단 개인만이 아니다. 모든 자연적, 사회적 시스템의 설계와 관리, 운영을 고려할 때도 '특수성'에 대한 성찰은 반드시 필요하다. 한 명의 건축가가 되기 위해서는 지난한 학습을 통해 보편적인 건축의 원리, 설계의 원리, 건축 양식, 건축의 역사를 배워야만 한다. 그러나 막상 자신이 실전에 투입되어 설계를 하기 위해서는 이러한 보편적인 지식만으로는 부족하다. 우선 나는 한 명의 건축가로서 건축에 대해 어떠한 소명의식, 철학을 가지고 있는지 고민해야 하고 내가 선호하는 건축 기법, 양식 등에 대한 정립도 필요할 것이다. 또 설계를 필요로 하는 장소가 평지인지, 산악지대인지, 해안가인지에 따라 특수한 상황을 고려하여 자신만의 생각을 토대로 건축에 반영해야 한다. 또한 건축가 개인의 특수성뿐만 아니라 건축을 필요로 하는 고객의

취향, 요구사항을 반영하는 특수성에 대한 배려도 필요하다. 학교에서 배운 경영학적 지식은 막상 기업을 운영하고자 할 때는 별로 쓸모가 없는 이유도 경영학은 그저 다른 기업의 사례이거나 보편적인 원리에 머물고 있기 때문이다. 실제로 기업을 운영하는 것은 머리가 아니라 몸으로 체험해야만 얻을 수 있는 완전히 특수한 경험이다. 그리고 자신이 속한 기업마다 가지고 있는 특수한 상황을 모두 고려해야 한다. 예를 들면 고유한 업무 프로세스, 고유한 관리 시스템, 경영문화, 임원진들의 특성, 직원들의 성향, 산업 환경, 업계 내의 우리 기업의 입지 등이 이와 같다.

국가 운영도, 정치도 마찬가지가 아닐까? 일반적인 국가학, 정치론만으로는 대한민국의 정치를 해결할 수 없다. 대한민국은 대한민국만의 고유한 역사, 문화, 제도, 풍습, 국민의 특징을 가지고 있다. 국가라는 보편적 개념, 정치라는 일반적인 이론만으로는 특수한 대한민국의 상황을 풀어낼 수 없다. 대한민국은 그 자체로 온전히 이해되어야 할 공동체이지, 단순히 국가라는 보편적 개념 속에서 이해될 수는 없다. 국민들이 역사를 제대로 파악하고 이해해야 하는 이유도 여기에 있다. 고유한 정체성을 가지고 있는 공동체로서 역사를 바르게 파악하며 우리 고유의 모습을 정확하게 파악하고 우리 안에 있는 문제를 정면으로 마주할 때 진정한 공동체로서의 동력을 얻는다. 이러한 힘을 토대로 다른 나라의 정책이나 분위기에 마냥 휩쓸리지 않고 대한민국만의 정치, 교육, 문화, 사회를 형성해나갈 수 있다. 미국의 정치 시스템, 독일의 법 시스템, 일본의 교육 시스템이 좋아 보인다고 우리에게 차용해서 이식할 게 아니라 우리의 진정한 모습을 이해하는 숙고와 토론의 시간을 가져본 뒤에야 진정으로 우리에게 필요한 공동체 시스템을 건립할 수 있고, 우리에게 필요한 변화를 이룰 수 있다. 이는 다른 나라의 시스템에 대한 보편적인 이해가 불필요하다거나 무용하다는 의미는 아니다. 다만 우리 스스로 건강한 공동체 시스템을 만들어 가고자 한다면 우선 우리에게 잘

들어맞는 시스템에 대한 고민이 병행되어야 한다는 의미다. 이러한 고민이 병행되어야만 비로소 부족한 부분들을 능동적이고 효과적으로 보완하고 이식할 수 있다. 역사를 잊은 민족에게 미래는 있을 수 없다.

마이클 잭슨과 밥 딜런은 가수라는 보편성을 가지고 있지만 그들의 음악세계, 개성은 완전히 다르다. 그들은 다른 누군가가 아니라 자신이 가진 음색, 능력, 재능에 집중해서 그것에 몰입했기 때문에 독자적인 가수로 살아남을 수 있었다. 고흐나 피카소도 화가라는 보편성으로 묶을 수 있고 동시대에 그들과 같은 미술적 사조를 경험하는 수많은 화가들은 모두 '화가집단'으로 묶을 수 있다. 그러나 고흐나 피카소는 자신만이 가진 내면의 감성, 재능에 몰입해서 자기만의 작품을 그려낸 결과 완전히 새로운 미술을 창조한 예술가로 남을 수 있었다.

특수성을 펼쳐내기 위한 원동력은 자신의 한계마저 있는 그대로 인정하는 '솔직함'에 있다고 생각한다. 자기 자신의 한계를 왜곡하지 않고 있는 그대로 나 자신을 이해하는 것은 쉽지 않다. 나 자신은 늘 남들보다 멋지고 화려해 보이고 싶기 때문이다. 세상에 재능을 발휘하며 살아가는 다른 사람들의 능력과 재능, 성취를 부러워하거나 시기하고 대리만족을 느끼면서도 정작 남루한 자신의 모습은 외면하고 싶은 것이다. 그러나 다른 외부에 일체의 관심을 차단하고 죽을 때까지 함께할 나의 육신, 정신, 인격, 과거를 있는 그대로 직면하는 용기를 가져야만 내가 가진 신체적 능력, 사고력, 성격, 성향, 태도, 습관을 이해할 수 있다. 완벽한 사람은 세상에 없는 만큼 남루한 나 자신의 모습을 있는 그대로 바라보는 솔직함에는 일정 부분 고통이 따를 것이다. 그러나 나에 대한 솔직한 이해의 벽을 넘고 나면 나 자신에 대해서도 초연한 마음을 가지고 현실을 직시할 수 있게 된다. 다른 사람의 재능과 자산에 시기하거나 질투하지 않고 오롯이 내가 선택할 수 있는 내 삶에 집중하여 오롯이 내 삶을 변화시킬 수 있게 된다.

개인뿐만 아니라 이러한 태도는 기업, 국가에도 동일하게 적용된다. 기업은 다른 기업이 가진 제품이나 브랜드 가치, 고객에 집중하거나 부러워하지 말아야 한다. 자사 기업만이 가지고 있는 고유한 브랜드와 개성 있는 제품, 직원, 소중한 고객에게 감사의 마음을 가져야 한다. 각각의 기업만이 가지고 있는 그대로의 개성 속에서 진정으로 경쟁력을 가질 수 있는 독창적인 제품, 서비스, 문화를 만들어 나가며 고유한 아우라를 만들어 낼 수 있다. 국가는 다른 나라가 가진 영토, 자원, 문화, 인재를 부러워할 것이 아니라 우리가 가진 영토, 자원, 문화, 인재를 소중하게 여기면서 행복하고 안전하고 평화로운 공동체를 꿈꿔야 한다. 조금 투박하고 부족할 수도 있지만 우리의 힘으로 직접 무언가 만들어 가는 모습 속에서 진정으로 훌륭한 공동체를 만들어갈 수 있는 씨앗을 발견할 수 있을 것이다. 다른 사람에게 의존하지 않고, 사회의 보편적 이야기에 집중하지 않고, 다수가 하는 행위에 관심 두지 말고 자신만의 고유한 특수성을 발견하며 스스로의 정답을 발견하는 일은 대단한 내면의 용기를 필요로 한다. 누구나 남들이 그냥 옳다고 생각하는 가치와 방식에 의존하고 싶고 그렇게 살아가는 인생은 편안하다.

누군가 자신의 천직을 발견하여 이러한 삶을 살라고 조언해준다면 누구나 편안함을 느낄 것 같다. 경영자들은 경영학 교과서대로 모든 기업의 운영이 순조롭게 흘러갔으면 좋겠다. 정치가들은 그저 정치학 이론대로 국가가 흘러갔으면 좋겠다. 그러나 남들이 정해놓은 길을 반복하는 일은 우리 고유한 시스템에 잘 들어맞지도 않을뿐더러 생산적이고 창조적인 동력을 내면에 상실하게 만들어 변화하는 시대에 주체적으로 대응하기 어렵게 만든다. 우리는 생존하고 더 발전하기 위하여 내면의 모습을 있는 그대로 인정하고 자신만의 이야기를 생성해 나가는 용기가 필요하다. 특수성에 대한 최종 종착지는 자신만이 가진 "강점, 장점"이다. 개인, 조직, 국가 시스템의 특수성을 고려할 때 가장 주안점을 주어야 할 부분은 바로 단점이 아니라 강점이다. 완벽한 시스템은 존재하지 않고, 최적의 환경은 없다. 시스템이 가진 취약점이나 단점, 주변의 불안정하고 불리한 환경에 집중해서는 아무런 성찰도 할 수 없고 발전은 더욱이 불가능하다. 쓸데없이 단점을 보완하기 위해 시간과 정력, 인력, 자본, 정책, 제도를 소모하는 것은 어리석은 일이다. 어차피 약점 없는 시스템은 없다. 약점이 생존을 위협할 정도로 깊다면 최소한의 보완은 필요하겠지만 그럼에도 여전히 우리가 집중해야 할 것은 타고난 강점이다.

지금까지 역사상 위대한 위인들만 보더라도 특정 영역을 제외하고는 평균 이하의 능력을 가진 사람들이 많다. 위대한 성취를 이룬 사람들도 단점이 아니라 자신만이 가지고 있는 타고난 강점에 집중하여 성공한다. 간디, 마틴 루터 킹, 고흐, 스티브 잡스, 빌 게이츠와 같은 사람들도 후광효과를 고려하지 않는다면 어떤 면에서 보통 사람의 이하의 재능, 부족한 인격적 요소들이 존재한다. 그러나 그들은 자신의 단점이나 약점에 치중하기보다는 자신이 가장 잘할 수 있는 일을 소중하게 여기고 강점을 키우기 위해 집중했던 사람들이다. 그들은 애써 자신의 부족한 면모를 가리는 일에만 집중하지 않았다. 사람의 인생은 유한해서 일생에 걸쳐 자신의 단점만 바라보며 살기에는 너무도 짧다. 두드러진 약점이 있는 사람이라면 반대로 두드러진 강점이 존재할 사실이 높다는 사실을 기억하자.

만약 오바마가 주식투자를 하고, 워런 버핏이 정치를 하고, 마이클 조던이 축구를 하고, 박지성이 농구를 했다면 그들의 인생과 역사는 어떻게 변했을까? 그들은 결코 지금의 명성을 얻고 행복한 삶을 살 수 없었을 것이고, 역사는 그들을 기록하지 않았을 것이다. 유한한 인생과 공동체의 삶 속에서 집중해야 할 것은 자신의 특수성, 강점을 깨닫고 집중하는 것이라고 생각한다. 자신의 강점에 집중하는 개인, 기업, 국가공동체는 위기에도 굴하지 않고 자신만의 훌륭한 역사를 써 내려갈 것이다.

4) 경성(Hard) 시스템 · 연성(Soft) 시스템: 자연과학과 사회 과학 시스템으로 이해하는 시스템 운행 원리의 차이비교

앞서 학문 체계를 통해 IPO 구조를 파악하였고 이제는 자연과학과 사회과학을 비교하며 시스템을 지배하고 있는 운행 원리의 가장 본질적인 차이를 파악하고자 한다. 결론부터 말하자면 자연과학과 사회과학, 흔히 이과와 문과로 분류할 수 있는 두 학문의 갈래는 경성 시스템과 연성 시스템이라는 기준으로 분류하여 설명할 수 있다. 물론 자연과학과 사회과학, 이과와 문과가 필자가 설명하고자 하는 경성 시스템과 연성 시스템으로서의 기준이 아니라 '자연 대 사회', '우주 대 인간'과 같은 내용의 관점에서 접근할 수도 있을 것이다. 다만 경성 시스템과 연성 시스템의 차이를 가장 이해하기 쉬운 갈래가 바로 자연과학과 사회과학의 분류라고 생각했다. 이를 통해 경성 시스템의 특징과 연성 시스템의 특징에 대해서 이번 장에 간략히 살펴보고자 하는 것이다.

우선 랭커스터대학교(Lancaster University)의 경영대학 교수 피터 체크랜드(Peter Checkland)의 설명을 빌어서 경성체제와 연성체제의 차이에 대한 논의를 열어가고자 한다.

> 경성체제와 연성체제의 구분은 체제(System)에 대한 관점의 차이, 즉, 체제의 속성에 관한 시각의 차이로써 구분된다. 경성 체제는 조직 구성이 강하고 치밀한 상태를 가정하여 체제를 다소 엄격하게 통제 가능한 존재, 지속적이고 안정된 특성을 지니는 존재로 본다. 반면에 연성체제는 경성체제에 비해 보다 더 개방적이고 유연한 조직적 견해를 지지하기 때문에 체제는 보다 유동적이고 역동적인 특성을 지니고 보다 더 많은 자율을 요구하는 것으로 본다. (Checkland, 1985). ***xxiii***

체크랜드 교수의 설명에서 이해할 수 있듯이 경성체제는 '조직 구성이 강하고 치밀한 상태'이기 때문에 엄격한 통제가 가능하고 지속적이고 안정된 특성을 지닌다. 이를 IPO 구조로 설명해본다면 입력(Input)되는 값이 일정하다면 고정불변하고 안정적이며 일관성 있는 과정(Process)을 만들어 내는 경성체제 시스템은 주변 환경이나 맥락에 관계없이 동일한 결과물(Output)을 산출한다고 볼 수 있다.

반면에 연성체제는 '개방적이고 유연한 조직적 구조'에 기인하여 유동적이고 역동적인 특성을 만들어 내며 보다 자율적이고 변화하는 특성을 가진다고 말할 수 있다. 이에 대해서도 IPO 구조로 설명해보자. 고정불변하고 고도로 안정적인 경성체제와 달리 연성체제는 시간 변화나 주변 맥락에 따라 체제가 변하게 되고 동일한 입력(Input)값이라 하더라도 맥락에 따라 변화되는 과정(Process)을 거치고 나면 다른 결과물(Output)이 산출될 수 있음을 의미한다. 이해를 돕기 위해 자연과학과 사회과학의 특징을 토대로 경성체제와 연성체제를 비교해보자. 우선 자연과학, 특히 수학의 경우에는 가장 견고한 특성을 가진 경성체제라고 할 수 있다. 합의된 수학적 공리와 명제를 바탕으로 고도의 논리적 성을 쌓아가는 수학은 동일한 Input에 대해서 대체로 동일한 Output을 산출하게 되어있다.

예를 들어, 다음 문제($\sum_{k=1}^{100} k$)를 계산하라는 객관식 문제에 대해서 수학적 체계를 공유하고 있는 사람들은 국적, 인종에 관계없이 모두 동일한 결과를 내려놓을 것이다. 물론 옳은 답을 제시한다면 말이다. 이는 수학을 비롯한 물리학, 생물학과 같은 자연과학의 기본적인 경향성이고 공학의 경우에도 대체로 대단히 경성체제적인 학습과 발전이 이루어지고 있다. 그에 반해 사회과학, 나아가 인문학은 동일한 질문에 대해 동일한 대답을 듣기는 대단히 어렵다. 법학이나 경제학의 경우에는 일정 부분 공유될 수 있는 대답이 나올 수 있지만, 그마저도 온전하게 동일한 대답이 나온다고 하기는 어렵다. 경제학의 경우에도 학파가 극단적으로 나뉘기도 하고 법학의 경우에도 다수설, 소수설, 절충설과 같이 다양한 관점에서의 대답이 나오는 것이 그 예라고 할 수 있다. 예를 들어, 다음 문제, '인간은 정치에 참여하지 않고도 도덕적일 수 있는가?'에 대한 답변은 국적은 물론이고 성별, 나이, 성격에 따라 대답은 천차만별일 것이다.

법학, 정치학, 경제학, 윤리학, 사회학, 인류학, 철학, 역사학과 같은 사회과학, 인문학은 자연과학이나 공학과는 달리 시대나 환경에 따라서도 동일한 질문(Input)에 대한 대답(Output)이 대단히 상이한 경향을 보이기도 한다.

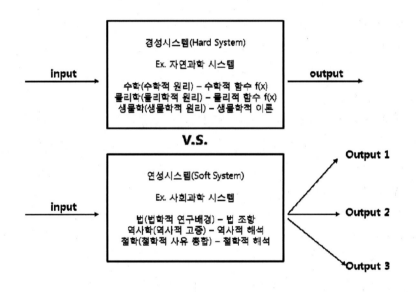

이러한 필자의 설명에 대해 제기될 수 있는 두 가지 반론이 있을 수 있다. 우선, 사회과학 시스템도 충분히 경성체제적일 수 있지 않느냐는 논의다. 예를 들어 우리나라 근현대사의 관점에서 대한민국의 초대 대통령은 누구인가의 질문에 대한 해답은 누구나 '이승만'이라고 분명히 대답할 수 있지 않느냐는 생각이다. 사회과학이라는 요소에도 마냥 연성체제적인 요소만 존재한다면 어떻게 객관적으로 학문의 체계를 세울 수 있느냐는 반론이다. 맞는 이야기이다. 그러나 질문을 조금만 변형하여 '대한민국의 초대 대통령 이승만은 건국의 아버지인가?'와 같은 질문에 대해서는 학자마다 다른 대답이 나올 수밖에 없다. 이것이 자연과학과 비교되는 사회과학의 두드러진 특징이다. 물론 사회과학도 통일적이고 경성적인 요소가 존재하기 때문에 객관식 문제를 통해 학력도 측정할 수 있는 요소가 있다. 그러나 전체적인 경향성에 보자면 사회과학은 자연과학보다 훨씬 연성적인 요소를 많이 가지고 있다.

두 번째는, 자연과학에 속하는 학문이라고 하더라도 덜 경성적인 학문도 있고 같은 사회과학에 속하는 학문이라고 하더라도 보다 경성적인 학문도 있을 수 있지 않느냐는 논의다. 이러한 반론에 대해서는 당연히 그렇다고 대답할 수 있겠다. 철학이나 예술과 같이 주관성이 개입될 수 있는 영역은 연성적인 요소가 강하다. 그러나 경제학, 법학과 같은 학문은 수학과 논리를 통해서 정립되기 때문에 경성적인 요소도 강하다. 물론 같은 경제학이라고 하더라도 미시경제학은 훨씬 더 경성적인 반면에 거시경제학은 보다 연성적인 성격을 가지고 있다고 할 수 있을 것이다. 자연과학에서 수학과 물리학은 대단히 경성적이라고 할 수 있지만 생물학, 지구과학은 일정부분 학설이 나뉘며 연성적인 요소를 많이 가지고 있다고 할 수 있다.

이런 점에서 초기 비트겐슈타인이 『논리철학논고』를 통해서 정립한 그림이론은 다분히 경성체제적이다. 그림이론이란 인간이 사용하는 언어에 세계와 우주가 그림처럼 일대일로 대응하여 반영된다는 이론이다. 따라서 세계에서 일어나는 다양한 사건들을 명제화하여 체계화시킬 수 있고 언어는 세계를 온전히 반영하는 논리적 체계로 남을 수 있다는 것이 초기 비트겐슈타인의 생각이었다. 이후 자신이 철학을 모두 완성했다는 믿음으로 철학세계를 한동안 떠나있던 비트겐슈타인은 내면의 커다란 깨달음을 얻은 뒤로 초기에 썼던 논고의 내용을 일거에 뒤집어엎고 『철학적 탐구』를 집필하게 된다. 『철학적 탐구』를 통해 드러나는 후기 비트겐슈타인은 언어는 그림이론처럼 일대일 대응하는 논리적이고 통일적인 체제가 아니라 상황이나 맥락에 따라서 그 의미가 변하는 화용론적, 맥락적 의미에서의 체제라고 주장하고 있다. 이는 언어에 대한 자신의 사고관이 경성적인 체제에서 연성적인 체제로 완전히 뒤집어졌음을 의미한다. 초기에서 후기로 넘어가는 비트겐슈타인은 자신이 먼저 정립한 이론에 집착하지 않고 언어에 대한 전제를 완전히 뒤엎는다. 대저 인간의 사상적 체계는 한번 자리 잡으면 쉽게 변하지 않고 철학자와 같은 학자들의 경우에는 더욱더 자신의 업적을 부인하기 어렵다. 자존심이 강한 학자들은 시간이 흐르며 자신의 이론적 체계를 더욱 견고하게 만들기 일쑤인데 그런 점에서 비트겐슈타인의 사상적 전환은 혁명적이라고도 할 수 있다. 진리라고 할 수 있다면 자신의 신념이나 이념 따위에 갇히지 않겠다는 철학자로서의 단호한 자세로 존경받을 수 있겠다.

정리해 보자면 경성체제(Hard System)는 단어가 주는 느낌처럼 수학적 체계와 같이 그 구조가 대단히 견고해서 개념이나 원리가 쉽게 변하지 않는 시스템을 의미한다. 연성체제(Soft System)는 외부환경이나 조건이 수시로 변화하기 때문에 그에 따라 본질이 유연하게 변할 수 있는 시스템을 의미한다. 그러한 맥락에서 보면 기계적인 시스템이 일종의 경성체제이며 유기체적인 시스템이 대표적인 연성체제의 성질에 가깝다고 할 수 있을 것이다.

이 두 체제 중에서 어떠한 체제가 더 중요하다고 말할 수는 없을 것이라고 생각한다. 각각의 체제마다 우리에게 주는 함의가 있고, 두 체제 모두 필요하기 때문에 사회 속에 각각 자리 잡아 인간의 필요에 의하여 정립되고 발전하고 있는 것이다. 절대적 진리 탐구와 체제의 안정을 위해서는 경성체제적 사고도 필요할 것이고 상대적인 진리의 발견과 사회의 변화와 성장을 위해서는 연성체제적 사고도 필요할 것이다.

다만 본서에서는 자연과학이나 공학적 시스템과 같은 경성체제적 요소를 다루기보다 개인의 개성과 다원주의, 합의와 토론을 지향하는 사회과학적 시스템을 다루고 있다는 점에서 연성체제적인 요인이 많이 녹아 있다고 볼 수는 있을 것이다. 물론 사회 시스템도 군대와 같은 조직은 획일화되고 통제된 요소가 가미된 경성체제적 시스템을 필요로 한다. 기업의 경우에도 엄격한 생산관리와 납기준수를 필요로 하는 제조기업의 경우에는 체계적인 위계질서와 다소 경직된 규칙의 준수를 요구해야만 한다. 다만 시대는 변화하고 세계는 창조와 혁신을 요구하고 있음에도 불구하고 공동체 전반적인 영역에서 있어서 대단히 경직되고 폐쇄적인 문화가 우리 사회에서 두드러진다는 점에서는 유연하고 수평적인 연성체제 형 사회구조, 조직문화를 건설하고자 하는 시도는 계속되어야 할 것으로 보인다.

사회 시스템은 살아 움직이며 환경과 소통하는 개방성을 가지고 있다. 따라서 사회 시스템은 환경과 맥락까지 고려해야만 제대로 이해될 수 있다. 이에 대한 논의에 대해 가라제다지는 다음과 같이 말하였다.

개방성이란, 살아 있는 (개방) 시스템의 행동은 그 주위 환경의 맥락 속에서만 이해될 수 있다는 의미이다. 세상은 사실상 복잡한 상호 작용이 이루어지는 전체이다. 가령, 자유애, 권력욕, 행복 추구 등과 같은 인간의 본성에 대한 추상적 개념들은 어떤 맥락, 다시 말해 이 개념들이 생겨난 문화를 배제하고서는 의미 있게 설명할 수 없다.xxiv)

공산주의는 실패하고 자본주의가 아직까지 살아남은 원인도 경성체제와 연성체제의 관점에서 접근할 수 해석할 수 있다. 공산주의는 정부의 주도로 계획적이고 주도면밀한 통제를 시도하지만 자본주의는 시대나 환경에 상관없이 인간의 욕망과 선택에 따라 자유로운 시장 환경을 존중하는 체제이다. 따라서 경성적인 경제체제인 공산주의는 시대나 환경, 인간의 심리, 욕망, 공정성을 유연하게 달성하지 못하지만 연성적인 경제체제인 자본주의는 환경과 주체의 생각이 변함에 따라 유동적으로 자신의 모습과 본질을 변화시킬 수 있는 것이다.

자본주의가 살아남은 이유는 다양성을 인정하고 생동하는 유연한 시스템이 인간 본성에 훨씬 부합하기 때문이다. 하지만 자본주의가 공산주의를 이겼다는 사실이 자본주의가 인류에게 최고로 옳은 체제라는 당위성을 가지지 않는다. 각국에서 자본주의의 병폐가 심화되고 있는 만큼 필요하다면 강제적인 요소, 경성체제적인 요소를 도입하여 인류 공동체의 공존, 지속 가능한 사회발전, 미래 세대를 위한 공정성확보를 도모할 필요가 있다. 법이나 정치제도가 끊임없이 변화하고 수정되어야 하는 이유도 여기에 있다. 기득권들은 고착화된 사회체제 속에서 자신들의 힘을 최대한으로 뿌리 내리고 지킨다. 사회의 기득권이라는 이유가 꼭 나쁘다고 볼 수는 없다. 모든 사회는 힘을 가진 기득권들이 존재하기 마련이기 때문이다.

누구나 기득권이 되면 선악의 문제를 떠나 자신의 위치를 고착화하고 지키고자 노력한다. 하지만 사회가 이러한 사정에 대해 어떠한 경각심이나 제도의 변화도 추구하지 않는다면 제도 속에서 기득권의 힘만 강하고 뿌리 깊어지는 점에 대해서는 점점 공정한 질서를 만들기는 어려워져만 갈 것이다. 사회, 환경 가치관, 의식수준, 시대적 요구는 끊임없이 변화한다. 이러한 연성체제적 사회 변화에 대응하기 위해서는 시대를 주도하는 세대들도 변화해야 하고, 그들의 성향도 지속적으로 변화하고 발전해야 한다. 모든 시대와 환경, 사회를 아우르는 절대 불변의 만능 사회 시스템은 없다. 사람들은 유토피아를 갈망하겠지만 인류는 생존하는 동안 단 한 번도 유토피아를 맞이하지 못할 것이라고 단언한다. 대신에 우리 사회는 허망한 유토피아를 꿈꿀 것이 아니라 사회가 끊임없이 발전하고 공진화한다는 믿음 아래 어떻게 더 효과적으로 인간의 삶을 더 안전하고, 평화롭고, 행복하게 만들 수 있을 것인가에 대해 지속적인 변화 체제를 확립하는 것이 요구된다.

사회가 혁명적인 변화를 이루었을 때는 늘 새로운 가치를 내건 시대의 선구자들이 있었다. 그러나 이러한 가치도 시대가 변화함에 따라 변하기 마련이고, 가치는 존속되더라도 시대에 부합하는 삶의 형식이나 모습을 변화시키지 못한다면 죽은 가치로 남기 마련이다. 시대에 맞게 변화하지 못한 시스템은 원칙을 위한 원칙, 형식을 위한 형식의 도구로 전락하게 된다.

국내에서도 인기리에 방영된 애니메이션 빨간 머리 앤의 주인공 에이버리 앤에게 옆집에 이사 온 해리슨 아저씨는 이런 말을 한다.

변화란 꼭 즐거운 일은 아니지만 꼭 필요한 일이지. 변하지 않고
머물러 있으면 무엇이든 이끼로 뒤덮이게 마련이야.

대저 역사적으로 사회에 이끼가 뒤덮이게 되었다면 그 사회는 이미 되돌릴 수 없이 추락하는 사회임을 알 수 있다. 나와 우리 사회, 기업, 국가, 인류는 이끼로 뒤덮이기 전에 미리 변화를 예견하고 대비하고 있는지 다시 한 번 생각해 보아야 한다.

05 종합적 관점

앞서 시간, 공간, 법칙이라는 관점에서 개별적으로 바라본 시스템을 조금 더 종합적이고 유기적으로 바라보기 위해 요약하는 시간을 가져보고자 한다. 본 장에서 설명하는 내용들은 실제 시스템이 설계되어가는 과정과는 무관할 수 있음을 미리 밝힌다. 실제 시스템들은 분명한 목적을 가진 채로 생성되거나 발전되어 가는 경우는 드물기 때문이다. 실제 시스템들은 생성되고 유지되어 가는 그 자체가 하나의 목적이 되는 자기 목적의 실현 과정인 경우도 존재한다. 특정한 목적이 아니라 생존, 성장 그 자체가 하나의 목적이 되는 자기목적적 시스템도 존재한다. 이런 시스템은 특정한 목적을 지향하는 게 아니라 시스템의 존재 자체가 그 목적일 수 있다. 또한 초기에는 아무런 목적을 가지고 있지 않거나 불분명한 목적을 가지고 있던 시스템도 발전을 거듭함에 따라 분명한 목적을 형성하고, 그렇게 형성된 목적이라도 시간이 지나며 변화하는 경우가 다반사이다. 처음부터 완벽한 목적과 설계도를 가지고 형성되는 시스템은 드물다. 따라서 이 책에서 시스템을 해석하는 내용들은 시스템의 실제 형성과정이 아니라 한 명의 관찰자로서 시스템을 보다 쉽게 이해하고 해석하도록 돕기 위한 점에서 의의가 있다고 할 수 있다.

아래의 내용을 다루면서 공시적인 관점에서의 IPO 구조에 대해서는 다시 내용을 요약하지 않았다. 인과관계로 이루어지는 시스템망은 앞선 설명을 통해 충분히 전달되었으리라 믿고 또 그러한 IPO 구조를 전제하지 않으면 아래 내용은 애초에 전개될 수조차 없다.

1) 통시적(진화적) 관점에서 발산하고 수렴하는 시스템

시스템의 진화과정

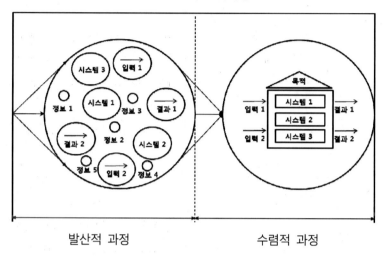

발산적 과정   수렴적 과정

　시스템이 안정성, 일관성, 지속성을 하나의 통일된 구조를 갖추기 이전에는 구조에 사용되기 위한 여러 가지 재료를 수집하는 과정이 선행되어야만 한다. 이는 물리적, 생물학적, 기계적, 유기적, 이론적, 정신적 시스템에 관계없이 모두 공통되는 일반적 과정이다. 완성된 하나의 시스템은 그 어느 것도 이러한 재료의 탐색과 수집 없이는 온전한 시스템으로 자리 잡을 수 없다.

　이 책에서 주요하게 다루고 있는 개인, 기업, 국가라는 사회적 시스템이 형성되는 과정에서도 당연히 이러한 발산적 과정을 통해 다양한 재료와 정보를 탐색하고 수집하는 과정이 필요하다. 한 개인이 태어나 온전한 인격을 형성하고, 기업이 창업하여 안정기를 이루기까지, 국가 구조의 개혁으로 수성의 시기에 돌입하기까지는 모두 이러한 발산적 과정의 단계로 이해할 수 있다.

한 개인이 살아가면서 다양한 언어적 재료를 익히고, 정보를 수집하고, 개념을 이해하고 이를 위해 독서, 교육, 사회화 과정을 거치는 것은 삶의 주인으로서 한 명의 완성된 인격체를 형성하기 위해 필요한 재료들을 모으는 발산적 과정이라고 볼 수 있다.

어떤 시스템을 형성하기 위해서 Input은 무엇이 되어야 할지, Output은 무엇이 되어야 할지 이해해야 한다. Input은 한 시스템이 생존하기 위해서 필요한 시간, 노력, 에너지, 자원, 개념, 정보와 같은 것들이 있을 수 있다. Output이라면 시스템을 통해 얻을 수 있는 성과, 성취, 돈, 명예, 성적, 가공된 자원, 서비스 등이라고 할 수 있을 것이다. 그리고 이러한 시스템이 형성되는데 필요한 목적, 가치, 정보, 하위시스템, 계층체계, 계층 간 관계, 환경 간의 요소까지 미리 생각해 보고 정보를 수집, 자원을 수집해나가는 과정이 발산적 과정이라고 할 수 있다.

수렴적 과정은 발산적 과정을 통해 확보된 재료를 활용하여 일관성, 지속성, 안정성 있는 시스템을 구체적으로 구현하는 과정이라고 볼 수 있다. 완벽한 비유는 아니지만 이를 돕기 위해서 레고(Lego) 블록이 조립되어 가는 과정을 발산적 과정과 수렴적 과정으로 이야기할 수 있을 것이다. 발산적 과정이 다양한 재료에 해당하는 블록을 모으는 과정이었다면 수렴적 과정은 이러한 블록을 활용하여 자신의 목적, 가치에 부합하는 구조물을 만들어 가는 과정이라고 말할 수 있겠다. 이 과정에서는 시스템의 목적, 진정한 가치에 기반하여 다양한 요소들이 목적에 부합하여 유기적으로 연결될 수 있도록 설계해야 한다. 복잡한 시스템이 생성되어 가는 과정에서 지나치게 세밀한 영역에 매몰되어 목적을 무시한 채로 효율만을 추구하는 것은 경계해야 한다. 수렴적 과정에서는 발산적 과정에서 수집한 재료와 정보들을 목적에 가장 부합할 수 있도록 선별하여 선택해야 한다. 그리고 가치, 재료, 정보, 물질, 하위 시스템, 환경 간에 수반되는 다양한 상호관계, 인과관계, 창발성, 충돌, 갈등, 시너지, 디시너지 등을 고려하여 효과적이고 효율적인 시스템을 설계하도록 해야 할 것이다. 물론 발산적, 수렴적 과정은 결코 선형적으로 이뤄지는 것이 아니다. 시스템이 발산하는 와중에도 수렴하는 요소가 발생하기도 하고, 수렴하는 와중에도 발산하는 요소가 발생하기도 한다. 그리고 발산적, 수렴적 과정은 동시에 이뤄지기도 하고 시스템에 따라서 끊임없이 이뤄지기도 한다.

이를 돕기 위해 발산적, 수렴적 과정을 일도양단으로 구분하였을 뿐 실제 우주, 사회는 이러한 발산적, 수렴적 과정이 복잡한 형태로 이뤄지고 있음을 이해해야겠다. 한번 수렴된 시스템이 일관성을 가지고 운영되면서 부분적인 발산과 변화의 과정을 겪기도 한다. 그리고 때로는 시스템 전체가 다시 붕괴되고 새로운 재료들을 더 바탕으로 더 발전되고 변형된 시스템을 형성하기도 한다. 발산적, 수렴적 과정을 반복적으로 겪어가면서 자연과 사회는 끊임없이 진화하고 있다.

2) 거시적이고 미시적으로 연계되어 형성되는 시스템

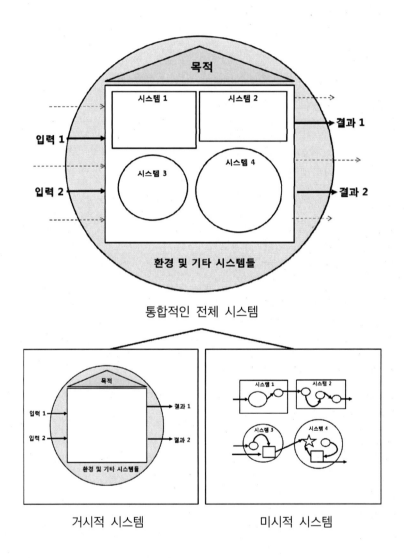

통합적인 전체 시스템

거시적 시스템   미시적 시스템

우주, 자연, 사회, 생명, 기업, 정치와 같은 다양한 분야의 시스템들은
복잡한 위계 관계 속에서 유기적으로 연결되고 환경과 관계하는 통합적

인 시스템이다. 인간의 인지적 구조로는 이러한 시스템들을 통합적으로 바라보기 어렵기 때문에 환원적, 부분적으로 해석할 수밖에 없는 것이 현실이다. 하지만 분할된 관찰 속에서도 보다 넓은 시야로 시스템을 전체적으로 바라보는 거시적 시스템과 시스템의 단위를 세밀하게 구분해서 구체적인 요소 간의 관계를 파악하는 것은 미시적 시스템은 달리 존재한다고 말할 수 있다. 거시적 관점은 시스템의 경계와 관련된 다양한 입력, 출력 중에서도 시스템의 목적에 가장 부합하고 관찰자가 해석하고자 하는 방향에 가장 적합한 입력과 출력 요소를 선별하여 시스템을 효과적으로 파악하고자 하는 태도다. 거시적 관점은 시스템의 경계와 관계하고 있는 다양한 환경, 관련된 시스템 간의 관계를 무시하지 않을 수 없다. 또한 생동하는 시스템의 통합적 모습을 진단하기 위해서는 박제된 방식의 이론을 가지는 것이 아니라 지속적으로 변화하는 이론과 원리, 관찰, 경험을 게을리할 수 없다.

미시적 관점은 시스템 내부의 다양한 인과관계들을 세밀하게 파악하는 태도다. 시스템의 생동하는 변화나 환경과의 관계를 심각하게 고려하지 않는다. 미시적 시스템의 분석을 위해서는 비교적 그 환경, 조건, 변수 등을 안정적으로 통제하여 관찰, 분석, 정립할 수 있기 때문에 하나의 견고한 이론으로 자리 잡을 수 있다.

다만 명징하게 논리적이고 과학적이라고 말할 수 있는 이론이라도 실제 통합적 시스템을 분석하고 관리, 통제하는 점에 있어서는 가정했던 공리, 전제, 조건들이 매번 변할 수 있기 때문에 미시적 시스템을 적용하는 점에는 항상 한계가 따르기 마련이라는 사실을 인정해야만 한다.

시스템을 통합적으로 이해하기 위해서는 거시적, 미시적 관점의 조화가 요구된다.

3) 경성적이고 연성적인 요소를 갖추어 형성되는 시스템

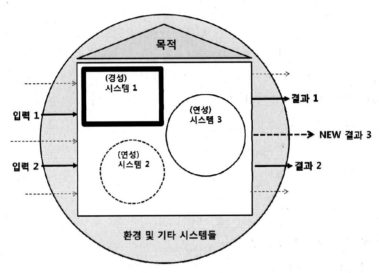

경성+연성적인 요소가 결합된 시스템

경성 시스템은 환경, 맥락, 시간, 시대, 장소와 관계없이 견고하게 유지되는 시스템이라면 연성 시스템은 환경, 맥락, 시대, 장소에 따라 변화하는 시스템이다. 경성 시스템은 일종의 견고한 기계적인 시스템에 비유할 수 있으며, 연성 시스템은 일종의 유기체적인 시스템에 비유할 수 있겠다. 그러나 어떠한 시스템도 절대적으로 경성적이거나, 연성적이라고 말할 수는 없다. 이해를 돕기 위해서 거칠게 설명한다면 로봇과 인간 육신이 결합하여 하나의 통합적인 몸을 이루고 있는 상태를 경성적 요소와 연성적 요소가 강하게 결합된 시스템이라고 볼 수 있겠다. 사회 시스템은 결코 변하지 않거나 혹은 변해서는 안 되는 경성적 사실과 당위 요소를 내재하고 있다. 이를테면 수백 년 동안 검증한 자연과학적 법칙을 결코 변하지 않는 경성적인 사실로 볼 수 있다. 또한 수백 년 동안 피를 흘려가며 구축한 자유, 평화, 행복과 같은 인류 공동체의 가치는 우리가 결코 변하지 않고 지켜나가야 할 경성적인 당위요소로 생각할 수 있을 것이다. 반면 시대, 나라, 민족, 장소마다 다르거나 변할 수 있는 연성적 사실과 당위요소도 사회 시스템에는 내재하고 있다. 예를 들어, '짐이 곧 국가다'와 같은 절대왕정이론, 왕권신수설과 같은 이론은 그 당시에는 사람들이 인정하고 받아들이고 있을 때만큼은 하나의 사실로 받아들여질 수 있겠지만 시민들의 자유와 권리에 대한 의식이 함양되며 더 이상 왕을 인정할 수 없게 된다면 절대왕정, 왕권신수설과 같은 내용은 더 이상 사실이 아닌 낡은 구호로 전락하게 되는 것이다. 이는 연성적 사실이 사회 시스템에 존재하고 있음을 의미한다. 또한 과거 조선시대에는 유교를 바탕으로 충(忠), 효(孝)와 같은 가치가 시대의 가장 중요한 가치로서 받아들이고 사람들이 따르기를 요구했지만 현재에 와서 충이나 효과 같은 가치는 더 이상 전 인류가 추구해야 할 보편적인 가치로 여겨지지는 않는다. 이 역시 사회 시스템에는 연성적인 당위요소가 존재함을 의미한다.

하나의 시스템을 분석하기 위해서는 시간에 따라 진화하는 발산적, 수렴적 과정을 고려하면서도 시스템에 내재하고 있는 거시적, 미시적 요소와 경성적, 연성적 요소를 유기적으로 고민해야 할 것이다. 물론 필자의 의식의 한계, 지적 오류, 능력의 부족으로 말미암아 훨씬 더 필수적으로 다뤄야 할 영역, 내용이 부재할 수 있는 것은 사실이다. 하지만 결국 필자가 이 책을 통해 전달하고 싶은 바는 하나의 시스템을 파악하기 위해서는 이토록 다양한 요인들을 유기적으로 고민하고 관리할 수 있어야 한다는 교훈 그 자체이다.

하나의 시스템이 이토록 복잡다단하고 다양한 요소들로 이뤄질 수 있다는 사실을 진지하게 받아들인다면 보다 명징하게 자연, 사회의 구조를 이해할 수 있고 현존하는 시스템들을 보다 진지하게 받아들이고 발전적인 시스템을 만드는 고민을 시작할 수 있는 토대가 마련될 것이다.

제3장

시스템주의자의 테제

01 성문화(成文化)는 시스템의 꽃
보이지 않으면 관리되지 않는다

(왕이) 친히 활과 화살을 가지고 말을 달려 노루를 쏘다가 말에서 거꾸러져 떨어졌으나 상하지는 않았다. 좌우를 돌아보며 말하기를 「사관이 알게 하지 말라」 하였다.

- 조선왕조실록 태종 4년(1404) 2월 8일

태종이 누구인가? 불타는 권력 욕구로 조선을 건국한 아버지 태조 이성계가 버젓하게 살아 있는 중에도 기어코 스스로 왕이 되어버린 이방원이다. 다른 시대의 왕들과 비교해보아도 그가 이룩한 권력을 따라올 왕이 없다 할 만하다. 그런 남자가 단호하게 기록하지 말라고 명령했으나 기어이 사관은 태종의 실수를 기록했다. 어떠한 외압에도 굴하지 않고 있는 사실 그대로 적어 내려간 조선 사관들의 직필 정신이 빛나는 대목이다. 덕분에 후손들은 그날 태종의 무안함을 상상하며 웃을 수 있는 일화를 하나 얻었다.

조선은 실로 기록의 조선이었다. 실록은 조선의 기록 정신의 정수다. 무려 49,646,667자의 분량으로 500년 조선의 역사가 빠짐없이 담겨 있다. 비록 조선이 외세의 침입에 취약하고 끊임없는 붕당정치로 무기력함을 드러내곤 했지만 500년이라는 기간 동안 나라의 명맥이 끊어지지 않고 이어갈 수 있었던 근본은 이러한 기록, 관리의 정신에 있다고 생각한다. 대한민국 국민은 그러한 문화적 전통을 이어받은 계승자들이다. 시스템이 유지되고 관리되기 위해서는 시스템 내의 구성원들이 그 관리의 요소를 이해하기 위해서 반드시 언어, 시각적으로 표현될 수 있어야만 한다. 보이지 않으면 관리되지 않는다. 인간의 정신과 생각은 내면에 있는 것만으로 충분하지 않으며 반드시 표현되고 기록되어야만 관리되고 발전하여 지속적으로 계승될 수 있다. 인간의 정신이 내면에 머물러 있기만 해서는 허공으로 날아가 관리될 수 없다. 자신의 생각과 감정을 표현하려고 노력하고 그것을 공유해서 타자의 생각과 화학작용을 일으키며 비판과 충돌의 과정을 거쳐야만 한다.

로마 최초의 성문법(成文法)이었던 12표법은 이러한 문서화, 표현에 대한 통감으로 시작되었다. 12표법이 등장하기 직전 로마의 귀족들은 불문법으로 평민과 노예를 지배하고 있었다. 말이 법이지 귀족들의 마음대로 통치하고 있었다는 뜻이다. 불문법은 문장의 형식을 가진 채 공표되지 않고 그 법의 기준이 오직 통치자의 마음속에 있다. 성문화(成文化)되어 있지 않기 때문에 지배자들은 자신들의 마음대로 나라를 주무를 수 있었다. 그 때문에 평민들은 늘 수탈의 대상이었다. 늘 당하기만 하던 평민들의 불만과 저항은 점점 고조되었고 급기야 그들만의 공동체를 세우고자 결의하기에 이르렀다. 기원전 494년 로마시 동북쪽으로부터 5㎞ 떨어진 성산에서의 일이다. 당황한 귀족들은 평민들의 의견을 받아들여 결국 로마 최초의 성문법인 12표법을 제정한다. 12표법에는 가혹한 채무법이 명시되어 있고, 귀족과 평민 간의 통혼이 금지되어 여전히 불공평한 법임에는 틀림없었다. 하지만 12표법의 제정으로 인해 규정된 수준 이상으로 귀족들은 자의적인 지배를 누릴 수 없었고 그들의 횡포도 법에 규정된 수준에 그치게 되었다. 여전히 차별적인 법이었지만 모두가 확인하고 이해할 수 있도록 문서화되었기 때문에 보완하고 수정할 수 있는 근거가 생겼다. 이를 통해 지속적인 투쟁과정에서 리키니우스 법, 호르텐시우스 법 등으로 발전하는 계기가 되었다. 이 모든 진보가 문서를 통해 언어로 표현하는 순간으로 시작되었다. 비록 불완전하더라도 표현되고 나면 수정하고 발전할 수 있지만, 기록되지 않으면 아무것도 관리되지 않는다.

　기록의 중요성은 거대한 법에만 적용되는 것이 아니다. 개인의 삶을 살펴보더라도 여전히 기록의 정신은 대단히 중요하다. 고민이 있을 때 자신의 생각을 마음 안에만 담아두지 말고 일기를 쓰며 글로 남기고, 문제의 근원을 정면으로 부딪쳐 보자. 글로 남기고 나면 내 안에서 전전긍긍하던 고민이 실은 그리 큰 문제가 아님을 깨닫게 되기도 한다. 언어로 표현하고 나면 나의 문제가 정확히 무엇인지 명료하게 이해할 수 있기 때문에 감정에 휘둘리기보다는 냉정한 해결책을 모색할 수도 있다. 이 모든 것은 언어로 표현하는 것에서 시작한다.

　현대 과학기술 사회에서는 기록을 인간의 언어로만 국한 시킬 필요는 없다. 행정, 경영, 학문의 영역에서는 수식(Mathematical Formula), 수치, 그래프, 통계 등을 통해 다양한 정보를 효과적으로 관리하고 있다. 이 역시 사상과 정보를 표현하는 성문화의 과정에 해당한다. 목적에 맞게 효과적으로 정보를 지표화시켜서 기록하고 관리하는 모든 과정을 성문화(成文化)라고 생각할 수 있다. 정보를 사진과 영상으로 담아내는 것도 모두 기록이고, 표현의 과정이다. 과학기술 발전으로 인해 우리는 다양한 정보를 수집, 기록, 관리 할 수 있는 수단을 부족하지 않게 확보하고 있다. 마음만 먹으면 에버노트 같은 프로그램을 통해 인생을 관리할 수 있는 수단을 갖추고 있다. 그럼에도 어쨌거나 인간의 사고는 기본적으로 언어로 유지된다. 시대가 발전하여 매체가 다양해졌지만 언어의 중요성이 지나치게 간과되어서도 안 될 것이다. 전자두뇌가 보편화되어 인간이 이진법으로 사고하기 전까지 우리는 문자와 언어의 중요성을 소홀히 하지 않아야 한다. 완벽하지 않은 인간의 역사를 있는 그대로 기록하고 이를 통해 실수를 맞이하고 반성하여 보다 진보할 수 있는 디딤돌을 후손들을 위해 마련해 나가야 한다. 적극적으로 기록으로 남겨서 지혜의 재료를 마련하여 반성하며 나아가는 개인, 기업, 민족만이 그들의 삶의 기반이 되는 사회 공동체의 꽃을 피울 수 있다. 기록은 시스템의 시작이자 끝이라고 할 수 있다. 성문화(成文化)는 그야말로 시스템의 꽃이다.

02 문화는 시스템의 DNA
보이지 않는 문화가 시스템을 지배한다

문화란 무엇인가? 다양한 정의가 있지만, 간단히 정의하자면 문화란 특정 집단 안에서 공유되고 있는 가치관과 행동양식이라고 할 수 있다. 문화는 겉으로 드러나지 않는 한 집단의 총체적인 정신 양식이다. 대체로 공동체 구성원들은 자신의 문화에 대해 구체적으로 인지하기 어렵다. 그것은 마치 한 개인을 지배하고 있지만, 의식하기 어려운 무의식과도 같다. 문화는 다른 문화권의 타자들과 조우해야만 비로소 그 모습이 드러난다. 문화는 알게 모르게 구성원 전체의 행동양식을 뿌리 깊이 지배하고 있으며, 한번 자리 잡힌 문화는 쉽게 변하지 않는다. 문화는 결코 의도적으로 조작할 수 없지만, 할 수만 있다면 초기에 집단의 목적에 맞는 유연한 문화 DNA를 구축할 수 있어야 한다. 문화는 사회 시스템 전반에 공유되고 있는 정서이며 이는 시스템의 DNA와 같다고 할 수 있다. 문화는 유전자처럼 초기 형성과정에서 자리 잡아 한번 형성되면 변하지 않는 경우가 많다. 문화의 형성 과정 초기에 잘못된 문화가 정착되면 사회 시스템을 지속적으로 불안정하게 만든다. 어떤 문화가 우월한지 특정할 수는 없지만 조직을 반목하고 갈등하게 만들 문화라면 차라리 초기에 바른 문화를 제대로 잡을 수 있어야 한다고 생각한다. 인간의 양육 과정에 있어서 유아, 아동 시절의 교육이 중요한 이유는 초기에 형성된 습관, 행동 양식, 사고관, 취향, 태도가 그 사람의 전반적인 삶을 지배하기 때문이다. 후천적인 노력으로 어린 시절 형성된 가치관, 취향, 태도를 변화시킬 수도 있겠지만 한번 길들여진 습관을 제거하기 위해서는 필요 이상의 노력이 따른다. 세 살 버릇 여든까지 간다는 속담은 선조들의 뛰어난 행동학적 통찰이다.

특히 문화는 기업에서도 대단히 중요한데, 기업문화를 통해 올바른 가치를 추구하고 직원들 간의 의지를 모아 시너지를 발휘할 수 있는 토양이 된다. 기업의 문화는 초기 창업자의 비전과 성향, 경영 태도에 따라 몇 세대에 지속되어 영향을 미친다. 국가도 처음부터 문화를 형성한 사례가 있다.

미국은 그 나라 선조들의 자발적인 개척으로 건국되었다. 미국의 선조들은 영국에서 벗어나 머나먼 아메리카 땅으로 가서 그들만의 공동체를 만들었다. 모험의 정신으로 탄생한 미국의 문화 DNA는 수백 년이 지나도 살아남아 미국이라는 나라를 진취적이고 모험적으로 이끌어 나간다. 『경영은 시스템이다』의 저자 잠쉬드 가라제다지는 문화에 대해서 아래와 같이 말한다.

시스템은 혼란에서 질서를 창조한다. 생물학적 시스템은 주로 유전적 코드를 통해서 자기조직화를 이루는 반면, 사회적 시스템은 문화적 코드를 통해서 자기 조직화를 이룬다. 사회적 시스템의 DNA는 바로 문화이다.[xxv]

사회적 시스템의 DNA는 바로 문화이며, 문화적 코드를 통해서 자기조직화를 이뤄나가는 가라제다지의 통찰은 시스템에 있어서 문화의 역할을 탁월하게 통찰한 결과라고 생각한다. 사회적 시스템은 생명체의 유전적 코드와도 같은 문화적 코드를 활용하여 지속적인 자기조직화를 이루고 사회시스템을 형성해나간다. 고로 초기 형성된 문화 DNA가 합리적이고 건설적이면 그 시스템은 지속적인 자기조직화를 통해 선순환적인 발전을 이뤄갈 수 있다.

국민은 우리 사회에 만연한 부정부패와 무능한 정치를 비난하며 왜 대한민국은 도덕적이고 헌신적인 지도자가 나오지 않는가 한탄한다. 그러나 기대만큼 사회는 쉽게 변하지 않는다. 다소 도전적인 발언이 될지도 모르겠지만 진정으로 우리 사회가 깨끗하고 합리적이지 않은 이유는 어쩌면 부패하고 무능한 지도자만의 탓이 아닐지도 모른다. 그들의 부패와 무능을 탓하기 이전에 그들에게 투표하고 그들을 지지하는 우리의 정신적인 문화 전체를 뒤돌아봐야 할지도 모른다. 우리는 사익을 챙기는 지도자를 욕하면서도 여전히 그들의 모습이 자신의 모습인 양 부패를 용인하곤 하는 우리 안의 그 어떤 문화적 코드를 성찰해야 한다. 겉으로는 정의와 다양성을 부르짖으며 기득권을 욕하지만 우리의 내면에서는, 어쩌면 그들의 권위를 부러워하고 기회가 있으면 그들과 함께 부와 명예를 얻으면 부정부패를 서슴없이 저지르고 약자들에게 호통치며 편안하게 살고 싶다는 약은 정신이 내면 속에 무거운 기둥처럼 자리 잡고 있을지도 모른다. 부정하든 부정하지 않든 우리도 모르는 사이에 그런 문화가 내면에 자리 잡고 있고, 그러한 문화적 정신이 사라지지 않는다면 우리 사회는 여전히 쉽게 변하지 못할 것이다. 우리 손으로 뽑은 지도자들은 우리가 가지고 있는 평균적이고 종합적인 문화적인 수준에서 탄생한 결과물일지도 모르기 때문이다.

부패한 자들이 득세하는 것이 단순히 국민 모두가 공유하는 문화적 정서 때문만은 아니겠지만, 깊이 성찰해볼 문제이다. 문화강국론을 주창했던 김구 선생의 기사를 아래에서 읽어보고 공감되어 함께 생각해 보도록 하자.

「나는 우리나라가 세계에서 가장 부강한 나라가 되기를 바라지 않는다. 우리의 부는 우리 생활을 풍족히 할 만하고, 우리의 힘은 남의 침략을 막을 만하면 족하다. 오직 한없이 가지고 싶은 것은 높은 문화의 힘이다. 문화의 힘은 우리 자신을 행복하게 하고 나아가 남에게도 행복을 주기 때문이다. 나는 우리나라가

남의 것을 모방하는 나라가 되지 말고 이러한 높고 새로운 문화
의 근원이 되고 목표가 되고 모범이 되기를 원한다.」
(…) 남의 것을 모방하지 않고 우리 스스로 세운 우리 고유의
문화 속에 담긴 자랑스러운 한국 문화의 아름다움이 다른 세계
시민들과의 교류 속에서 전파되고 이들이 한국으로 말미암아
행복을 체험하게 된다면 한국은 초일류 국가라는 것이다.[xxvi]

그러나 문화는 나치즘, 파시즘과 같은 전체주의적인 맥락으로 악용되
기 좋은 먹잇감이다. 실제로 히틀러가 독일의 지배를 위해 문화를 강조
했던 것은 지금까지의 이야기와 맥락을 달리하지 않는다. 문화는 한 집
단의 정서를 지배하며, 따라서 집단을 차지하기 위한 가장 효과적인 방
법은 문화를 조작하는 것이다. 페리클레스와 같은 훌륭한 민주적 지도
자들도 문화를 강조하지만, 히틀러와 같은 지독한 독재자들도 문화를
강조하며 시민들의 정신을 개조하고자 한다. 문화도 문화를 추구하는
그 행위 자체에 문제가 있는 것이 아니라 어떤 문화를 추구하느냐에 따
라 조직의 번영이 궤를 달리하는 것이다.

시스템에 대한 오해를 막기 위해 누차 말한 것처럼, 문화에도 전체주
의적이고 폭력적인 문화가 있다. 어느 문명을 돌아보더라도 행복하고
발전적인 공동체가 존재했던 문화 코드의 핵심 요소는 다양성이 존중되
어 개성이 자유롭게 피어나는 사회였다. 공공선을 위하는 목적론적인
문화가 개별성을 인정하는 문화와 배치되지도 않는다. 개별성을 바탕으
로 자발적인 연대 의식을 형성하는 문화야말로 우리 사회가 진정으로
꽃피워야 할 문화이다.

문화는 중요하지만 반대로 다양성을 인정하지 않고 필요한 순간
에 변화하지 못하는 것은 억압적이고 폭력적으로 흘러간다. 반
대로 너무 급격한 변화는 그 반발작용이 사회에 크나큰 후유증
을 남긴다. xxvii)

문화는 개개인의 세포 곳곳에 숨어 있는 정신이자 DNA이다. 문화는
구호가 아니다. 구호는 구호고 캠페인은 캠페인이다. 구호와 문화는 다
르다. 문화는 개개인의 뼛속, 세포 깊숙이 스며든 정신이다. 한 개인에게
도 문화라고 부를 만한 능력이 있다. 바로 인품이고 인격이다. 많이 배
웠거나 돈이 많다고 아무나 갖출 수 없는 한 개인의 문화적 능력이다.

인품은 한 사람의 태도와 행동, 겉모습에서 우러나오는 전체적인 아
우라다. 이것은 아무리 많은 돈을 주거나, 지식을 쌓는다고 단숨에 얻을
수 있는 종류의 것이 아니다. 자신의 운명을 이해하고, 자신답게 살아가
며 공존의 미학을 아는 자들에게서 발견되는 것이 바로 이러한 인품이다.

문화가 제대로 자리 잡지 못하면 공허한 구호나 강제적인 규정 따위
는 의미가 없다. 개인의 자존감과 자부심 그리고 사람들 사이에서 공유
되는 독특한 개성과 윤리가 문화의 개별적 요소이고 시스템을 지배하는
DNA이다. 성문화(成文化)에 대해서 강조했지만 아무리 훌륭한 법률 체
계를 가졌다 해도 힘이 있는 통치자들이 이를 무시하고 피지배자들을
억압한다면 문서화된 법률은 무력해진다. 나아가 구성원이 초 규범적
작태를 당연하게 용인하는 문화라면 그 집단의 미래는 더욱더 보잘것없
다. 지금 대한민국은 개인의 개성, 자유와 창의에 대한 존중, 나아가 서
로서로 배려하는 태도를 바탕으로 공존의 가치를 전 구성원이 공유하는
문화 코드가 필요한 시점이다.

03 행동은 시스템의 근본: 시스템은 행동에서 완성된다

행동하는 것, 활동하는 것이야말로 진정한 시스템의 완성이다. 아무리 인간의 존엄을 외치고, 개인의 자유를 외치는 법이 존재한다고 하더라도 이에 전혀 영향받지 않고 법과 관계없이 자의적으로 행동하는 개인들이 넘쳐난다면 시스템은 아무런 쓸모가 없다. 아무리 화려한 비전과 미션을 말하고 치밀한 생산계획을 세우더라도 노동자들이 그에 맞춰 일하지 않는다면 그러한 생산계획은 아무런 쓸모가 없다. 아무리 치밀하고 체계적인 계획을 세운 시간표도 그에 맞춰서 공부하지 않는다면 그러한 시간표는 아무런 쓸모가 없다. 모든 시스템은 행동에서 완성되기 때문이다.

본서에 기록된 글도 그저 하나의 문자에 불과하다. 아무리 당위성을 갖춘 이야기를 펼쳐가더라도 행동으로 이어지지 않는다면, 그것은 단순히 멋진 계획에 불과하다. 한낱 구호나 이념에 그치고 만다. 인간이 주도가 되어 움직이는 조직시스템, 사회 시스템에서 가장 중요한 것은 결국 행동이다. 완벽한 계획과 시스템의 설계도 구성원들이 그에 맞춰서 실천되지 않는다면 무기력한 이론으로 남을 뿐이다. 선한 생각과 열정 넘치는 꿈, 완벽한 계획은 아직은 꽃 피지 못한 씨앗에 불과하다. 모든 사회체계의 완성은 인간의 행동이다. 꿈과 계획과 설계가 없더라도 일단 행동이 존재한다면 시스템은 얼마간이라도 유지되고 운영될 수 있다. 계획은 그 이후 차츰 세워도 무방하다. 하지만 아무리 멋진 꿈과 계획이 있어도 행동하지 않는다면 가치가 없는 것과 마찬가지이다. 말과 글도 결국 행동을 촉구하는 것이고 우리 삶에 직접적으로 연관되는 실천적인 삶으로 연결되기 위한 수단이라고 생각해야 한다. 우리 삶과 완전히 동떨어진 사변적인 사유와 형이상학적 고민들도 인간의 지성을 발전시킬 때가 있지만 지나치게 우리 삶과 괴리되는 순간 우리가 발 딛고 있는 현재의 세계를 무시하고 결과적으로 형이상학적 사유를 할 수 있는 기반조차 사라지고 말 것이다. 말과 글을 통해 우리가 궁극적으로 추구해야 할 것은 '지금 그리고 여기서'에서 우리의 마음을 변화시켜 행동과 실천으로 이어지게 하는 것이다. 그런데 왜 사회, 공동체, 국가 내에서 행동을 촉구하고 행동을 지시하는 법, 규율, 매뉴얼 등은 현실적인 실천 과정에서는 아무런 쓸모가 없는 문자로 전락해버리는 경우가 많을까? 국가는 법을 만들고, 위기나 재난 시에 대응하는 매뉴얼을 만든다. 회사는 직원의 행동을 촉구하도록 회사 지침을 만들거나 강령을 만들어 변화를 촉구한다. 한 개인도 자신의 삶의 변화를 일으키기 위해서 개인적인 비전과 목표를 수립하고 계획표를 만든다. 하지만 왜 그것이 계획했던 바대로 흘러가지 못하고 그저 의미 없는 문자 덩어리에 그치고 마는 것일까? 그로 인해 법, 규율, 매뉴얼, 계획의 무용론, 나아가서는 시스템의 무용론까지 흘러가 버리는 것일까?

근본적인 이유는 인간의 실천과 행동을 고려하지 않은 전시행정, 탁상행정에 비롯한다고 생각한다. 인간의 최종적인 실천 과정과 행동을 전혀 고려하지 않고 계획을 위한 계획, 문자를 위한 문자에 불과한 행동 지침에 그쳤기 때문이다. 이를 해소하기 위해서 필자는 크게 '현장', '훈련과 반복'이라는 키워드를 중심으로 진정으로 행동·실천·결과를 위한 계획과 시스템의 설계가 필요하다는 사실을 촉구하고자 한다.

인간의 행동으로 이어지기 위한 시스템, 계획의 가장 중요한 첫 번째 고려사항은 바로 '현장'이다. 기술 발전의 초입 단계에서는 한 개인이 모든 설계, 계획, 제작, 유통까지 담당했지만 기술이 발전하고 사회가 다변화되면서 개인의 역할은 모두 분업화되었다. 거칠게 말하면, 개인의 역할은 사무직과 현장직이라는 분류로 분업화되었다. 이는 제조업, 경영, 행정, 정치, 교육, 입법, 창작과 같은 다양한 영역에서도 드러난다.

예를 들어 농림부에서 행정을 담당하는 행정가가 사무직이라고 본다면 실제로 농촌 현장에서 일을 하는 농민들은 현장의 주인이 된다. 입법에 있어서도 국회의원들이 시스템의 계획과 설계를 담당하는 사무직이라고 한다면 실제 삶의 현장에서 살아가고 있는 국민들이 현장의 주인이라는 의미이다. 그런데 현장과 괴리된 사무직들은 점점 자신이 무엇을 위해 일하고 있는지 방향을 잃어버리고 문자를 위한 문자, 계획을 위한 계획에 종사하는 경우가 많아졌다. 사무에 종사하는 시스템의 설계자들은 현장을 보지 못하므로 진정으로 필요한, 그래서 그들이 직접 몸으로 부딪히고 느끼는 과정에서 발생하는 문제와 필요성을 전혀 느끼지 못하게 되어 버린 것이다. 현장 사람들의 편의성과 직원의 하위문화를 전혀 고려하지 않은 IT 시스템들이 도입되는 것은 모두 전시 행정 산물이다. 이로 인해 결과적으로 돈과 시간의 낭비를 초래할 뿐만 아니라 현장 사람들의 활력마저도 잃어버리게 한다.

국민의 삶이 어떻게 돌아가는지, 국민들에게 진정으로 필요한 것이 무엇인지 전혀 고려하지 않은 법과 행정은 국민의 혈세만 낭비와 행정과 사법의 비효율만을 초래한다. 실제 위기 상황을 전혀 고려하지 않은 전시 행정적 위기 대처 매뉴얼은 대형 재난 앞에서 무능하고 안타까운 결과만을 초래한다. 개인의 생활 패턴이나 성향을 전혀 고려하지 않고 하루 종일 '공부'로 가득 채운 계획표는 절대로 달성되지 않는다. 계획대로, 시스템대로 현장에서 적용되지 못하는 이유는 실제 현장을 고려하지 않는 자들의 주관적 판단에만 입각했기 때문에 발생하는 문제이다. 모든 행위는 펜을 굴리는 관리조직이 아니라 결과가 일어나는 현장에서 완성된다. 뛰어나다고 자부하는 경영진들이 화려한 시스템 플랫폼과 전략을 구상해도 결국 그 작업을 수행하는 대상은 실무진과 현장에 있는 사람들이다. 현장을 무시하고 관념에만 빠진 정책과 계획은 반드시 실패한다. 그리고 대체로 실패의 책임은 계획자가 아니라 현장에서 일하는 실무진과 현장 사람들에게 돌아가기 일쑤다. 진정으로 행동을 촉구하는 시스템이 만들어지기 위해서는 자신들의 특권이나 권위를 내려놓고 철저하게 현장으로 내려가 현실을 있는 그대로 직시하고 실무진과 현장 사람들과 적극적으로 소통하는 민주적인 과정에서 가능하다. 현장과 현실을 고려하는 유연한 개인, 조직, 국가만이 훌륭한 시스템을 만들어 나갈 수 있다. 계획된 시스템이 현장에서 제대로 이행되기 위해서는 훈련과 반복이 중요하다. 머리로 이해하는 이론과 행동으로 이어지는 체화의 간격은 대단히 멀다. 우리가 달리기를 잘하기 위해서 운동 생리학을 익히는 것으로 충분하지 않다. 우사인 볼트는 운동 생리학에 대해서는 깊이 이해하지 못할지라도 단거리 육상에서 세계 최강자이다. 머리로 이해한다고 실제 상황에서 그것을 동일하게 할 수 있다는 생각은 대단한 착각이다. 앞서 강조한 '현장'을 고려한 훌륭한 매뉴얼이라고 할지라도 실무진과 실제로 행동을 해야 할 사람들이 평소에 그러한 행동을 반복된 훈련을 통해 몸으로 익혀두지 않았다면 실제 위급한 상황이 닥치거나 실제로 필요한 현장의 과정에서 제대로 발휘되지 못하는 것이다. 뻔하고 당연한 소리라고 생각할지도 모르지만 불변의 진리를 과연 우리 사회, 기업 그리고 나라는 사람이 제대로 실행하고 있는지는 생각해 볼 문제이다. 인간이 주체가 되는 시스템은 지루하고 고되지만 반복되는 훈련을 통해서 진정으로 고유한 습관과 문화로 정착시킬 수 있는 것이다. 그것이 비록 사소한 분야나 영역이라고 할지라도 자신만의 개성과 일가를 이룰 정도의 능력을 구축한 개인, 조직, 국가는 그들이 세운 계획과 신념을 지루하리만큼 꾸준히 반복하고 실천한다. 이러한 반복적인 실천을 통해서 신념과 행동이 일치되며 그것을 하나의 인격과 문화로 승화시킬 수 있었기 때문에 자신만의 일가를 이룰 수 있게 된다. 화려하고 대단한 계획은 아닐지라도 그것을 꾸준하게 반복적으로 실천하는 사람과 조직이 어쩌면 일류조직으로 거듭나는지도 모른다.

이러한 반복과 훈련의 중요성과 통찰을 촉구하기 위해서 한국 사회에서 반복되고 있는 국가적 재난을 이야기해보아야 한다고 생각한다. 슬프고 안타까운 일이지만 왜 계속적으로 이러한 일이 반복되고 있는지 재난학 연구소장 KAIST 박희경 교수가 기고한 신문 기사를 인용해보고자 한다.

> 시스템이 설계한 대로 작동하려면 훈련이 중요하다. 전술과 기술은 몸으로 익혀야지 머리로 익혀서는 경기에 바로 쓰지 못한다. 근육이 기억하고 있어야 필요한 순간에 동작이 나오는 것이다. 그래서 땡볕, 혹한에 관계없이 매일 훈련을 한다. 재난 상황에서는 순간적으로 판단하고 행동해야 한다. 근육이 기억하고 있어야 가능한 것들이 많다. 해양안전심판원 보고서는 훈련이 없었음을 지적하고 있다. 훈련 및 대비를 시키지 않은 것은 감독인 정부의 책임이 분명하다.
>
> (…)
>
> 유기적으로 협력한다는 것은 정부가 안전을 위해 안내하는 대로 따르는 습관을 '죽어라 하고' 반복 훈련하는 것에서 출발한다. 단순하지만 안전 문화를 정착시키는 필수적인 요건이다.xxviii)

위의 내용처럼 계획과 시스템이 행동으로 이어지기 위해서는 머리가 아니라 몸과 근육이 기억할 만큼 '죽어라 하고' 반복하는 독한 훈련의 반복이 필요하다. 당연한 내용이지만 우리는 항상 새롭고 자극적인 일과 자본과 관련된 일에만 관심을 치중하며 정작 가장 근본적으로 갖춰야 할 태도를 잊고 지내고 있는 것은 아닌지 고민해 보아야 할 일이다.

새롭고 참신한 일을 시도하고 결과적으로 돈도 잘 벌고 훌륭한 일을 하기 위해서는 이와 같은 기본적인 태도와 습관, 행동의 양식이 완벽하게 자리 잡혀 있어야 한다. 기본기 없이 쌓아가는 성은 사상누각이자 'House of Card'에 불과하다.

물론 모든 환경과 시스템을 완벽하게 구축하여 일을 진행할 수는 없다. 공부를 하거나 책을 쓰거나, 운전을 할 때, 기업을 운영하거나, 국가 체계를 수립할 때도 마찬가지다. 전지전능한 신처럼 시스템의 A to Z를 모두 완성하고 행동할 수는 없는 노릇이다. 그렇다고 무작정 뛰어들 수도 없다. 체계가 운영되기 위해서는 기본적인 설계와 계획은 요구된다. 이러한 문제는 개별적이라 구체적인 상황마다 필요한 계획수립과 행동의 균형점을 찾아야만 한다.

중요한 점은 사고와 관념에만 머물러서는 발전할 수 없다는 것이다. 사회 시스템은 인간이 직접 온몸으로 밀고 나갈 때 비로소 완성되는 것이다. 그래서 나는 행동파 시스템주의가 필요하다고 생각한다. 완벽주의 함정에서 벗어나기를 바란다. 우리는 모두가 완벽해지려는 욕심 때문에 완벽하게 실패한다. 완벽한 계획을 세우고, 완벽하게 행동하려고 하다 보니 완벽하지 못한 시스템에 실망하며 더 이상 행동하기를 주저한다. 그러나 기억해야만 한다. 세상은 결코 완벽하게 돌아가지 않기 때문에 우리는 완벽을 추구할 뿐이라는 사실을. 완벽한 사람, 완벽한 순간, 완벽한 기회는 없다. 이를 인정하고 행동하기에 주저하지 말자.

완벽주의를 경계하자. 글쓰기를 할 때에도 모든 얼개를 갖추고 글을 쓰기는 어렵다. 대략의 방향을 짜고 자신의 생각을 모두 쏟아내는 것이 중요하고 필요할 때마다 얼개를 다시 구축하고 세우면 된다. 시험공부도 마찬가지이다. 시험공부의 본질은 정리가 아니라 지식을 습득하여 점수를 받는 것이다. 사업이나 기타 업의 맥락도 마찬가지이다. 처음부터 모든 것을 갖추고 시작할 수는 없다. 태어나서 죽을 때까지 완벽한 계획을 어릴 때부터 설계하고 죽을 때까지 그대로 살아간다면 인생이 얼마나 완벽하겠는가? 공자의 말처럼 나도 30살에 이립하여 정체성을 찾고 꿈을 완벽히 설계한다면 앞으로 방황하지도 않을 것이다. 그러나 삶은 좌충우돌하는 방황 속에서 피어난다. 그 속에서 자신이 하고 싶은 일을 발견할 수 있는 기회가 숨겨져 있다. 무엇이 나의 진짜 삶이 될 수 있을지 매번 생각만 하고, 완벽한 계획만 세우는 사람은 절대로 그 길을 찾을 수 없다고 생각한다. 때로는 효율을 포기하고, 선입관을 버리고 감정과 열정이 이끄는 대로 살아 볼 필요가 있다고 생각한다. 그러는 과정에서 무수한 생채기가 남겠지만 내가 올라가야 할 산을 제대로 발견할 수 있는 게 인생이라고 생각한다. 완벽한 계획과 삶의 규율을 어릴 때부터 찾는 일도 훌륭하지만 그것이 나의 진짜 모습을 발견하는데 발목을 잡아서는 안 된다고 생각한다. 그러한 까닭에 본서에서 완벽주의가 아닌 행동하는 시스템주의자를 주창하는 것이다.

정리하면 우리는 사무와 현장, 계획과 실천이 괴리된 채로 시스템을 설계하는 경우가 많다. 이를 개선하기 위해서 계획자, 입안자, 설계자들은 늘 현장과 소통하고 실제 현실을 반영하기 위해서 노력해야 한다. 또한 훌륭하게 설계된 계획을 실현하기 위하여 몸이, 근육이 기억할 수 있도록 체화하는 반복 훈련의 과정을 역설하였다. 나아가 계획이 필요한 것은 사실이지만 완벽한 계획은 없고, 끊임없이 변화하고 불확실한 시대에 살고 있는 만큼 지나치게 계획에만 집중하는 완벽주의자의 자세를 버리기를 촉구한다.

04 시스템의 두뇌, 컨트롤 타워
이를 중심으로 조직화하는 시스템

언젠가 유방이 한신에게 "내가 지휘할 수 있는 병력 규모는 어느 정도인가?"라고 물은 적이 있다. 한신은 몇십만 명이라고 대답했다. (…) "저는 병력의 수와 관계없이 모두 지휘할 수 있습니다." 유방이 화가 날 법하다. 그래도 화를 꾹 참고 물었다. "자네는 장수의 능력이 나보다 뛰어난데, 왜 내 밑에 있는가?" 또다시 한신은 거침없이 말했다. "주군은 황제의 능력을 갖추셨습니다. 그러니 제가 병사를 많이 지휘할 수 있다 해도 주군을 뛰어넘지 못하는 것이옵니다." xxix)

지도자는 전지전능한 신도 아니고 권력으로 제압하는 절대자도 아니다. 지도자에게 모든 것들을 다 잘하기를 요구하는 것은 불가능하다. 하지만 마땅히 해야 할 일은 있다. 지도자는 시스템 전체를 관망하며 큰 그림을 볼 수 있어야 하고 이것이 옳은 방향인지 아닌지 판단할 수 있어야 한다. 구성원들의 의견을 결집하고 문제가 발생할 때 중심이 되고, 흔들림 없는 제어자가 되어야 한다. 그리고 결집된 의견과 판단에 따라 실무진들이 세부적인 절차에 따라 성공적인 결과를 만들어 줄 수 있도록 끊임없이 그 토양을 만들어야 한다. 그것이 내가 생각하는 지도자의 모습이다.

세상의 다양한 문제 해결방식이 민주화되어 가고 있고, 평등이 보편화되어 가고 있는 시대의 패러다임 속에서 추세와 동떨어지는 이야기하고 있다고 비판받을지도 모르겠다. 그러나 필자는 사람마다 가지고 있는 욕망, 에너지, 열정, 능력, 매력에는 반드시 차이가 나기 마련이며 그로 인해 우리 사회 문제를 보다 능동적이고 적극적으로 해소하고자 하는 사람은 반드시 나타나기 마련이라고 생각한다.

한국 사회는 지도자나 리더십에 대해 다소간의 거부감이 있는 것이 사실이다. 국가의 대표적인 리더라고 할 수 있는 정치인에 대한 혐오와 정치에 대한 무관심이 리더십에 대한 거부감을 드러내는 대표적인 현상이다. 현대사에서 한국의 정치 지도자들은 근본적으로 우리 사회의 문제를 해결해 온 적이 없으며 대체로 정치인들은 국민과 사회의 안전과 번영보다 사익과 권력 창출에만 골몰해왔다고 느끼는 것이 보편적인 국민감정이다. 그러나 이러한 무관심과 혐오가 오히려 자신의 안위만을 생각하고 사익에 집중하는 사람들에게 권력창출의 기회를 활짝 넓혀주는 행위라는 안타까운 사실도 함께 생각할 필요가 있다. 국민은 모두 법 앞에는 평등하다. 그러나 실질적으로 평등한 공동체에 살고 있는 것은 아니다. 더군다나 각자의 능력은 반드시 차이가 나기 마련이다. 사회에서 필요로 하는 개인의 능력에 분명한 차이가 존재한다는 사실을 부정하기는 어렵다. 그렇다면 차라리 이러한 차이와 능력을 보다 긍정적으로 승화시키기 위한 공동체를 세워야 한다. 그리고 능력과 자질을 갖춘 사람의 조건이 무엇인지, 훌륭한 리더십이란 무엇을 말하는지 깊이, 공개적으로 합의해가는 과정이 필요하다. 정치와 리더십을 거부하지 말고 더 나은 공동체를 꿈꾸며 진정한 리더십에 대한 진지한 합의를 형성해가야 한다. 플라톤은 자신은 이상국가론에서 국가 구성원을 통치자(철학자), 수호자(군인), 생산자(민중)로 나누어 각자의 계급과 직책에 맡은 바 임무를 잘하는 것이 미덕이라고 하였다. 현시대에 플라톤의 말을 액면 그대로 해석하면 매우 위험하다. 플라톤은 계급론을 긍정하고 있기 때문이다. 플라톤의 생각을 시대에 맞춰 의미 있게 해석 보자면 우리 사회에 필요한 것은 차별이 아니라 차이를 인정하는 정신이다. 차별이 아니라 차이를 인정하고 체제에 반영하는 일은 반드시 필요하다고 생각한다. 태생적으로 권력의 에너지와 능력을 강하게 가지고 태어난 사람도 있고, 사회체제에 순응하며 살고자 하는 수동적인 사람도 있다. 사람이 많이 따르는 사람도 있고 무리 지어 사는 것을 좋아하지 않는 사람도 있다. 이들 모두 옳다. 자신만의 성향일 따름이다. 좋은 사회는 이것이 차별로 흘러가도록 내버려 두지 않는다. 권력의 에너지들이 좋은 방향으로, 사회를 공진화시키는 방향으로 분출되도록 유도한다. 권력 에너지가 공진화되는 사회 시스템을 구축되기 위해서는 먼저 이 땅에 정의가 수립되어야 한다. 나아가 사회 구성원들이 독자적으로 판단하고 생각할 수 있는 일정 수준의 교육을 필요로 한다. 현재와 같은 대의 민주주의 시스템이라면 국민 모두가 통치자가 되는 것은 불가능하지만 적어도 훌륭한 감시자는 될 수 있어야 한다. 지도자와 실무자의 역할은 엄연히 다르다. 이는 지배계급을 옹호한다는 생각과는 다르다. 앞서 말했듯이 차별의 관점이 아니라 차이의 시선으로 현실적인 문제 해결책을 찾아야 한다. 지도자는 사회의 다양한 문제를 건설적이고 훌륭하게 해결하는 컨트롤 타워가 되어야 한다. 다소 노골적인 표현이지만 지도자에 대해서 '수뇌부(首腦部)'라고 표현하는 개념에는 부정할 수 없는 함의가 있다. 우리 몸도 전체를 관장하는 두뇌라는 컨트롤 타워로 조직화되어 있듯이 사회도 지도자를 중심으로 이루어지는 사회 시스템이라는 사실을 기억해야 한다. 대체로 멸망하거나 위기에 대처하지 못하는 조직은 컨트롤 타워가 존재하지 않거나, 있어도 제대로 작동하지 못하기 때문이다. 건강한 사회를 구축하고 위기에 대처하기 위해서는 현명하고 조직적인 능력을 갖춘 컨트롤 타워가 존립하고 있어야만 한다. 컨트롤 타워는 곤충의 세계에도 존재한다. 여왕개미나 여왕벌이 그러하다. 곤충보다 훨씬 복잡한 사회구조를 가지고 있는 인간은 말할 것도 없이 컨트롤 타워가 필요하다. 컨트롤, 제어한다는 것은 필연적으로 힘을 가지게 되는

데 권력 남용에 대한 폐단을 막기 위해서 다양한 견제 시스템이 되어야만 한다. 항상 정의롭고 유능한 대표자나 대표기구가 나올 수 없기 때문에 사회는 점점 이를 견제하고 보완할 수 있는 방향으로 진화해 나간다.

이런 점에서 아무리 차별이 아닌 차이의 중요성을 강조해도 필자가 통치계급을 인정한다는 시각은 벗어날 수도 없다. 그렇다. 모든 민중이 완전히 민주화되어 아나키즘의 시대가 오지 않는 한 나는 실질적으로는 계급이 사라질 수 없고, 누군가는 이 체제를 통치해야만 한다고 생각한다. 그러나 뇌가 가장 중요하다고 하여 뇌는 손이나 발을 핍박하지 않는다. 뇌는 스스로 할 일을 심장에게 떠맡기지 않는다. 뇌는 다른 장기들이 생존이란 생명의 목적을 잘 유지할 수 있도록 죽을 때까지 조화시키며 살아갈 수 있도록 노력한다. 그래서 필자는 컨트롤 타워, 리더, 대통령과 같은 지배자 존재 자체를 긍정하는 편이며 그들이 존재하지 하지 않는 세상을 꿈꾸기 이전에 좋은 리더가 세상을 지배할 수 있도록 사회를 설계해야 한다고 생각하는 편이다. 히틀러 같은 인간을 보며 지도자는 쓸모없다고 말할 게 아니라 어떻게 하면 링컨 같은 지도자를 대중들이 알아볼 수 있고 그런 사람이 지도자가 될 수 있는 환경과 문화를 조성할 수 있는지 알고 싶다.

애플에 복귀한 스티브 잡스는 회사를 완전히 변혁시켰다. 한 사람의 힘이 얼마나 위대할 수 있는 잡스는 몸소 증명하였다. 그러나 나는 스티브 잡스가 전지전능한 인간이라고 생각하지 않는다. 그는 워즈니악 같은 기술력을 갖추지도, 조너선 아이브와 같은 디자인 능력을 갖추지도 못했다. 그러나 우리는 잡스가 실로 우연하게 애플을 혁신한 게 아니라는 것을 안다. CEO의 역할은 조직원에게 자신의 거시적 감각과 통찰력으로 정확한 방향을 제시하고 직원들 정신 안에 잠들어 있는 가능성들을 일깨워 주는 미시적인 섬세함이 필요한 사람이다.

독일의 뢰브 감독, 맨체스터 유나이티드의 무리뉴 감독, 한국을 빛낸 히딩크 감독은 모두 한 가지 공통점을 가지고 있다. 그들은 모두 관심받지 못한 선수 시절을 경험한 감독들이다. 뛰어난 감독과 뛰어난 선수의 역할은 분명한 차이가 있다. 역할의 차이를 먼저 인정하는 사회가 될 때 우리는 뛰어난 지도자가 나오는 환경을 모색할 수 있다. 경영학의 창시자라고 할 수 있는 피터 드러커는 작금의 유기적 시스템을 예견하며 그러한 훌륭한 시스템은 조화로운 교향악단과도 같다고 생각하였다. 훌륭한 지도자란 유기적인 교향악단을 훌륭하게 조직화하는 역할을 가진 사람이다.

> *전통적 기업 조직은 군대를 모델로 하여 만들어졌다. 반면에 정보 중심 시스템은 교향악단과 훨씬 더 많이 닮았다. 모든 악기의 연주자는 같은 악보를 보고 연주한다. 그러나 각각 연주하는 부분은 다르다. 그들은 함께 하나의 작품을 연주하긴 하지만, 같은 음을 연주하지는 않는다.* xxx)

경쟁력 있는 조직이 되기 위해서는 다양한 인적자원들이 유기적이고 조화롭게 조직되어야 한다. 세상 모두가 대통령이 되거나 모두가 농사일을 할 수는 없다. 계급을 인정한다는 의미가 아니다. 그러나 역할의 차이는 분명 존재할 수밖에 없다. 차이가 지속적인 차별을 생산할 때 사회는 부패한다. 이를 이용해서 일방적인 지배가 계속되면 조직은 붕괴한다. 건강한 사회란 차이를 인정하되, 차별을 지속적으로 제거해 나가는 사회다. 잘 설계된 사회적 역할과 재능과 개성에 맞게 공정하고 효율적으로 사람들을 포용할 수 있는 사회가 좋은 사회다. 그러나 앞으로의 세상이 당연히 그렇게 진보할 것이라고 믿는 것은 지나치게 순진한 생각이다. 개개인이 그런 사회의 중요성을 인식하고 공동체에 끊임없이 불편한 소리를 제시할 때 사회는 아주 조금이라도 변화하는 시늉을 해나갈 뿐이다. 따라서 일부의 목소리로 건강한 사회를 유지하는 것은 불가능하다. 이를 위해서 다수의 각성과 행동이 요구된다. 플라톤은 말했다. 정치에 무관심한 대가는, 자신보다 열등한 이들의 지배를 받는 것이라고.

아직까지 인류는 직접 민주주의의 이상을 실현하지 못했지만 적어도 대의제 민주주의로 인해 우리 손으로 직접 지도자를 뽑을 기회를 갖춘 사회는 만들었다. 우리 손으로 직접 정치 지도자를 뽑을 수 있는 기회가 주어져 있다면, 무능하고 사악한 지도자의 선택으로 인한 사회의 붕괴는 전적으로 지도자에게만 있다는 생각은 옳지 않다. 개개인 모두가 책임 의식을 가지고 보다 나은 사회를 구성하는 컨트롤 타워를 만들 수 있도록 촉구하고 행동해야 한다. 우리 각자에게는 모두 그런 힘과 기회가 주어져 있다.

05 공유된 정보체계는 지성적, 창조적 시스템의 기반
민주화된 공론의 장으로

하버드 비즈니스 리뷰는 데이터 사이언티스트를 두고 21세기 가장 섹시한 직업이라고 명명했다. 데이터 사이언티스트는 말 그대로 데이터를 분석하는 과학자다. 제대로 데이터를 분석하지 못하면 국가와 기업에 심대한 도전이 될 것이라는 게 공통된 의견이다. xxxi)

바야흐로 제2의 IT 혁명의 시대다. 90년대 후반 시작된 제1의 IT 혁명은 기술의 본격적인 도입에 따르는 작은 변화에 불과했다. 인공지능, 빅데이터, 클라우드, 증강현실 등을 기반으로 하는 제2의 IT 혁명은 인간의 삶을 보다 근본적으로 변화시킬 것이다. 미래학자 레이 커즈와일은 특이점(Singular Point)의 시대를 예언하며 2030년 즈음에는 기계와 인간의 구분이 사라지게 될 것이라고 예언한다.

이러한 IT 혁명의 가장 근본적인 재료는 바로 정보(Information)다. IT라는 단어도 정보기술(Information Technology)의 약어이다. 인공지능 기술도 인간만이 두뇌를 활용하여 조직화 된 정보의 방식을 컴퓨터로 구현하는 도구이고, 클라우드 기술도 곳곳에 흩어져 있는 정보를 효과적인 데이터망을 통해 관리하는 것이다. 증강현실 또한 2D에 갇혀 있던 시각적 정보를 실감나는 3D, 4D 기술로 전환하는 것이다. 그런 의미에서 하버드 비즈니스 리뷰는 정보를 장악하는 데이터 사이언티스트를 21세기 가장 섹시한 직업이라고까지 표현한다. 정보에 대한 중요성은 꾸준히 강조되어 왔지만 지금과 같이 대량의 정보를 수집하고 해석할 수 있는 기술을 가진 적은 없다. 스마트폰, SNS 등으로 말미암아 데이터, 정보의 증가 속도는 비선형적으로 가속화되고 있으며 사물인터넷까지 보편화되면 생산되는 정보량은 물리적으로 짐작하기 어려울 정도일 것이다. 이제는 이러한 정보를 가공할 수 있는 개인, 기업, 국가가 경쟁력을 갖출 것이다. 다양한 정보를 가공, 편집하여 힘을 갖출 수 있다면 진정으로 국민이 원하는 정치를 하고, 소비자가 필요로 하는 제품을 만들 수 있고, 나의 개성을 효과적으로 표현하여 설득력 있는 창작물을 만들 수 있을 것이다. 정보 그 자체는 단편적인 사실에 불과하며 높은 가치를 발휘하지 못한다. 정보는 해석, 편집되고 가공되어야만 한다. 그러나 이러한 정보는 다수에게 생산, 소비하는 공론의 장에서 그 가치가 극대화된다. 빅데이터의 시대에는 다양한 정보를 모든 개인이 민주적으로 공유하고 효과적으로 생산, 소비할 수 있는 광장을 필요로 한다. 이를 대비하기 위해서는 지성적, 창조적 시스템의 기반이 되는 공유된 정보체계를 설립해야 한다. 민주적인 통합적 정보 플랫폼을 구축하지 못한다면 제2의 정보혁명의 시대에서 뒤처질 수밖에 없다. 변화하는 시대를 받아들이지 못하고 폐쇄적 태도로 일관하다가는 좌절을 맞이할 수밖에 없다. 정보가 돈이 되고 힘이 된다면서 그것을 모두에게 공유하라는 메시지가 다소 모순일지도 모른다. 그러나 단편적인 정보 그 자체는 더 이상 아무 쓸모가 없다. 정보가 자유롭게 뛰어놀게 놓아두고 다양한 사람들의 생각이 부딪히면서 새롭고 유의미한 사상, 아이디어, 표현, 창작물, 기업모델, 정책, 법안 등이 튀어나오게 하는 놀이터와 같은 정보형성의 광장이 조성되어야만 돈이 되고 힘이 있는 정보가 생성될 수 있다.

정보의 창발성, 창조성을 이해하지 못하고 정보를 움켜지며 권력화하고 사유화하기만 한다면 장기적으로는 그러한 기득권도 유지되기 어려울 것이다. 정보 혁명으로 말미암아 '나만 살고 너는 죽는' 경쟁이 아니라, '네가 살아야 나도 살고, 내가 살아서 너도 사는' 화합의 시대가 다가올 것임을 받아들여야 한다.

지난 2014년 테슬라 모터스는 사내의 전기자동차(EV)와 관련된 모든 특허 기술을 공개하기로 결정하였다. 노력의 성취로 일구어낸 사내의 특허기술을 아무런 조건 없이 개방하는 것은 쉬운 결심이 아니다. 물론 이익을 추구하는 테슬라 모터스가 순수하게 기부를 하겠다는 생각은 아닐 것이다. 전기차 보급을 가속화하기 위해서 특허를 공개하겠다고 결심한 테슬라 모터스는 이번 조치로 인해 다른 자동차 제조사들이 자극을 받고 전기자동차 시장이 훨씬 더 크게 성장하기를 기대한 것이고 그로 인해 자신들도 성장하면서 파이가 성장한 시장에서 주도적인 입지를 마련하겠다는 전략일 것이다. 그럼에도 불구하고 특허 전면 공개라는 담대한 결정을 하는 것은 큰 뜻을 품고, 장기적인 미래를 낙관하지 않고서는 선뜻하기 힘든 결정이다. 이는 테슬라가 특허를 전면 공개하고서도 여전히 전기자동차 시장에서 선도적인 위치를 점할 수 있다는 자신감의 표현이기도 하며, 다양한 정보가 공개되고 융화되며 발전할 때 시장이 요동치며 성장할 수 있다는 믿음이기도 하다. 정보를 움켜쥐고 있겠다는 폐쇄적인 생각을 가지고서는 결코 하기 힘든 결정이다. 테슬라의 특허 전면 공개는 다양한 정보들의 부딪힐 때 피어나는 창발성의 시대에 부합하는 발상이자 결정이라고 생각한다.

정보는 통합된 영역에서 민주적으로 공개되고 모두가 이용하고, 생산할 수 있는 기회가 주어질 때 풍성하고 유익해진다. 쏟아지는 빅데이터는 소수의 일방적인 생산이 아니라 다수의 쌍방 생산에서 더 큰 힘을 발휘한다. 인간 두뇌 세포(뉴런)는 모두 평등하다. 두뇌 세포 사이에는 서열이 없다. 개인적으로는 영혼과 정신의 본질도 평등한 세포 하나하나가 효과적으로 연결되어 창발하는 결과라고 생각한다. 뇌의 구체적인 메커니즘은 발전한 현대과학에서도 여전히 미지의 영역인 부분이 많다.

그럼에도 분명한 것은 민주적이고 통합된 개별 뉴런들 간의 효과적인 소통이 우리 영혼이라고 믿고 있는 '소우주'를 창조한다는 점이다.

철학자 들뢰즈와 가타리가 공동 집필한 『천의 고원』에는 '리좀'이란 개념이 언급된다. 우리말로 뿌리줄기 정도로 번역될 수 있다. 일반적인 식물이 오직 한 개의 뿌리를 중심으로 해서 위계화되고 계층화된다면 리좀은 줄기가 뿌리처럼 땅속으로 파고 들어가서 뿌리와 줄기의 개념 자체가 모호해지는 상태를 의미한다. 뿌리들은 통일되거나 위계화되지 않고 온갖 방향으로 뻗어간다. 다양성과 이질성이 발생하고 새로운 접속과 무한한 창조를 은유한다.xxxii)

앞으로 빅데이터, 사물인터넷의 시대에는 모든 사물과 사람의 정보가 어우러지면서 민주적이고 개별적인 통합된 정보의 장에서 피어나는 정보의 통합, 융합, 창조의 시대가 될 것이다. 필자는 얼마나 걸릴지는 모르지만 궁극적으로는 다양한 분야에서 리좀과 같은 형태의 정보 생태계가 구축되어갈 것이라고 생각한다. '21세기는 들뢰즈의 시대'라고 미셸 푸코가 예언했던 것처럼 사상이나 철학, 정치의 영역만이 아니라 사회와 첨단 기술의 영역에서 리좀의 시대는 성큼 다가오고 있다.

리좀과 같은 정보 시스템을 떠올리게 만드는 정보 체계는 위키피디아가 대표적이다. 브리태니커 백과사전 같은 일방적인 정보 전달방식에서 탈피하여 모든 참여자들이 정보 형성에 기여하고 공유하여 주인이 된다. 하지만 여기서 주목해야 할 점은 위키피디아도 완전히 민주적인 시스템은 아니라 점이다. 위키피디아를 설립하고, 관리하고, 일부를 통제하는 소수의 관리자들이 있기 때문이다. 그리고 어쩌면 아무리 민주적인 정보화의 시대를 외치더라도 여전히 그러한 시스템을 관리하는 소수의 관리자는 존재해야 할지도 모른다. 아직까지 완전한 들뢰즈의 시대는 오지 않았다.

06 장기적 비전과 기다림으로 자라는 시스템
농부는 하루아침에 벼가 자라길 기대하지 않는다

가까운 곳에 바람 쐬러 가는 사람은 세끼만 먹고 돌아와도 배가
부르지만, 백 리 길을 갈 사람은 전날 밤부터 양식을 찧고, 천
리 길을 갈 사람은 석 달 동안 양식을 모으는 법이다.

- 장자의 소요유 편에서

장기적 비전, 인내에 대한 중요성에 대해서 장자의 이야기만큼 명료
한 설명을 본 적이 없다. 하나의 시스템이 자리 잡고 본연의 가치를 달
성하기 위해서는 절대적인 시간이 필요하고 인고의 노력을 요구한다.

모죽의 기다림을 아는가? 모죽이라는 대나무는 씨를 뿌리고 나서 신
기하게도 5년 동안 아무런 성장이 없다고 한다. 그러다 준비 기간 5년을
채우면 하루에 70~80㎝씩 성장하며 최대 30m까지 자라난다. 그렇게
자라난 모죽은 모진 태풍에도 쓰러지지도 부러지지 않는다. 모죽은 대
체 5년 동안 무엇을 하고 있었을까? 의문을 가진 학자들이 땅을 파 보았
더니 모죽은 5년이란 세월 동안 자신의 가능성을 뽐어내기 위해 꾸준히
땅속 사방으로 뿌리를 내리면서 10리가 넘게 그 뿌리를 뻗어 나갔다고
한다. 이것이 바로 모죽의 기다림이다. 시스템이 자라나기 위해서는 목
적에 따라 기다리고 준비해야 할 절대적인 시간이 분명히 존재한다. 다
급한 마음으로 포퓰리즘 정치를 남발하고 전시행정만 시행한 국가는 비
전을 잃고 쇠퇴할 것이다. 기업이 단기적 이익이 급급하여 장기적이고
건설적인 시스템을 구축하려는 시도와 노력이 부재한다면 기업은 경쟁
력을 잃어갈 것이다. 개인의 인생에 있어서도 마찬가지가 아닐까? 급한

불만 끄면서 다른 사람들의 욕망과 주변에 시선에 이리저리 휘둘리며 갈대 같은 삶을 살아가는 사람은 장기적이고 관조하면서 자신의 장기적인 미래 인생을 설계하기는 어려울 것이다.

반면 자신의 미래를 성찰하고 내가 어떤 사람인지를 이해하고, 어떤 것을 좋아하는지를 심도 있고 체계적으로 고민하는 사람은 누구도 흔들 수 없는 자신만의 내면의 세계를 구축하고 저마다의 가능성을 펼쳐나간다. 학업도 마찬가지 아닐까. 같은 교과서를 보더라도 눈앞에 닥친 중간고사만을 위한 사람이라면 선생님이 짚어준 내용만 공부하면 충분하다. 하지만 장차 수능 혹은 학문적인 미래 상황까지 염두에 두는 사람은 당장의 점수에 급급하여 공식을 외우는데 집중하지 않는다. 내가 생각하는 공부, 학문이란 무엇인지 고민해 보고, 나는 어떤 학문 분야의 접근 방식에 마음이 가는지 살펴본다. 그 과정에서 이 교과서는 나에게 무슨 의미가 있는지 깊게 성찰해보자. 교과서 보는 행위를 너무 거창하게 표현했을지도 모르겠다. 그러나 말하고자 하는 요지는 분명하다. 눈앞의 이익에 급급할 것이 아니라 다소 손해를 보더라도 내가 정한 장기적인 목표와 대업을 고민해 보면 단기적인 손해나 기다림은 충분히 받아들일 수 있다는 사실이다.

한 인간의 성장도 마찬가지다. 태어나서 얼마 되지 않아 걸을 수 있고, 혼자 먹을 수 있는 대부분의 포유류와는 달리 호모 사피엔스는 부모의 보호 안에서 상당한 기간 성장해야만 한다. 더군다나 인간은 육체뿐만 아니라 정신적인 면에서도 절대적으로 부모의 기나긴 양육의 시간이 요구된다. 특히 이 과정에서 인간의 두뇌는 다른 동물과는 비교할 수 없을 정도로 발달한다.

인간만이 가지고 있는 고도의 정신적 능력이 향상되기 위해서는 긴 시간 동안 양육과 교육, 사회관계를 토대로 다양한 정보가 의식과 무의식에 자리 잡으면서 두뇌라는 하드웨어와 정신이라는 소프트웨어가 동시에 성장해야 한다.

　인간의 두뇌 발달은 다른 어떤 동물보다 절대적으로 긴 시간을 요구한다. 인간이 지구상의 다른 어떤 동물들보다도 강력한 지배력을 행사하는 점에는 정신과 신체의 발달이 이뤄지는 과정이 대단히 장기적이고 그렇게 형성된 두뇌 시스템이 대단히 복잡하고 강력한 지성을 발휘한다는 점에 있을 것이다. 담대한 비전과 목표가 있다면 그만큼 많은 시간과 인내를 필요로 한다. 작은 가게를 운영하고 생계를 유지하겠다고 꿈을 세웠다면 많은 준비나 전략이 요구되지는 않는다. 하지만 전 세계를 무대로 하는 비전을 토대로 거대 의류 기업으로 성장하고자 한다면 장기간 인력, 자본, 기술, 브랜드를 통합시켜 나가면서 체계적이고 효율적인 시스템을 구축하고 충분한 시간과 노력을 투입해야만 한다.

　대한민국에는 여러모로 장기적인 비전과 인내의 시스템이 제대로 정착되지 못하는 지점들이 많다. 그중에서도 노벨상은 국가가 장기적인 아젠다를 수립하지 못하고, 근본적인 구조개혁을 실현하지 못하면서, 권위주의적 문화까지 결합되면서 나타나는 총체적인 문제의 하나로 보인다. 노벨상이 주어지는 요건에 대해 먼저 생각해 볼 필요가 있다. 노벨상은 가벼운 연구 성과에 대해서 주어지는 상이 아니다. 자연과학 분야의 노벨상은 인류 역사상 그 누구도 발견하지 못하고 생각하지 못했던 자연현상을 독창적인 접근방식과 자신만의 생각으로 풀어낸 연구 업적에 대해서 주어지는 것이다. 전에 없던 인류의 업적을 만들어 내기 위해서는 산업과 기업, 개발을 위한 연구가 아니라 새로운 분야를 개척하고 인류의 어느 누구도 바라보지 못했던 자연세계를 탐험하는 연구가 이뤄져야 한다.

　즉 어떤 특정 목적이 아니라 연구 그 자체가 자기 목적적으로 이루어지는 연구가 필요하다. 굳이 특정한 목적을 찾자면 새로운 세계를 발견하고 이해하고 싶다는 인류의 유전적, 문화적 DNA에 각인된 원초적 호기심과 열정이 마음껏 분출될 때 비로소 노벨상과 같은 연구 성과가 나오는 것이다. 이러한 연구성과는 호기심과 지적 열망을 자극하는 교육 정책과 문화에서 출발한다. 하지만 대한민국의 교육은 여전히 인간의 호기심을 자극하고 자발적인 학습과 탐구를 이끌어내는 교육 문화와는 거리가 멀다. 노벨상을 받기 위해서는, 노벨상을 받아야 하는 의식 자체를 없애고 창조적인 교육 그 자체에 집중하는 장기적인 교육 혁신이 필요하다.

또한 한국 근현대사는 지난한 아픔과 상처의 연속이었고 정치적으로 안정되어 본적이 없기 때문에 노벨상과 같은 근본적이고 장기적인 연구 업적을 낼 수 있을 만한 절대적인 시간과 환경이 조성된 적이 없다. 매년 일본의 노벨상 소식에 한국은 열등감을 느끼지만, 일본은 이미 1970~1990년대부터 이룩한 노벨상 성과가 현재에 와서 비로소 평가 받고 있는 것이다. 뛰어난 성취를 이룩한다고 해서 노벨상이 바로 주어지는 것은 아니다. 노벨상은 충분한 검증기간을 통해 연구가 인류사에 있어서 충분한 족적을 남겼는지 검증을 거친 후에 주어진다.

아인슈타인도 1921년 광전효과 논문으로 노벨 물리학상을 수상했지만 그 논문은 1905년 발표된 것이었다. 2016년 노벨 생리학상을 수상한 일본의 오스미 요시노리 교수도 88년에 세포의 자가포식의 분자 메커니즘을 규명한 이후 오랜 연구와 시간이 흘러 비로소 노벨상을 수상하게 되었다.

대한민국은 20~30년 전부터 인류의 족적을 그을 만한 독창적인 기초 연구 성과가 크게 이뤄질 수 없는 상황이었기 때문에 애초에 한국의 노벨상 수상 가능성은 대단히 미미하다고 볼 수밖에 없다. 대한민국이 노벨상 수상자가 없다는 사실은 실망할 일이 아니라 어쩌면 당연한 결과라고 밖에 평가할 수밖에 없다. 그럼에도 불구하고 언론에서 노벨상을 받지 못한다며 자학하는 태도는 담담히 기다리지 못하는 우리의 문화를 그대로 반영하고 있는지도 모른다. 연구자들에게 노벨상을 채근하기에 앞서서 우리나라 연구자들이 자유로운 문화 속에서 충분한 투자와 보조를 받고 있는지부터 집요하게 파고 들어갈 필요가 있다. 나아가 우리나라 교육이 비판적 사고를 장려하고, 진리에 대한 진정한 호기심을 함양하고 있는지, 우리나라 연구소는 권위나 권력이 아니라 진정한 연구와 해결을 중심으로 조직화되어 있는지에 대해 분석, 평가가 선행되어야 한다. 또한 자연과학은 아시아에서 시작된 것이 아니라 모두 유럽에서 시작된 문화, 학문이라는 사실을 이해할 필요가 있다. 뉴턴이 프린키피아 3권을 통해 만유인력의 법칙 등을 수식으로 표현하며 인류사 족적을 남긴 것이 1687년이었다. 1687년이면 조선 숙종 시대인데 우리는 그 당시 겨우 지구가 1년에 약 365일 회전한다는 지동설의 개념이 처음 등장하기 시작하였다. 유럽에서는 이미 코페르니쿠스가 1543년 『천체의 회전에 관하여』를 출간하며 지동설을 제기했고 이때부터 유럽은 자연과학의 씨앗을 풍성하게 키워나갈 준비를 하고 있었다. 자연과학의 변방이라고 할 수 있는 대한민국이 부족한 여건 속에서도 지금의 성취를 이룬 것만 해도 훌륭했다는 자긍심을 가지고 조금 더 응원할 필요가 있다. 대신 장기적이고 근본적인 계획에 주안점을 두고 앞으로는 세계적으로 경쟁력을 갖출만한 연구 환경을 조성해나갈 필요가 있다. 대한민국은 노벨상 수상 그 자체가 아니라 노벨상은 받지 못해도 좋으니 한국 연구 문화의 근본적인 문제에 직면하는 일이 필요하다. 꾸준한 일본의 노벨상 수상은 분명히 함의가 있다. 같은 아시아 국가임에도 불구하고 일본은 꾸준히 노벨상 수상자를 배출하고 있는 과학강국이다. 이러한 차이는 연구 정책이나 문화만이 아니라 국가적, 정치적, 문화적인 총체적 원인에서 기인할 수 있다.

우선 두 나라의 연구 문화에서 어떤 차이가 있는지 살펴볼 필요가 있다. 이에 대한 문제를 정길생 한국과학기술한림원 이사장님의 인터뷰 기사를 보며 고민해 보자.

• 일본 과학 풍토와 우리의 차이는?

일본 대학과 연구소는 국가나 기업 지원 없이도 최소한의 연구를 할 수 있는 비용을 제공한다. 많은 연구자들에게 '풀뿌리 연구비'를 지원하고 돋보이는 과학자는 집중 투자한다. 7~10년 정도 쓸 만큼 연구자원과 인력을 지원하고 결과를 따지지 않는다. 우리는 과학자들이 연구비를 따기 위해 동분서주한다. 지원을 받으려면 '국가·산업 발전에 직접 기여할 수 있는 연구'라는 단서도 붙는다. 3년 뒤 평가하고 가시적인 성과가 없으면 연구비를 물어내라고 고발한다. 그래서 결과가 나오지 않을 위험이 있는 연구는 하지 않는다. 쉬운 것, 남이 하는 연구를 하면 책임 추궁도 없다. 이런 시스템에서 창의적인 연구를 할 수 없다. 정부도 최소한의 연구비를 지원하고, 특출한 과학자는 밀어줘야 거목이 된다. 실패를 통해 성공하는데, 이를 매도하지 말아야 한다.xxxiii)

일본에 가서 직접 연구 문화를 경험해본 것은 아니지만, 장길생 이사장님의 인터뷰와 일본 노벨 수상자들의 수상 인터뷰를 들어보면 대체로 일본은 연구 결과를 보채거나 결과를 위한 연구, 단기적인 이익을 위한 연구를 채근하고 있다는 생각이 들지는 않았다. 대한민국은 연구뿐만 아니라 다양한 분야에서 장기적인 비전과 업의 본질에는 충실하지 않은 채 단기적인 이익과 효율에 골몰하고 있는 것은 되돌아보게 만드는 지점이다. 그러나 막연히 방향 없는 기다림을 고통만 따를 뿐이다. 무작정 인내하고 기다리는 것은 능사가 아니며 노력할 동기를 부여하지 못한다. 농부가 씨와 비료를 뿌리고, 잡초를 걸러내는 이유는 반드시 때가 되면 식물이 자라날 것이라는 확신이 있기 때문이다. 곡식을 봄에 심어 가을이면 수확할 수 있다는 자연의 이치를 알고 있기 때문에 농사를 짓는 것이다. 곡식을 심었는데 언제 수확할 수 있을지 알 수 없다면 섣불리 농작을 할 수 없다. 그래서 장기적인 비전을 달성하기 위해서는 진리를 알고, 현실을 파악하고, 미래를 통찰할 수 있어야 한다. 하루 이틀 책을 봐서는 원하는 지식을 얻을 수 없다. 기업은 투자하자마자 훌륭한 제품을 만들거나 이익을 낼 수 없다. 정부는 정책을 시행하자마자 훌륭한 효과를 거둘 수 없다. 그러므로 책을 보고, 투자를 하고, 정책을 시행하기 이전에 분명한 비전과 방향으로 장기적인 수행의 확신을 가지기 위해서는 먼저 통찰력 있는 방향설정에 대한 고민이 요구되는 것이다.

워런 버핏이 코카콜라 주식을 수십 년 동안 보유할 수 있었던 인내의 요체는 바로 합리적인 판단에 근거한 기다림이다. 막연하게 코카콜라 주식이 좋을 거라면서 기다린 것이 아니라 코카콜라가 주는 상품성과 세계적으로 파급되어 갈 수 있는 브랜드 가치가 그의 눈에는 아주 선명하게 보였기 때문이다. 그래서 워런 버핏은 수십 년 동안 고통스럽게 코카콜라 주식을 보유한 것이 아니라 씨앗이 발아하길 기다리는 즐거운 농부의 마음으로 보유 주식을 유지할 수 있었다. 비록 통찰의 방향이 예언 수준은 아니더라도 불확실한 미래를 끊임없이 그려보고, 다양한 담론을 흡수하고 토론하면서 미래를 합리적으로 예측해 볼 수 있어야 한다. 기다리기 위해서는 방향을 최대한 명확히 하도록 노력하고 비자발적인 인내가 아니라 때를 알고 있는 기다림이 필요하다.

마지막으로 시스템을 도입하고 장기적인 변화를 추구할 때 발생하는 구성원들의 반발과 부작용에 대해서 이야기해 보자.

새로운 시스템을 도입하고, 당장에 성취가 나오지 않는 장기적인 프로젝트나 정책, 사업을 수행하기 위해서는 구성원들의 반발과 시스템으로 인한 단기적 부작용을 피할 수 없다. 시스템이 아무리 완벽하게 설계되었다고 하더라도 초기에 새로운 변화에 대해서 반발하는 구성원이 존재하는 것은 피할 수 없다. 그러므로 장기적인 계획을 달성하기 위해서는 불도저식의 접근이 아니라 구성원들의 다양한 의견을 반영하는 소통과 합의 절차가 반드시 필요하다. 이왕 장기적인 변화를 달성하고자 한다면 급하게 생각할 것 없이 구성원들과 소통해나가면서 장기적이고 점진적으로 변화를 추구해나가면 된다.

사회는 이미 복잡하고 다원화되어 과거 개발 독재 시절처럼 급격한 변화를 추구하기 어렵다. 인간의 행복과 생태계의 공존을 방해하는 후진적인 체계는 변해야 마땅하겠지만, 당위 가치만을 이유로 지나치게 급격한 변화를 도모한다면 반드시 집단 내의 반발과 과격한 충돌을 피하기 어렵다.

소스타인 베블런의 말처럼 어떤 면에서 인간은 모두 보수적이다. 진보, 변화를 촉구하기 위해서는 다수의 사람이 옳은 가치가 아니라 기존의 가치를 고수한다는 현실을 받아들이고 그들에게 훌륭한 미래, 나은 내일을 선명하게 약속하며 눈앞의 어려움과 다소의 성장통을 감내해야 한다며 용기를 북돋워 줄 수 있어야 한다.

다원화된 민주사회에서는 급격한 혁명이 아니라 한발 한발 나아가는 작은 걸음의 가치가 훨씬 더 소중할지도 모른다. 세종대왕은 불합리한 조세제도를 변화시키기 위해 몇 년간의 수확량을 통계로 하여 세금을 걷어들이는 '공법'을 실시하기 위해서 여론조사 후 무려 14년 뒤에야 완전히 정책을 확정하였다. 소통과 합의를 필요로 하는 현대 민주주의 사회에서 더욱더 빛이 날 정책시행의 모범이라 할 만하다.

07 플랫폼은 시스템의 무대
시스템 정신을 플랫폼으로 구체화한다

IT 혁명이 가속화되면서 플랫폼 경영, 플랫폼 전략, 플랫폼 비즈니스 등의 개념이 최근 몇 년간에 급속하게 대두되었다. 그러나 플랫폼은 결코 새로운 용어가 아니며 IT 기술에만 국한되는 개념도 아니다. 책을 시작하며 '만물에 시스템이 깃들어 있다'고 말한 바 있다. 그런데 필자가 말하는 시스템은 일종의 철학, 원리, 개념과 같은 추상적인 영역에 국한될 뿐이다. 일반적, 추상적인 원리도 구체적이고 개별적으로 현실화 될 때 의미가 생긴다. 설계자, 입안자, 정책자, 개발자, 경영자, 교육자가 생각하는 시스템 사상과 설계를 구체적으로 현실화시키고 반복적으로 이뤄질 수 있도록 완성된 제품, 서비스로 구체화시키는 것이 바로 플랫폼이다. 2005년 하버드 비즈니스 리뷰는 '모든 제품은 플랫폼이다(Every product's a platform)'이라는 논문을 발표했다. 플랫폼의 본질을 명확하게 설명하는 문장이라고 생각한다.

플랫폼이란 다양한 종류의 시스템이나 서비스를 제공하기 위해 공통적이고 반복적으로 사용하는 기반 모듈이다. 어떤 서비스를 가능하게 하는 일종의 '토대', '기반'이라고 할 수 있다. 그러므로 플랫폼의 정의에 따르면 제품, 부품, 유형물, 건축물, 구조물, 공간과 같은 유형물도 하나의 플랫폼이다. IT 기술에서 사용되는 소프트웨어는 말할 것도 없고 각종 서비스, 기술적 사상과 같은 무형물도 활용에 따라서는 플랫폼이 된다.xxxiv)

최근에 IT 기업들은 하나의 강력한 플랫폼을 기반으로 네트워크 효과를 구현하며 이익을 창출하는 전략을 수립하고 있다. 세상에 있는 모든 정보를 제공하겠다는 야심찬 비전의 Google, 개인적인 생각과 사진 등의 정보를 공유하여 다양한 개인들의 네트워크 공간을 구현하겠다는 이념 페이스북이 대표적인 플랫폼 기업들이다. 그러나 위의 설명에서도 이해할 수 있듯이 플랫폼의 의미는 보다 넓은 의미로 확장될 수 있다. 비단 IT 사업에서만 활용될 수 있는 개념이 아니라 인간의 시스템적 사상, 조직화된 설계라는 정신적인 개념을 실제로 시각화, 구체화, 물질화, 공유화할 수 있게 하는 것은 모두 플랫폼이다. 이렇게 플랫폼의 외연을 넓게 해석해야만 보다 넓은 시야로 파괴력 있는 플랫폼 전략을 수립하고 행할 수 있다. 플랫폼이 첨단 기술에만 적용된다는 편견은 제거할 필요가 있다.

국제적인 강의 플랫폼으로 유명한 TED의 TEDx가 바로 플랫폼 전략이 전통산업에서도 훌륭하게 적용된 좋은 사례다. TED는 기술, 오락, 디자인, 국제적 이슈, 심리 등 다양한 분야를 망라하여 '알릴 가치가 있는 아이디어'를 전 세계 사람들이 공유할 수 있도록 설계된 강연 플랫폼이다. TEDx는 지역적이고 스스로 조직된 행사를 주최하고 강의에 대한 라이선스를 TED 측에 등록하여 통합된 플랫폼으로 관리할 수 있도록 한다.xxxv) TED라는 이름으로 강연이 무제한으로 남발되거나 TED가 지향하는 비전이 희석되어 정체성에 혼란이 발생하지 않도록 TED에는 누가 컨퍼런스를 개최하든지 반드시 행사의 포맷, 기간, 초청자 수 등에서 TED의 가이드라인에 따라야 하고 연사들은 보수를 받을 수 없으며 강의 내용의 편집과 배포 권한을 TED에 부여해야 한다. 지식 플랫폼에 대한 참여를 극대화하면서도 본연의 가치를 지켜내기 위한 최소한의 안전장치를 만들어서 효과적인 강연 플랫폼이 탄생했다.xxxvi) 미국에 Teach For America(이하 TFA)도 플랫폼 전략을 전통적인 교육산업에 효과적으로 도입한 사례다. 사회운동단체들은 지원자의 희생이나 인내심과 같은 선의 호소하는 경우가 많지만 지원자의 마음이 변하면 이내 운영은 어려움을 겪게 된다. 그러나 TFA는 이해 당사자의 자발적인 참여를 유도하는 플랫폼을 구축하여 지속가능한 시스템을 구현한다.

TFA는 플랫폼의 핵심을 운영규칙에 담았다. 교사로 봉사하는 기간을 짧지도 길지도 않게 2년으로 정하여 다양한 분야로 진출할 인재들에게 자기 인생을 충분히 투자할 만한 정도의 기간을 정하였고, 무조건적인 봉사가 아니라 일정 수준의 연봉을 지급하여 교육에만 전념할 수 있도록 한다. 또한 누구나 보람된 일을 하고 싶다고 할 수 있는 것이 아니라 엄격한 기준에 따라 실력 있는 학생들을 선별함으로써 TFA 출신자들에 대한 봉사 정신과 실력을 담보할 수 있는 인증기관이 됨으로써 학생들에게는 자부심과 충분한 이력이 될 수 있도록 하고, TFA는 지속적으로 훌륭한 인재들이 참여할 수 있는 동력을 가지게 되었다.[xxxvii]

플랫폼이란 이용 목적에 따라 다양한 사용방식으로 제작하여 일관되고 지속적으로 목적에 부합하는 효과를 달성할 수 있다면 모두 적절한 플랫폼의 역할을 다하고 있다고 할 수 있다. 아주 사소한 것도 하나의 플랫폼이 될 수 있다. 예를 들면 개인의 일정과 업무를 효과적으로 관리할 수 있도록 도와주는 프랭클린 다이어리도 한 개인으로 보자면 대단히 훌륭한 플랫폼이 될 수 있다. 웬만한 대기업이 도입하고 있는 전사적 자원관리(Enterprise Resource Planning, ERP) 시스템도 전사적인 정보를 효과적으로 관리하겠다는 이념을 구체화시킨 플랫폼이다. 자동차도 보다 효과적인 이동을 하겠다는 이념에 입각하여 도입된 기계 시스템 플랫폼이다.

미래를 대비하기 위한 플랫폼은 '빵 틀'과 같은 획일적인 플랫폼이 되어서는 곤란하다. 필요와 분야에 따라 여전히 획일적인 플랫폼도 필요한 것은 사실이지만, 정치적으로는 점점 다원화되고 있고 기술적, 정보적, 학문적으로 복잡하고 다변화된 정보와 물질을 처리하기 위해서는 고도로 발달되고 유연한 플랫폼이 필요하다. 고도화되어 유기적으로 피드백 되고 스스로 자가발전하는 프로그램이나 생명체의 몸과 같은 것이 그런 플랫폼의 일종이다. 지나치게 기계적으로 들릴지는 모르겠지만 우리의 인간의 몸도 우리가 '생명(Life), 영혼(Spirit)'이라고 부르는 목적을 실현을 위한 자연체계 생명 플랫폼이라고 해석할 수도 있다.

미래의 플랫폼은 개방성, 연결성, 유동성에 있다. 폐쇄적, 단절적, 고정적 플랫폼은 경쟁력을 갖추기 힘들다. 플랫폼이 보다 다변화된 사회에서 적응하기 위해서는 보다 공개되고 참여적인 피드백이 가능하게 함으로써 지식과 지식, 사람과 사람의 에너지가 긍정적인 방향으로 융화되고 재생성 되며 네트워크 효과를 극대화하는 참여의 장(Field)으로 거듭나야 한다. IoT 기술과 인공지능, 가속화되는 무선 네트워크망은 이러한 공유와 참여의 시대를 주도하는 신기술로 진화할 것이다. 하지만 플랫폼이 개방되고 유연화된다고 하더라도 플랫폼이 지켜야 할 본질은 굳건해야 한다. 전 세계적인 쇼핑 플랫폼 아마존(Amazon)을 창립한 제프 베조스는 다음과 같이 말했다. '전략은 변하지 않는 것에 토대를 두어야 한다. 사람들은 나에게 5년 후나 10년 후 무엇이 변할 것인지는 묻지만, 무엇이 변하지 않을 것인지는 묻지 않는다. 세상이 어떻게 바뀌더라도 고객이 원하는 가치를 제공한다면 고객은 외면하지 않는다.'.

즉 네트워크 효과를 극대화하며 유연하고 진화하는 플랫폼을 설계하더라도 플랫폼의 본질, 뼈대는 명확히 파악하고 시간이 지나도 지켜야 한다는 의미다. 플랫폼 전략을 수립할 때는 변하지 않아야 하는 것과 변해야 하는 것의 경계를 명확히 해야 한다. 물론 플랫폼을 도입했다고 곧바로 체계적인 삶이 되거나 시스템적인 회사, 국가로 거듭난다고 착각해서는 안 된다. 프랭클린 다이어리를 가지고 있는 것만으로는 내 삶이 변할 수 없으며, 훌륭한 ERP 시스템을 도입만 했다고 회사가 순식간에 효율적으로 변하지 않는다. 플랫폼을 왜 도입해야 하는지, 그 효과는 무엇인지에 대한 생각이 구성원들에게 우선 공유되어야 한다. 그리고 그것을 실천할 수 있는 문화가 조성되어야 한다. 피가 돌지 않고, 생각하지 못하는 인간의 신체를 살아 있는 플랫폼이라 부르기는 어려울 것이다. 진정으로 살아 있는 플랫폼이 완성되기 위해서는 플랫폼이라는 수단과 더불어 문화의 교육, 실천의 과정이 수반되어야 한다.

플랫폼 전략이 기업이나 경영과 같은 영역에 해당할 뿐 국가와 국가 정책에는 큰 관련이 없다고 생각할지 모르겠다. 정말 그럴까? 우리가 서양에서 도입한 대의제 민주주의와 정치 플랫폼, 서양의 근대법으로 기반하는 법치 플랫폼, 우리의 전통한복이 아니라 이제는 중요한 행사마다 양복을 입는 의복 플랫폼, 미국이나 중국과 같은 강대국을 주도로 이루어지는 다양한 조약의 외교 플랫폼. 이 모든 것들이 우리 스스로 만든 것이 아니라 힘을 가지고 규칙을 지배하며 힘을 길러오는 강대국, 문화를 지배하는 서양의 플랫폼에서 기반한 것이다. 우리는 이미 강대국이 형성한 지배적 문화와 플랫폼을 따르고 있다.

현재 국가 공동체가 속한 지배적인 플랫폼에 대한 종속을 부정하자는 주장이 아니다. 그것은 이론적이거나, 당위적인 문제가 아니라 현실적인 문제에 가깝다. 그리고 단순히 강대국이 플랫폼을 강제한 것이 아니라 그것이 우리에게도 필요한 장점이 훨씬 더 컸기 때문에 더 이상 그러한 플랫폼에 저항하지 않고 도입하여 사용하고 있는 것이다. 다만 우리가 외부의 플랫폼에 종속되면서도 몰지각한 방식으로 그저 하루하루를 연명하는 것이 아니라 전체구조와 인과관계를 정확히 파악할 수 있을 때 변화하는 시대에서 뒤처지지 않고 또다시 새로운 플랫폼 건설에 참여하거나 주도할 수 있는 동력을 가지는 것이다.

모든 것이 플랫폼이다.

08 시스템의 응집력: 동적 내부 활동에서 나오는 힘

지구상에서 가장 복잡한 단일 시스템 중 하나인 인간의 인체는 고도로 발달된 항상성을 유지하며 살아간다. 항온 동물로서의 인간은 죽을 때까지 36.5℃의 체온을 유지하기 위해 동작하고 있고, 수 조개의 인체 세포가 주기적으로 죽고 다시 생성되는 과정에서도 인간의 기억력은 건재하게 유지된다.

그런데 이러한 생물 시스템의 겉으로 보이는 항상성, 일관성은 내부의 동적인 활동성에서 기반한다. 인간의 몸의 건강하고, 안정적인 유지되는 원천은 아이러니하게도 내부의 폭발적인 활동력에서 비롯된다. 몸속 혈액이 쉴 새 없이 돌고 있고, 필요 없는 세포들이 끊임없이 사라지고 필요한 세포가 성장하며 쉴 새 없는 호흡과 에너지의 생성이 24시간 이뤄지고 있기 때문에 인간의 몸은 건강하게 유지되는 것이다. 항상성을 가지고 유지되는 인간의 신체는 내부의 활동이 멈추는 순간 모든 안정성을 상실한다. 체온 유지는 온데간데없어지고, 피는 돌지 않고, 모든 에너지는 생산을 멈춘다. 죽음이다.

여기서 우리는 복잡한 시스템의 항상성, 일관성의 원천을 상상해볼 수 있다. 인간의 생명 시스템뿐만이 아니라 복잡한 기계 시스템, 전자 시스템, 법 시스템, 사회 공동체 시스템, 정치 시스템 모두 점점 더 복잡해지고 다변화될수록 그러한 체계를 안정적이고 항상성 있으면서도 응집력 있게 유지하기 위해서 시스템 내부의 요소들이 훨씬 더 복잡해지고 격정적으로 동적인 평행상태를 유지할 것을 필요로 한다. 변화하는 복잡한 환경에 놓인 독자적인 시스템이 그러한 복잡다단하고 급격한 변화를 이루고 있는 환경에 흔들리지 않고 조용하고 안정적으로 유지되기 위해서는 내부에서는 끊임없이 동적인 활동을 통해 환경에 대응하는 원동력을 만들어야만 한다.

　내부의 동적인 평형이 이루지 않고 외부적으로 정적인 평형을 유지할 수 있는 시스템은 없다. 시스템이 복잡해질수록 안정성과 항상성을 유지하게 위해서 내부에서는 고도로 복잡하고 활력 넘치는 동적 균형이 이루어져야만 한다. 한쪽이 무너지면 시스템도 전체가 무너진다. 생명체뿐만 아니라 사회를 이루고 있는 기업과 국가 같은 조직도 마찬가지일 것이다. 그러므로 진정으로 시스템을 유지하고자 한다면 결코 보수적이거나 경직된 사유체계, 내부설계만으로는 불가능하다. 고인 물은 예외 없이 썩는다. 인간의 생명은 태어나 죽을 때까지 혈액을 통해 세포마다 산소를 공급하지만, 혈액세포는 사실 3~4개월마다 완전히 죽고 다시 태어나는 과정을 반복하고 있다. 겉으로 안정적으로 성장하는 훌륭한 기업도 사실은 끊임없이 업무 내용이 변하고 있고 조직 구성원이 변하고 업무 분장이 변하고 있다. 그러므로 외적인 변화 없이 현상 수준의 시스템 유지를 위해서라도 내부적으로는 끊임없이 혁신을 부르짖고 정체되거나 무기력에 빠지지 않도록 건강한 활력의 요소가 필요하다.

　좋은 회사는 사람을 한곳에 오래 두려고 집착하지 않는다. 순환 보직에도 적극적이다. 기존의 본질적인 회사 체계에 자신이 있기 때문이다. 오직 특정한 사람에게만 의존하는 회사는 건강하지 못하다는 것을 알고 있기 때문이다. 멋지고 깨끗하게 지은 건물도 시간이 지나면 청소를 하고 보수공사를 해야 한다. 가장 보수적인 체계라고 할 수 있는 법도 시대에 맞게 변화해야 한다. 사람들의 가치관이 변화할 뿐만 아니라, 새로운 기술도 끊임없이 쏟아지고 있다. 과거에는 당연하게 범죄라고 생각했던 간통죄도 이제는 형사고발을 할 수 없게 변했다. 향후 무인 자동차가 상용화된다면 운전자의 존재를 당연시하고 있는 현재의 도로교통법도 바뀔 수밖에 없다. 그렇게 환경에 맞게 내부적인 변화를 만들어 가는 것이 오히려 안정적인 국가를 유지하는 데 도움이 된다. 변하지 않음으로써 오히려 불안정을 초래한다.

컵에 담긴 물도 사실은 증발과 액화가 끊임없이 이뤄지는 동적 평형이 발생하고 있다. 남한과 북한이 수십 년간 심각한 전쟁은 없었지만 각국이 끊임없이 막대한 국방비를 들여가며 병력을 증강하고 무기를 도입하고, 훈련을 멈추지 않는 이유는 바로 그러한 동적인 활력과 내부적 노력 속에서 서로 간에 견제가 이뤄지며 안정을 찾아가고 있기 때문이다. 이는 2차 세계대전 이후에 세계 전체가 요동치는 전쟁이 일어나고 있지 않은 이유와도 일맥상통할 것이다. 2차 세계대전 이후 지난 70년간 세계대전이라 부를 만한 심각한 전쟁이 없었음에도 미국을 비롯하여 각국이 끊임없이 국방력을 중시하고 있는 이유는 끊임없이 군사력을 증대시키고 힘을 과시하는 과정에서 각국 간에 긴장감을 형성하며 동적인 평형상태를 유지하며 안정적인 평화가 이뤄지고 있기 때문일 것이다.

지속적인 군사력 증강을 통한 동적 평형의 유지가 과연 옳은 방향인지 아닌지는 필자가 결론 내리기는 어렵다. 그러나 동적인 긴장감 속에서 평화와 세계 안정이 유지되고 있는 것은 사실이다. 시스템의 안정은 정적 상태가 아니라 외부 환경과 끊임없이 교류하는 내부적인 변화와 혁신에서 비롯한다. 그런 의미에서 필자는 인간이 대체로 100년도 되지 못하여 죽는다는 사실을 긍정한다. 인간의 죽음이야말로 인간 공동체를 건강하게 유지하고 있는 최고의 작용기제라고 생각한다. 나는 인간이 영생을 얻는 것에 반대할 것이다. 인간이 지금 이 순간을 소중하게 생각할 수 있는 이유는 각자에게 죽음이 있기 때문이다.

귀천과 빈부를 떠나서 인간이라면 누구나 죽음을 맞이하고 평등한 시간을 선물 받았기 때문에 더 나은 죽음, 더 나은 공동체를 꿈꾸며 순간순간을 최고로 여행하고자 하는 것이다. 아무리 뛰어난 현자라고 할지라도 시간이 지나면 자신의 사고체계에 갇히며 시대를 따라가지 못할 것이다. 걱정할 필요는 없다. 다시 다음 세대가 선조들의 지식과 문화를 비판, 계승하는 과정에서 인간 공동체는 지속적으로 발전하기 때문이다.

인간이 영생을 가지고 있다면 빌 게이츠와 같은 사람들은 자신의 전 재산을 다 털어 굳이 기부할 필요가 없다. 죽지 않기 때문에 자신의 행복한 인생을 보전하기 위해서 빌 게이츠가 부를 최대한 축적하고 이익을 위해 사용하는 것은 합리적인 선택이다. 그러나 그는 자신이 죽는다는 사실을 알고 있기 때문에 살아 있는 동안 세상을 더 아름답게 만들고 죽기로 선택할 용기를 낼 수 있다. 인간 마음의 평정도 한 번의 수행이나 깨달음으로 충분하지 않다. 환경과 시대는 변할 것이고 나를 스치는 주변 사람도 끊임없이 변화할 것이다. 인생의 시기마다 나를 괴롭게 하는, 힘들게 하는 요인들도 변화할 것이다. 그때마다 나의 마음의 평정과 안정을 유지하는 힘은 나의 중심을 잡을 수 있는 활발한 성찰과 숙고, 반성의 힘에서 기반한다.

> *게으름 없이 정진하라 모든 현상은 변한다.*
> *게을리 지내지 말라.*
> *나도 게을리 지내지 않았기 때문에 해탈을 이루었다.*
> *한없이 좋은 일이 게으르지 않음으로 말미암아 이루어진다.*
> *일체 만물은 항상 존재하는 것이 없다.*
>
> *- 부처가 열반에 들며 남긴 유훈*

세상을 당연하거나 절대적인 진리 없이 늘 변화하는 것으로 바라보던 부처는 진정한 해탈의 진리를 남기며 입적하였다. 석가모니는 한 번의 해탈로 모든 고통을 멸하는 것은 없다고 생각했다. 그가 입적하며 남긴 말을 끝으로 마무리한다.

09 조직시스템의 균형의 양 날개: 보수와 진보

시스템이 유지되기 위해서는 쉬지 않고 변해야 한다. 촌각을 다투듯이 일 분 일 초마다 변하기는 어렵겠지만 외부 환경에 균형을 맞춰가며 늘 변화하는 자세가 필요하다. 다만 이에 대한 서술에 오해가 발생할 수 있을 것 같아 몇 가지 이야기를 덧대야 하겠다.

필자가 말하는 변화의 대상은 시스템 전체가 아니다. 앞서 예를 들었듯이 내 몸을 이루는 세포가 시간이 지나서 전부 교체되었다고 해도 '나'라는 존재의 본질이 몽땅 변하는 것은 아니다. 세포가 교체되었다고 해서 나의 기억이 변하거나 신체적 능력이 급격하게 변하지 않는다. 나의 기초를 이루고 있는 생각과 몸이 끊임없이 변해야만 한다면 늘 불안정한 삶의 연속일 것이다. 그래서 사회 시스템이라면 당대뿐만이 시간이 지나서도 여전히 지켜야 하고 유지해야 할 가치와 요소가 반드시 존재하고 있고, 보다 나은 발전을 위해서라면 반드시 변화해야 할 요인도 있다.

이러한 '유지'와 '변화'의 담론은 다른 어떤 분야보다도 특히 정치에서 '보수'와 '진보'라는 개념으로 뚜렷하게 드러난다.

보수는 국가를 외세로부터 지켜내는 안보와 내부적인 사회질서 유지를 중시한다. 사회에 혼란을 가중시키지 않고 국가로서 지향해야 할 기본적인 가치를 지키고자 노력하며 현재 사회의 모습을 최대한 보존하고 안정적으로 유지하고자 한다. 진보도 기존의 가치와 질서를 존중한다. 그러나 사회에 고착화되고 인간의 행복을 방해하는 가치와 모습은 얼마든지 존재한다. 진보는 보다 나은 이상을 위해서 기존의 문제에 대해서 비판하기를 멈추지 않으며 적폐 되고 불합리한 구조의 개선을 위해서 변화를 긍정한다. 한 개인 혹은 특정 집단에는 보수가 최고의 선이거나 진보가 최고의 선으로 여겨질 수도 있다. 그러나 사회 전체, 시대의 변화로 보면 두 가지 가치는 결코 절대적인 선이 될 수 없다. 두 가치는 모두 일정 부분의 진리를 담고 있으며 이러한 가치가 균형 있게 충돌하고, 현명하게 갈등을 해소해 나갈 때 건강한 국가가 형성되어 간다. 보수의 가치만 남은 사회는 기존의 가치, 체계를 절대적인 선으로 옹호할 것이다. 기득권들은 변화가 필요 없다는 사실에 안주하게 되고 자신의 권력을 유지하려고 혈안일 것이다. 보수는 부패로 붕괴한다. 진보의 가치만 남은 사회는 저마다 자신만의 가치와 이상을 절대적인 선으로 옹호할 것이다. 자신만의 가치를 꿈꾸는 이상주의자들은 서로의 가치를 받아들이지 못하고 자신의 가치를 앞세우기 위해 혈안일 것이다. 진보는 분열로 붕괴한다.

보수도 낡은 가치와 적폐된 문화를 부수기 위한 변화와 부정의하고 불평등한 제도를 부정하기 어렵다. 진보도 다양한 가치가 통일되어 안정적이고 행복한 사회를 얻고자 하는 사람들의 마음을 부정하기 어렵다. 진보도 안보와 치안, 사회 질서유지라는 가치를 부정할 수는 없다. 국가의 보수와 진보가 조화로울 때 국민은 행복하다. 진보와 보수의 가치가 정치에만 존재하는 것은 아니며 기업도 당대의 시스템을 유지하고 이익을 창출하고자 하는 관리부서가 있지만 조직과 사업을 개편하며 변화를 추구하는 혁신부서도 있다. 이익의 안정적인 창출을 위해서는 관리부서의 존재는 중요하다. 그러나 변화에 뒤떨어지면 경쟁력을 잃고 기업의 존속 자체가 불가능해진다는 점에서 혁신부서의 존재도 동등하게 중요하다. 개인의 내면에도 보수와 진보의 태도, 에너지가 공존한다. 기존에 형성한 가족관계, 교유관계, 사고습관, 행동습관, 직업, 운동습관 등을 유지하려고 하는 마음이 보수적인 태도이다. 반면 자신의 보수적인 태도 중에서 자신을 망치고 있는 잘못된 습관, 마음을 인정하고 보다 발전적으로 변화시키고자 하는 의지는 진보적인 태도이다. 자신의 삶을 안정적으로 유지하기 위해서는 반드시 지켜나가야 할 요소도 있고 때로는 꿈이나 성찰을 토대로 자신을 변화시킬 필요도 있다. 한 개인의 내면도 보수적인 태도, 진보적인 태도의 균형점을 찾으려는 부단한 노력이 필요하다. 다시 정치에서의 보수와 진보의 이야기로 돌아가 볼까 한다. 사회에서 보수와 진보의 역할이 모두 중요하다면 과연 보수가 진정으로 지켜야 할 것은 무엇이고, 진보가 변화시켜야 할 것은 무엇일까?

보수는 민족의 정체성, 우리가 만들어가는 역사, 선조들이 일군 문화를 진정으로 지켜야 한다. 국민을 외세로부터 보호하고 대한민국의 영토를 지키고 헌법의 이념을 수호하고 정의와 자유, 평등의 가치를 지켜야지 보수가 지켜야 할 것은 당대의 기득권이나 권력 따위가 아니다. 현명한 국민이라면 보수라는 이름의 탈을 쓰고 사실은 돈과 권력을 지키고자 하는 것은 아닌지 꾸준히 감시해야 한다. 진짜 보수 정치라고 자부하기 위해서는 대한민국 국민으로서 긍지를 함양하고 우리가 일군 공동체를 지켜야 할 핵심적인 가치를 지키기 위해 노력해야 한다. 대한민국은 보수의 힘이 막강하기 때문에 그저 보수라는 가치를 추구한다는 신호를 보내거나, 보수당에 속한다는 사실만으로 강력한 지지가 있었던 것이 사실이다. 그러나 국민의 정치의식이 함양될수록 재산과 권력의 보수인지, 진정한 가치와 국민을 지키고자 하는 보수인지 선구안이 키워질 것이다. 도덕성과 가치를 상실한 보수가 넘쳐 난다면 국민은 보다 나은 세상을 만들어 줄 진보의 가치에 손을 들어줄 확률이 높다.

진보는 보수라는 이름의 탈을 쓴 채 가려지고 은폐되는 불공정하고, 불공평하고, 부정의한 사회의 가치, 정책, 제도, 인물에 대해 건전한 비판을 제기한다. 진보는 우리 사회에 적폐된 가치, 정책, 제도를 변화시켜야 한다. 국민을 불행하게 하고, 불평등하게 대우하는 사회의 모습에 문제를 제기하며 우리 사회에 더 나은 가치를 형성해나간다. 역사는 더 발전한다는 이상을 토대로 다른 사람들과 토론하고 미덕을 기르는 공동체, 훌륭한 시민을 만드는 교육, 건전한 문화의 형성에 노력한다. 그러나 진보라는 막연한 이름 뒤에 숨어서 자신의 신념을 절대적인 선으로 강요하거나 기존 국민들의 법 감정과 평균적인 대중의 생각은 완전히 무시한 채로 오로지 자신의 이상과 이념에만 갇혀서는 안 된다. 이러한 태도는 같은 진보라는 세력끼리도 응집되지 못하는 모래알처럼 만들게 한다. 국민들은 자신들의 공상에만 갇혀서 분열하고 자멸하는 진보에게 지지를 보내지 않는다. 국민은 능력 있는 흉내를 내는 진보가 아니라, 진정한 능력이 있는 진보에게 지지를 보낼 것이다. 아름답고 멋진 가치를 내걸지만 능력은 없는 진보가 넘쳐 난다면 국민들은 담담하고 능력 있는 보수에게 손을 들어줄 확률이 높다.

보수와 진보의 가치는 절대적인 대척 지점에 있다고 할 수 없다. 보수를 추구한다고 변화에 둔감한 것은 아니며, 진보를 추구한다고 헌법적 질서를 무시하는 것은 아니기 때문이다. 사람과 정당에게는 자신의 사상과 조직을 응집시켜 줄 일관된 색깔이 필요하다. 따라서 사회에는 다채로운 색깔의 이념들이 존재할 수밖에 없다. 그러나 그것들은 싸우고 분열해야 할 요인이 아니라 궁극적으로는 화합되고 조화되어야 할 개념이다. 진보와 보수 각각의 개념 그 자체는 공동체가 추구해야 할 가치가 아니다. 국가가 추구해야 할 방향과 가치, 목적은 그것보다 훨씬 더 넓고 분명하다. 국민의 안전, 자유, 행복, 평화, 번영 등이 공동체가 궁극적으로 추구해야 할 가치다. 보수와 진보는 이러한 가치를 안정적으로 구현하기 위해 존재하고 있는 수단이라는 사실을 우리는 늘 기억할 필요가 있다. 보수와 진보의 투쟁이 중요한 것이 아니라 그것을 통해 진정으로 구현하고자 하는 우리 사회의 이상적인 모습에 주목할 필요가 있다. 현대의 다원화된 사회 공동체 시스템을 유지하기 위해서는 경직된 직선적 체제가 아니라 유연하고 곡선적인 체제가 필요하다. 현실정치에서 이러한 이상을 실현하기 위한 길은 다양한 정당들이 자신의 목소리를 내고 건강하게 투쟁하면서 국가의 상위 선을 이루기 위한 작업이 합리적으로 이루어지는 문화이다. 대한민국의 '보수'와 '진보'가 건강하게 대립하고 공존하는 날을 기대한다. 합리적인 경쟁으로 시대와 환경의 변화에 발맞춰 국가의 비전을 제시하고 법, 사회제도, 문화를 변화시켜가는 유연하고 유기체적인 국가 정치 시스템을 볼 수 있기를 소망한다.

10 | 사람을 위한 시스템: 인문정신에 관하여

본서는 인간이 중심이 되는 사회 시스템에 대해 많은 지면을 할애하고 있다. 그러나 사람이 구성요소가 아닌 시스템일지라도 자동차 시스템, 소프트웨어 시스템, 자연과학학문 시스템도 결국은 모두 사람을 위한 것이 아닐까?

자동차도 기계 그 자체를 위해서 제작한 것이 아니라 사람이 안전하고 행복하게 이동하기 위해서 제작한 것이다. 소프트웨어 시스템도 사람이 IT기술을 활용하여 보다 효과적인 성취를 위해서 만든 것이다. 자연과학이라는 학문 시스템도 마찬가지다. 비록 사람이 아닌 자연을 대상으로 구축한 학문시스템이지만 그것 또한 사람이 이해할 수 있는 언어와 수식으로 표현한 것이다. 사람이 자연 현상을 보다 효과적으로 이해하기 위해서 축적한 지식이기 때문이다. 어떤 시스템을 둘러보아도 사람을 논외로 하고 이야기할 수 있는 시스템은 없다. 하지만 자본, 성과, 이기적인 편익을 추구하며 살아가며 다양한 개인들이 파편화되고 분절화되어 버린 세상에서 사람이 목적이 아니라 사람이 수단으로 전락해버리는 모습을 우리는 곳곳에서 발견할 수 있다. 사람의 안전과 편익은 고려하지 않고 만들어진 몇몇 화학약품, 음식, 기계장치, 제도, 문화 등은 사람을 행복하기 위해 만든 수단이 아니라, 사람을 수단으로 삼아 자라나고 있는 목적과 수단이 거꾸로 된 시스템이다.

사람을 위한 시스템을 만들기 위해서는 사람을 있는 그대로 이해하는 것에서 먼저 출발해야 한다. 사람은 자신이 아닌 자연, 동물, 과학법칙에 대해서는 무한히 냉정하고 객관적인 시선을 가질 수 있지만 정작 사람 본인에게는 객관적인 시선을 가지기 어렵다. 자기 자신을 명료하게 관찰하고 판단하기 어려운 것처럼, 사람도 사람의 특징을 객관적이고 명료하게 바라보기 힘들다. 사람은 자신의 모습을 솔직하게 인정해야만 진정으로 사람을 위한 시스템이 구축될 수 있다. 그런 점에서 먼저 사람을 냉정하기 바라보기 위해서는 사람의 허접스럽고 나약한 모습까지도 있는 그대로 바라볼 용기가 필요하다. 사회가 법치주의를 주된 통치이념으로 삼은 것은 사람이 전적으로 악한 모습을 가지고 있기 때문만은 아니다. 사람에게는 맹자가 말한 사단지심의 생래적 동정심과 배려심이 있다고 믿는다. 그러나 모든 전략과 정책, 제도는 최악의 경우를 고려해야 한다. 자신이 항상 아름답고 덕성이 넘쳐흐르기를 바라 마지않지만 사람에게도 이기적이고, 나약하고, 무기력하고, 폭력적인 모습이 잠재되어 있다. 사람이 자신의 본성이 깨끗하기만을 믿으며 아무런 대비도 없이 무질서한 채로 사회를 유지하고 있다면 언제고 사람의 악한 본성은 튀어나와 혼란을 일으키고 말 것이다. 사람은 사람 내부에 잠재된 악한 모습의 탄생을 인정했기 때문에 이를 대비하기 위해 법과 규칙을 제정했고 사회는 이를 기반으로 안정적으로 발전하고 있는 것이다. 법의 정신은 인간을 마냥 선한 존재로 포장하지 말자는 솔직한 정신에서 시작한 것이다. 인간의 기억력이나 신체적 능력은 자연에 비하면 한없이 무력하다. 하늘을 날 수 없다는 인간의 능력을 직시하지 않았다면 비행기는 탄생할 수 없었다. 있는 그대로 인정하고 단점을 수용하고 이해할 때 그때부터 대안이 나오고 새로운 창조가 시작된다.

학업도 한 개인마다 노력만으로는 한계가 있는 부분이 분명히 존재한다는 사실도 인정해야 할지도 모르겠다. 학교는 노력하면 모든 것을 이룰 수 있다며 학생들의 경쟁을 부추기는 것이 사실이지만 사람에 따라 노력만으로도 극복하기 어려운 점이 있다는 사실을 인정하는 것도 사람의 특성을 솔직하게 인정하는 것일지 모른다. 이러한 사실을 받아들일 수 있어야만 모든 학생들에게 학업을 강제하지 않고 각자에게 잠재된 다양한 개성과 능력을 발현할 기회를 정책적, 제도적으로 마련하는 시도가 열리리라 생각한다. 사람은 마냥 이성적인 존재만이 아니라는 사실도 인정해야 한다. 사람은 삶의 주인으로서 자신만의 고유한 인격과 개성, 사상, 양심, 감정, 취향을 갖춘다. 이러한 사실을 깊이 이해한다면 기업과 같은 조직도 무작정 구성원들에게 업무를 강요하지 않을 수 있다. 개인의 성격, 취향, 잠재력을 보다 깊게 파악하여 각자의 본성에 맞는 업무 분장을 통해 개인도 기업도 원-원하는 전략을 수립할 수 있다.

어린 시절 비현실적인 방학시간표를 그려 본 경험은 누구나 있을 것이다. 이는 자기 자신에 대한 객관적이고 명확한 이해가 부족하기 때문이다. 사람에게는 누구나 태만한 본성과 여유를 즐기고 싶은 본성이 있다는 사실을 조금 편하게 받아들이고 솔직하게 일과를 세운다면 계획과 행동이 일치하는 성공적인 시간표를 수립할 수 있었을 것이다.

마지막으로 인공지능을 필두로 미래의 과학기술 속에서 사람의 가치와 위상을 생각해 보지 않을 수 없다. 솔직하게 앞으로의 사회를 진단해보면 생산의 관점에서 사람의 가치는 지속적으로 하락할 수밖에 없다. 이러한 사실을 전적으로 받아들여야만 기본소득이라든가, 로봇세와 같은 정책을 미리 고민하고 대비할 수 있다. 나아가 이러한 솔직한 태도를 오직 사람만이 할 수 있는 창조적 능력, 감성적 능력을 계승할 수 있는 수단도 고민하게 된다. 모든 가치가 자본화되고, 기계화되는 것을 막기 위해서 사람만이 가지고 있는 인문정신, 창조정신, 개척정신에 관한 내면의 에너지를 불타오르게 할 수단을 미리 만들어 나가는 사회가 되기를 촉구한다.

제 **4** 장
시스템의 실제 적용

앞으로의 내용은 지금까지 기술한 시스템에 대한 생각들을 개인, 기업, 국가의 관점에서 가볍게 적용해 본 필자의 해답이다. 시스템주의자의 관점에서 바라보는 개인의 삶, 기업의 방향, 국가의 방향에 대한 작은 고찰이라고 볼 수 있겠다. 혼자의 힘으로 자기계발, 기업경영, 국가정치에 대한 담론을 펼쳐 보겠다는 야심 찬 시도였지만 대단히 의미 있는 결론은 아니라는 생각에 걱정이 앞선다. 그리고 이러한 내용을 두루 다루기 위해서는 정치학, 법학, 심리학, 경제학, 사회학 등에 대한 실력이 두루 갖춰져 있어야 할 터인데 필자의 짧은 능력으로는 그 모든 것들을 한꺼번에 다루는 것이 쉽지가 않았다. 따라서 국부적인 영역에 밖에 다루지 못했음에 아쉬움을 느낀다.

그러나 1장에서 3장까지 걸쳐 설파한 내용들이 일반적이고 추상적인 담론에 그치지 않고 다양한 영역에서 이야기할 수 있는 실용적인 이야기라는 확고한 신념을 가지고 있었기 때문에 부족하나마 다양한 영역에서 시스템 사상을 적용해보는 것은 미약한 의미가 있다고는 생각한다.

개인, 조직, 국가 시스템에서 강조되어야 할 각각의 키워드는 습관, 문화, 법이다. 각각의 강조점이 달라지는 차이의 기준은 '자발성 정도'이다. 시스템을 이루고 있는 집단이 커질수록 자발성의 정도가 떨어지고 강제해야 할 요소가 커진다. 무슨 의미인지 조금 더 구체적으로 설명하기 위해 인치와 법치라는 개념을 빌려서 설명할 수 있겠다. 집단이 작아서 소통이 쉽고, 각자의 자발적인 참여, 도덕적인 감화의 영향력이 클 때에는 인치주의를 도입하여 행동할 수 있도록 유도하는 것이 타당하다. 규모가 작고 자발적으로 충분히 행동이 가능한 집단임에도 불구하고 강제적인 법을 도입하거나 규칙을 도입한다면 오히려 집단의 사기를 꺾고, 자발적인 동력을 잃어버리게 만들 것이다. 하지만 집단이 규모가 점점 커지면 개인은 점점 분리되기 시작하고 서로가 서로에게 미치는 영향력이 크지 않으며, 잘못에 대한 수치심과 자발성의 정도가 떨어진다. 더군다나 집단이 커지기 시작하면 어떤 행위에 대한 감시나 제재 정도가 쉽지 않아서 무질서의 정도는 비선형적으로 증가할 가능성이 대단히 높다. 따라서 집단의 규모가 점점 커지면 강제적인 법을 도입하여 사회의 질서를 유지할 필요가 분명해진다.

이에 따라 필자는 '자발성 정도'라는 기준으로 삶의 주인이 되는 개인에게는 스스로 행동을 자발적으로 촉구할 수 있는 '습관' 시스템이 중요하다고 생각했다. 기업 경영은 법과 같이 강제적이지는 않지만 구성원들 간에 암묵적인 합의와 약속, 태도로 형성된 '문화'가 중요한 시스템이라고 결론지었다. 그리고 국가와 같이 거대한 집단을 운영하기 위해서는 '법'과 같이 강제적인 시스템이 중요하다고 결론 내렸다.

[표-자발성 정도에 따른 개인, 조직, 국가의 중요 시스템]

단위	자발성 정도	목적	중요한 시스템
개인	자발성 높음	존재 가치(자아실현)	습관
조직	반 자발성	이윤창출/가치실현	문화
국가	강제성이 높음	다양한 가치의 공존	법

개인은 가장 자유로운 존재이다. 자신의 자유의지로 가장 높은 자발성, 자유도를 가지는 최소의 사회 시스템 단위다. 칸트는 '네 의지의 준칙이 보편적 입법적 원리에 타당'하도록 행동하라고 하지만, 그것은 당위의 외침일 뿐 인간은 스스로를 냉정하게 평가하고 행동하도록 제어하기 어렵다. 그래서 인간에게 가장 중요한 시스템은 자신도 모르게 자신을 만들어 가는 '습관'이라는 강력한 시스템에 기반한다. 대다수의 자기계발서와 위인들이 '습관'을 강조하는 이유이다.

조직(주로 기업) 시스템은 '문화'가 가장 중요하다. 기업은 공통의 목적(보통은 이윤추구)을 위하여 조직원에게 동기를 부여해야 하지만 이는 법처럼 강제적인 수단을 동원하여 이룩할 수는 없다. 기업의 사규는 최소한의 일탈을 제어하기 위한 수단일 뿐 직원들을 동기부여하고 성과를 만드는 수단으로는 적합하지 않다. 동기부여라는 목적으로 단순하게 성과 시스템을 도입하는 것만으로도 충분하지 않다. 조직 구성원들이 조직의 비전과 목적에 부합하도록 동기부여하고 성취를 만들도록 하기 위해서는 조직 구성원 간에 유연하게 소통이 되고, 서로가 서로에게 긍정적인 자극이 되며, 긍정적으로 일할 수 있는 분위기가 주어질 때 기업의 목적에 맞게 자발적으로 일하게 된다. 이를 가능케 하는 것이 보이지 않는 '문화'이다. 각각의 기업마다 사람의 얼굴과 개성만큼이나 다른 기업문화를 가지고 있고 그러한 기업문화는 직원들의 성과, 동기부여, 분위기를 지배한다. 다양한 기업과 경영학적인 담론에서 '기업문화'가 강조되는 것은 이와 맥락을 같이한다.

국가와 같은 거대 조직시스템은 법과 같이 강제적인 수단으로 지배되어야 한다. 국가의 존재 이유는 기업처럼 '이윤창출, 가치창출'이라는 단순한 개념으로 정의하기 어렵다. 국민의 안전, 자유, 평화, 질서, 복지 등 수많은 기본적 가치가 혼재되어 있다. 다양한 생각을 가진 사람들이 존재하며 그 나라 영토에서 태어나는 이상 누구나 국민으로서 권리를 가진다. 기업은 원하는 사람들을 선별할 수 있지만 국가는 원하는 사람만을 선별할 수 없다. 따라서 국가는 본질적으로 '덕치'나 '인치' 혹은 '문화'만으로는 지배하기가 어렵다. 수많은 사람들이 존재할 때 발생할 수 있는 다양한 범죄와 분쟁을 해소하고 사회질서를 유지하기 위해서는 모두 합의하고 동의한 강제적인 법을 반드시 필요로 한다. 4장의 전체 내용은 이러한 생각을 보다 구체적으로 펼쳐나간 것이라고 할 수 있다.

개인 시스템론

1) 습관의 힘xxxviii)

인생을 성공적으로 살아낸 사람들의 조언에는 유독 습관에 대한 이야기가 많다. 습관의 중요성을 일깨우는 문장들을 간단히 살펴보고 습관의 힘에 대한 이야기를 열어보자.

> *우리 삶이 일정한 형태를 띠는 한, 우리의 삶은 습관 덩어리에 불과하다.*
>
> *- 미국의 심리학자 윌리엄 제임스*

> *우리가 반복적으로 하는 행동이 바로 우리가 누구인지 말해 준다. 그러므로 중요한 것은 행위가 아니라 습관이다.*
>
> *- 아리스토텔레스*

> *성공한 사람은 실패한 사람이 좋아하지 않는 일을 하는 습관이 있는 사람이다.*
>
> *- 토마스 에디슨*

이 외에도 정말 수많은 위인들이 '습관'의 중요성에 설파하고 있는데, 그러한 명언만 모아서 주석만 달아도 수권의 책은 쓸 수 있을 것 같다. 시중에 나와 있는 자기계발서 중에 습관에 대한 내용이 많은 것은 개인의 인생에서 습관이 엄청난 영향력을 행사하고 있기 때문일 것이다. 대체로 사람들은 자신의 의지와 통제 하에 합리적 판단과 이성적인 선택을 하면서 살아가고 있다고 생각하지만, 사실 행동의 절반 정도는 무의식적인 습관에 의해서 반복되며 결정되고 있을 뿐이다. 한 연구 결과에 의하면 우리 삶의 45%가 자기도 전혀 의식 하지 않은 무의식적인 습관에 의해 이뤄진다고 한다. 완전히 의식하지도 못한 행위가 45%이다. 다소간 의식하고 있다고 하더라도 습관적으로 행하는 행동까지 고려해본다면 사실상 행동의 대부분은 습관으로 이뤄지고 있다고 봐도 무방하다. 따라서 심리학자 윌리엄 제임스의 말처럼 '우리 삶이 일정한 형태를 띠는 한, 우리의 삶은 습관 덩어리에 불과하다'고 말할 수 있는 것이다.

강한 울림을 주는 감동적인 위인이나 멋진 삶을 살아가는 사람들의 자기계발서나 에세이를 읽고도 잠깐의 동기부여만 있을 뿐, 내 삶이 근본적으로 변하지 못하는 것은 자신에게 고착화된 습관을 벗어나기 어렵기 때문이기도 하다. 사실 인간의 일시적인 의지에는 한계가 있기 마련이다. 불굴의 의지와 정력적인 에너지로 매일매일 24시간을 보람차게 살아가는 소수의 사람들도 있겠지만 나처럼 잠도 많고, 인지적 체력도 떨어지는 사람은 불굴의 의지를 발휘하려고 해도 금방 지쳐버리기 일쑤고 그 행동을 장기간 지속하기도 어렵다. 이는 심리학적 용어로 자아고갈(Ego Depletion)이라고 한다. 우리의 인지적인 능력도 신체의 체력처럼 분명한 한계가 존재하고 있는 것이다.

따라서 인간의 뇌 구조와 신체는 습관적인 행동 시스템을 만드는 방향으로 진화했다. 매 상황마다 인지적 체력을 낭비하며 자아고갈(Ego Depletion)을 발생시키기보다는 반복적인 자극에 대해서만큼은 일관적인 반응을 취하도록 뇌와 행동 구조를 만들어감으로써 인지적 자원을 절약하는 방향으로 신체는 진화했다. 아침이면 일어나 창문을 열어 환기를 하고, 방문을 열고 걸어 나와 주방의 냉장고에서 물을 한잔 마시러 가는 과정까지 우리는 인지적 노력이라고 부를 만한 노력을 거의 들이지 않는다. 이 모든 과정 속에서 일상적이고 습관화 된 행위를 반복하고 있을 뿐이다.

문제는 나쁜 습관은 관성을 가지고 더욱 쉽게 개인의 행동에 자리 잡는다는 점이다. 좋은 습관보다는 자신을 병들게 만들고, 생각하지 않게 만들고, 노력하지 않도록 만드는 무기력한 습관이 내 삶에 더욱 고착화되기 쉽다. 아무 생각 없이 집에 오자마자 TV를 켜고, 계획도 목적도 없이 스마트폰을 만지고, 니코틴에 중독되어 자신의 폐를 망치는 것을 알면서도 습관화된 흡연을 반복하고, 적절한 주량만큼 절제하지 않고 폭음하는 습관 등이 그러한 예라고 볼 수 있겠다. 삶을 망치는 반복적인 행동들이 습관으로 자리 잡아 개인의 행동을 지배하고 삶을 파괴한다. 습관으로 이뤄지는 삶의 원리를 이해하고 보다 나은 삶을 살기 위해 가장 먼저 해야 할 일은 좋은 습관을 만들기 이전에 나쁜 습관들을 먼저 알아차리는 것이다. 좋은 습관을 만들기 전에 잘못된 습관들을 교정하고 떨쳐내야만 한다. 보물을 손에 움켜쥐기 위해서는 내가 이미 쥐고 있는 쓰레기를 쓰레기통에 과감하게 던져 넣어버려야만 한다.

나는 습관의 힘을 천기누설까지도 비유하고 싶다. 이처럼 명쾌하면서도 자신의 삶을 변화시킬 수 있는 메커니즘을 본 적이 없다. 습관이야말로 개인의 삶을 변화시킬 수 있는 가장 강력하면서도 효과적인 수단이면서 개인을 지배하는 핵심적인 시스템이다. 인간이 가진 습관 중에서 가장 근본적인 영역은 마음이다. 흡연, 음주와 같은 행동의 습관을 제거하고자 노력하는 행위도 중요하다. 하지만 행동의 습관은 가시적이기 때문에 자기 자신도 잘못된 습관에 대해서 명료하게 이해하고 있을 가능성이 높고 외부의 전문가가 그 사람의 행동을 교정해줄 수 있는 여지도 있다. 그러나 마음의 습관, 정신의 습관, 감정의 습관은 우리 삶의 방식을 완전히 장악하고 지배하고 있음에도 보이지 않기 때문에 자신도 알아차리기 힘들고 타인도 교정해줄 수 없다.

도전하기 전부터 쉽게 포기하고, 조금만 잘 나가는 사람이 보이면 시기하고 질투하고, 타인의 내면보다는 외모에만 집착하여 진정한 관계를 그르치고, 내 생각에만 빠져 다른 사람의 감정을 헤아리지 못하는 등의 개인을 망치는 이러한 행위들은 모두 개인의 마음에서 비롯한다. 이러한 마음의 습관은 유전적인 속성이 아니라 자기 자신의 마음 안에 스스로 형성한 습관에 불과하다. 따라서 자신이 어떻게 마음을 다잡고 노력하느냐에 따라 충분히 변화시킬 수 있는 습관이다. 마음의 습관은 스스로 알아차리기 힘들다. 얼핏 알아차린 자신의 추악한 마음의 습관들을 외면하고 싶은 마음에 내 탓이 아니라 남의 탓으로 돌려버리기 일쑤다. 마음의 습관을 변화시키기 위해서는 마음을 열고 자신의 내면을 들여다보는데 집중해야 한다. 자신의 잘못된 마음의 모습을 알아차리고, 자신의 남루한 모습을 있는 그대로 인정해야 한다. 자신의 모습을 있는 그대로 인정하는 것에서부터 변화는 시작된다.

어차피 완벽한 사람은 없다. 누구나 못난 모습과 추악한 모습을 자신의 내면에 가지고 있다. 살아오며 많은 실수도 저지르며 살아간다. 그러나 어차피 완벽한 사람은 있을 수 없다는 사실을 받아들이고 자신의 못난 부분을 외면하기보다는 감싸 안은 후에 어제 보다 나은 오늘을, 오늘보다 나은 내일을 향해 변화하면 된다. 오늘 보다 내일 더 따뜻하고, 겸손하게 하루하루 충실한 삶을 살고 노력하는 마음의 습관을 자신에게 주입해 나가면서 변화하면 된다. 이러한 마음의 습관은 태도(Attitude)라는 말로 대체해도 무방하다. 세계와 삶, 사랑, 사람, 열정, 행복, 실패, 학문에 대해서 나는 어떤 가치관을 가지고 있고, 어떤 방식으로 대하고 있으며, 어떤 식으로 말하고 행동하고 있는지가 모두 그 사람의 마음, 정신, 감정의 습관이라고 할 수 있다. 이는 곧 태도(Attitude)로 드러난다.

인간의 삶은 습관 시스템의 덩어리로 운용되고 있으며 이는 심리학, 뇌 과학으로도 증명된 사실이다. 한 사람의 정체성에 대해 아리스토텔레스는 반복적으로 행하는 습관이 그 사람을 말해준다고 했다. 그리고 가장 중요한 습관은 마음의 습관, 즉 태도(Attitude)라고 정리할 수 있다. 지금까지의 논의를 '**개인 삶의 시스템=습관 → 가장 중요한 습관=태도(Attitude)**'라는 공식으로 대체할 수도 있겠다.

습관을 바꾸는 첫걸음이 운명을 바꾸는 첫걸음이다. '극기', '금욕'의 습관을 실천하고 증오와 폭력이 아니라 비폭력 저항의 태도(Attitude)로 민족의 해방을 꿈꾸었던 인도의 성인의 마하트마 간디의 명언으로 습관에 대한 이야기를 마무리한다.

네 믿음은 네 생각이 된다.

네 생각은 네 말이 된다.

네 말은 네 행동이 된다.

네 행동은 네 습관이 된다.

네 습관은 네 가치가 된다.

네 가치는 네 운명이 된다.

- 마하트마 간디

2) 자기계발서 제대로 읽기

한 개인이 정서적으로 충만하고, 자존감으로 무장하여 행복한 삶을 살아가기 위해서는 내면의 덕성을 기르고 항구적으로 공부하여 세상의 이치를 깨달아 나가야 한다. 행복한 인생도 그저 행복하자는 다짐 하나로 주어지는 것은 아니며, 불완전하고 교만한 스스로를 극복해나가며 지속적으로 자신의 태도와 습관, 행동을 교정해 나가는 반복적 행위에서 비롯된다. 자기 발전적 행위를 공동체의 정치적인 영역으로까지 확장했던 아리스토텔레스는 공동체 개개인의 시민의 미덕을 기르도록 촉구했으며 자신의 발전을 위해서 선한 행동을 습관적으로 이행할 것을 요구하였다.

개인은 모두 자신이 처한 상황에 따라, 직업 여하에 따라 정도에 차이는 있겠지만 자신의 삶을 보다 발전시키고, 나은 성취를 이루고, 행복한 삶을 살고자 하는 자기발전의 욕구가 있다. 필자는 자기 발전의 욕구와 행위가 아리스토텔레스가 촉구하는 것만큼 사회적 헌신과 공동체의 발전을 기하는 거창한 행위일 필요는 없다고 생각한다. 자기계발 과정이 학구적인 과정일 필요도 없다. 또한 지나치게 사회에 대한 헌신이나 공동체 기여에 대한 자가발전일 필요도 없다. 최소한 타인에게 피해를 끼치는 행위만 아니라면 오롯하게 나 자신의 만족을 위한 자기계발은 권장할 만하다. 다른 사람을 의식하지 않고 자신의 삶에 최선을 다하고 발전하는 모습 그 자체만으로도 한 개인의 삶에 의미가 있는 일이며, 그러한 타인의 행동을 보며 다른 사람들도 삶을 발전시키고자 하는 내면의 열망을 불러일으킨다. 그런 의미에서 필자는 시중에 나오는 수많은 자기계발서들을 마냥 세속적이라거나, 경쟁 지향적이라거나, 자본 친화적이라며 비난하지 않는다. 필자 또한 훌륭하게 자신의 삶을 이룩한 사람들의 경험담과 노하우를 자기계발서를 통해 많은 가르침을 얻었다.

다수의 자기계발서를 남겼던 사람들이 걸어갔던 과정은 결코 세속적이지도 않았다. 그들은 남을 의식하기보다는 자신의 한계를 넘는 과정을 기꺼이 감내하고 자본을 초탈하여 자신의 가치를 추구하며 걸어갔던 삶의 궤적을 그려나갔다.

'보다 더 나은 삶을 살고 싶다. 어제보다 오늘 더 발전하고 싶다. 나의 한계를 넘고 싶다. 행복해지고 싶다. 자신감을 가진 당당한 사람이 되고 싶다.'와 같은 마음의 열망은 누구에게나 있으며 그러한 열망을 삶에서 실천하고 습관화하는 과정은 늘 아름답고 멋있는 일이라고 생각한다.

그런데 숱한 자기계발서를 읽더라도 '자기계발'은 커녕 '자기혐오'만 생산하는 이 아이러니함은 대체 어떻게 설명해야 할까. 훌륭한 삶을 이룩하고 성취를 이뤄낸 자들의 저서를 읽으면서 격정적으로 공감하고 고개를 끄덕이고 어제와는 다른 내가 될 것이라고 마음의 의지를 불태우다가도 막상 책을 덮고 나면 또다시 평범한 일상과 변하지 않는 나의 모습은 어떻게 설명해야 할 것인가. 분명 머릿속에 속속 박힌 듯 읽었는데 무슨 내용을 읽었는지 기억도 나는 않는 난처한 상황은 어떠한가.

한 가지 원인은 세상에 쏟아지고 있는 자기계발서의 공급이 대체로 자본주의가 요구하는 성장적 욕망의 분출로 소비되는 측면이 분명 존재하기 때문이다. 한 개인의 자기계발, 자기발전, 미덕의 증진, 좋은 습관의 형성이라는 본질적인 목표에 초점을 두기보다는 자극적이고, 극적인 묘사를 통해 책을 읽는 순간이라도 마치 내가 자연스럽게 성장하고 있다는 대리만족을 추구하는 형식의 자기계발서도 상당 부분 존재하고 있기 때문이다. 이 점에서는 독자에게도 일정 부분 책임이 있을 것이다. 진정으로 자기계발을 원하고 자신을 변화시키고자 하는 시행착오의 과정에서 책을 참조한 것이 아니라 그저 책 한 권으로 자신의 인생을 변화시키고자 했던 욕심 때문에 자극적이고, 극적인 묘사와 형용이 난무하는 책을 선택하고 결과적으로 아무런 발전 없는 나 자신에 실망했을지도 모르기 때문이다.

자기계발서로 인해 진정한 자기계발이 없는 두 번째 원인이자 가장 핵심적인 원인은 자기계발의 과정에서 진짜 '자기(自己)'의 모습은 온데간데없기 때문이다. 자기계발의 핵심은 계발이 아니라 자기 자신이다. 자기 자신에게 집중하고 내가 어떤 사람인지, 내가 무엇을 좋아하는지, 나는 어떤 장점을 가지고 있는지, 나는 무엇을 할 때 행복한지, 나는 내성적인지 외향적인지, 나는 듣는 것이 좋은지 말하는 것이 좋은지, 나는 선험적 인간이지 경험적 인간인지, 나는 책으로 배울 때 행복한지 몸으로 배울 때 행복한지 등등 자신에 대해서 분명히 이해하고 있다면 사실 타인들이 쏟아내는 자기계발이라는 것은 나에게도 별로 의미가 없는 일일지도 모른다.

앞서 자기계발서 중에는 자본주의의 성장적 욕망을 부각시키고, 성장에 대한 대리만족에 비중을 두는 자극적인 책들도 상당 부분 존재하고 있다고 밝혔다. 그러나 책 한 권 정도의 원칙과 신념을 가지고 있는 사람이라면 아무리 자극적인 내용이라고 할지라도 저자에게 삶에 대한 아무런 내공과 경험이 없다고 말하기는 어렵다. 문제는 그 내용과 과정은 모두 그 작가만의 인생과 경험, 지혜라는 점에 있다. 그 사람이 느끼고 경험하고 배운 생각과 경험은 저자의 삶의 궤적에 놓여 있을 때 의미가 있는 것이지 나에게 있어서는 아무런 함의가 없는 내용일지도 모른다는 말이다.

자기계발은 자기 바깥에서 이리저리 돌아다니며 구할 수 있는 값싼 물건이 아니다. 진정한 자기계발은 내 안의 깊은 심연을 발견하고 그 속에서 충만하게 쏟아지는 열정과 에너지를 찾아내는 것이 먼저 이행되어야 가능하다. 아무런 자기 주관도 생각도 비판도 없이 무작정 책 한 권만으로 다른 사람의 인생을 배움을 얻고자 하는 것은 지나친 욕심이다. 비록 내 인생은 크게 자랑할 만한 것도 없고, 위대한 성취도 없고, 아무도 알아주지 않는 인생일지도 모르지만 그럼에도 나 자신에 대한 믿음, 존중, 열정을 바탕으로 나에게 맞는, 소소하지만 진정으로 나를 행복하게 하는 경험들을 고민하고 이행해보면서 발전하는 과정이 먼저 선행되어야 한다. 자기계발의 본질은 다른 사람의 인생을 기웃거리는 것이 아니라 나 자신을 냉철하게 바라보고 나에게 맞는 생각, 태도, 경험, 행동을 이행하는데 있다고 본다.

진정한 자기계발이란 타인의 이야기를 소비하는 것이 아니라 나 스스로 진정으로 콘텐츠를 생산해내는 창조자가 되어가는 것에 있다. 나만의 콘텐츠가 결코 거창하거나 대단한 것이 아닌 소소한 생각과 경험이기 때문에 아무도 알아주지 않을지라도 나의 고유한 내면에서 생성된다면 그 어떤 이야기보다 가치 있다.

자신을 가장 잘 아는 사람은 그 누구도 아닌 자기 자신이다. 나 자신에게 필요한 삶의 성장과 콘텐츠는 다른 사람이 아니라 내가 가장 잘 알고 있다. 표면적으로, 명확하게 스스로 인지한 적이 없을지라도 무의식 속에 또는 순간순간마다 자신의 변화에 필요한 요소가 내 안에 자리잡게 된다. 그러기 위해서는 보다 명확하고 분명하게 자기 자신을 이해하는 성찰의 시간이 필요하다. 자기계발서는 성찰 이후에 자신을 좀 더 채워가는 과정에서, 나와 비슷한 고민을 하면서 실제로 발전을 이룩한 사람들의 이야기를 참조하는 형태로 가미될 때 의미가 있다고 생각한다.

예를 들어 평소 자신이 '내향적인' 사람이라는 문제의식을 가지고 있었다고 생각해 보자. 사회는 대체로 적극적이고 능동적인 외향적인 인재들을 원하기 때문에 자신의 성향이 못마땅하거나 무가치하다고 느껴질 수도 있다. 그래서 나의 성격을 보다 적극적으로 변화시켜야 할지 아니면 나 자신을 받아들이고 나만의 길을 개척해나가며 나에게 맞는 직업과 취미를 가져야 하는가에 대한 고민이 뒤따를 수도 있을 것이다.

나의 내향성을 받아들이기로 했다면 나는 어떤 성향의 사람인지 고민해 보는 것이 필요하다. 내향적인 사람들은 대체로 내면의 집중력, 경청의 능력, 세심한 관찰력, 타인에 대한 배려를 가지고 있기 때문에 자신의 강점을 어디에서 살릴 수 있을지에 대한 생각도 뒤따를 수도 있다. 이러한 자기 성찰의 과정에서 자연스럽게 나와 비슷한 고민을 했던 사람은 없는지 생각해볼 수 있을 것이다. 결과적으로 나와 비슷한 문제의식을 가지고 삶을 분석하고 극복한 사람들의 콘텐츠를 찾는 과정에서 자기계발서는 가장 요긴하게 작용할 수 있다. 모든 자기계발서들은 본질적으로 '인간 보편의 교과서'가 아니라 작가가 경험하고 통찰한 '작가만의 모범적인 삶'이다. 자신에 대한 이해가 깊은 사람이면 자기계발서를 읽더라도 이러한 특수성을 염두에 둘 수 있고 능동적이고 비판적으로 다른 사람의 삶을 이해하고 받아들이면서 내 삶에 적용할 수 있다고 생각한다. 시중의 자기계발서들은 저자의 사고 체계에 있는 '주관적인 진리'일 가능성이 높기에 늘 능동적으로 해석해야 한다.

자신의 삶은 스스로의 시선으로 개척해야 한다. 모든 자기계발의 원천은 결국 내 안에 무수히 잠들어 있다. 그것을 나의 내면에서 끌어내느냐, 그러지 않느냐는 개인의 선택과 부단한 성찰과 노력에 달려있다. 나 자신에게 필요한 가장 훌륭한 자기계발서의 저자는 바로 나 자신이다.

3) 독서, 생각하기, 글쓰기

독서력, 사고력, 필력이 그다지 뛰어나지 않은 필자가 이에 대해서 감히 논할 자격이 있을까 생각한다. 하지만 앞서 소박하더라도 나 자신의 삶에 대해 당당하고 나만의 자기계발을 설파한 만큼, 그리고 아마추어이지만 나름대로 한 권의 책을 완성한 저자인 만큼 약간의 내용을 덧대어 보는 것도 나 자신에게도 독자에게도 조금의 의미는 있을 것이라고 생각한다.

성장과정에서 독서에 대한 경험도 그리 많지 않고, 글쓰기에 대해서 깊이 생각해 본 적도 없고, 다른 사람의 논쟁도 그다지 즐기지 않았던 필자가 갑자기 자신만의 책을 쓰기로 결심하게 된 것은 지난 2~3년간의 독서와 성찰, 글쓰기 과정 덕분이었다고 생각한다. 아무런 계기도 없이 갑자기 책을 쓰게 된 것이 아니라 뭔가 지금과는 다른 삶을 살아보고 싶다는 열망, 나 자신을 변화시키고자 하는 내면의 갈망을 승화시키는 과정에서 독서, 글쓰기, 성찰을 시작하게 되었고 이를 통한 과정에서 나의 관심사를 발견하고 책을 쓰는 행동으로까지 발전시킬 수 있었다.

송나라의 문인이자 정치가였던 구양수는 당대에 글을 잘 쓰기로 유명했다. 그는 글쓰기의 비법을 삼다(三多)로 요약한다. 구양수가 말하는 삼다(三多)라 함은 다독다작다상량(多讀多作多常量)을 뜻한다. 글을 잘 쓰기 위해서는 많이 읽고, 많이 쓰고, 많이 생각하라는 뜻이다. 무언가 대단한 비법을 기대한 사람이라면 기운 빠지는 조언일지도 모르겠지만 진리는 매우 단순한 법이다. 하늘 아래 새로운 것도 없고, 대가 없는 결과도 없다. 2장의 인과관계에 대해서 필자가 집중적으로 강조한 것처럼 글을 잘 쓰기 위해서 구양수의 말 그대로 누구보다도 많이 독서하고, 많이 생각해 보고, 많이 써보는 과정에서 발전한다. 사실 더 이상 덧붙일 말이 없을 정도로 구양수의 조언은 간단하지만 필자의 생각들을 좀 더 덧대어 보면서 이번 주제에 대해서 이야기해 보고자 한다.

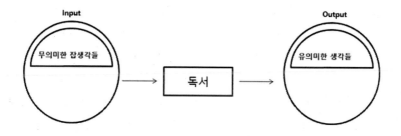

대다수의 사람들은 하루 종일 머릿속에서 무수한 언어를 창출시키면서 잡생각과 온갖 상상, 공상에 빠져서 지내고 있다. 그렇게 떠돌아다니는 생각 중에 대부분은 큰 의미가 없거나 다소간의 의미가 있어도 스스로 알아차리지 못하거나 대단치 않게 생각하는 경우가 많다. 하루 종일 아무와도 대화를 하지 않는 날이라도 머릿속에는 셀 수 없을 만큼 많은 언어들이 돌아다니고 있다. 실증적인 자료로 증명하지는 못하지만 대체로 각자의 머릿속에 떠돌아다니는 생각의 총량, 더 구체적으로 말하자면 언어 혹은 단어의 최소한의 총량은 존재할 것이라고 생각한다. 어렵게 말하지 않아도 언어를 사용할 줄 아는 인간이라면 원치 않더라도 분명 머릿속에 일정 정도의 언어는 떠돌아다닐 수밖에 없다. 오히려 생각을 비우기가 더 힘들다. 그런데 막상 하루를 돌이켜보면 분명 많은 언어들이 내 머리를 스쳐간 것인 분명한데 정작 잠들기 전에 내 머릿속에 남는 내용은 없다. 물론 모두가 애써 하루 종일 의미 있는 생각을 해대며 살아갈 필요는 없다. 오히려 아무 생각 없이, 걱정 없이 사는 것이 훨씬 더 행복하고 편안한 삶의 전략일지도 모른다.

다만, 이왕 숨 쉬며 살아 있고 어차피 머릿속에 무언가를 떠올려야 하는 삶이라면 보다 의미 있고, 가치 있는 생각들을 떠올리며 살아보겠다며 선택하고 살아가는 것도 훌륭한 삶의 전략이다. 독서는 이러한 삶의 전략을 달성시켜주는 강력한 무기다. 무엇을 읽건 간에 내가 생각하는 언어의 총량이 정해져 있고 생각하는 점에 있어서는 아무도 나를 간섭할 수 없는 것이라면 독서라는 행위를 통해 무의미하고 무가치하다고 생각했던 나의 머릿속을 질적으로 완전히 변화시켜줄 수 있다. 독서는 언어의 질적인 변화, 내가 사용하는 어휘의 발전 나아가 언어의 총량 그 자체도 확장시키고 발전시킬 수 있다.

독서를 꾸준히 반복하다 보면 하루 종일 머릿속 돌아다니는 잡생각과 단순한 언어들이 점차 유의미하고 가치 있는 생각들로 변해가는 경험을 하게 된다. 필자는 어릴 적부터 꾸준히 독서를 했던 사람도 아니고, 독해력도 별로 뛰어나지 않다. 하지만 성인이 되어 독서를 시작하고 그제서야 어제와 나와 점점 다른 생각들로 머릿속을 채워 가는 자신을 바라보게 되면서 독서의 참 맛을 알게 되었다.

독서가 취미가 아닌 사람은 책을 거의 읽지 않는 반면에, 독서를 취미로 가진 사람들은 시간만 생기면 책을 읽는다. 독서의 부익부 빈익빈이 심한 이유는, 독서의 참맛을 깨닫는 허들을 많은 사람들이 넘지 못했기 때문이다. 필자도 어린 시절 이러한 경험을 체득하지 못한 점이 대단히 아쉽지만 성인이 되어서도 누구나 노력하면 그러한 재미를 알게 될 수 있다고 생각한다.

독서를 하게 되면 당장에 질적인 변화가 일어나지 않을지는 모르지만 적어도 독서를 하기 전보다는 유의미한 언어의 양적 변화가 일어난다. 운동을 통해 근육을 만들어 가듯이 독서를 통해 생각의 근육을 조금씩 쌓아가는 과정인 것이다. 예전에는 특정 개념이나 단어에 대한 개념이 전혀 없을 뿐만 아니라 복잡한 사유 체계가 들어가지 있지 않아 무의미한 잡생각들로 가득 차있던 머리가 점점 의미 있는 개념, 생각과 짜임새 있는 논리적 구조를 만들어 가는 경험을 해볼 수 있었다.

때때로 운이 좋다면 어느 순간 머릿속에 활어가 팔짝팔짝 뛰어다니는 것처럼 언어들이 날아다니는 이전에는 해본 적 없는 놀라운 경험을 하는 순간을 맛볼 수도 있다. 많은 위인들이 왜 메모의 중요성을 강조했는지 그제서야 이해하게 된다. 아무리 머릿속에 언어들이 활어처럼 팔짝팔짝 뛰어다니더라도 인간의 기억력에는 한계가 있기 때문에 메모라는 행위를 통해서 활어를 재빨리 낚아채려는 준비를 늘 취하고 있어야 하기 때문이다. 순간 떠오르는 착상을 메모를 하기 위해 발명가와 아이디어꾼들은 시도 때도 없이 냅킨이고 손바닥이고 할 것이 적어댄다. 생각이라는 것도 발현하는 순간과 시기가 있기 때문에 활어가 수면 위로 번쩍 뛰어나오는 순간에 낚아채지 않으면 다시 잡기 어려울 수 있다.

사람의 생각은 일직선적이고, 기억력은 유한하다는 사실을 받아들여야 한다. 그러나 메모를 하라는 위인들의 외침도 머릿속에 이런 언어가 돌아다니지 않는 사람에게는 공감되지 않는 쇠 귀에 경읽기일 뿐이다. 연못에 물고기도 없는데 계속 낚시를 하라고 강요해도 기분 좋은 수확을 보기는 어려운 일이다. 위인들이 메모를 중요시했던 것은 누가 할 것도 없이 자신의 머릿속에서 돌아다니는 사유와 아이디어들을 그냥 지나치기가 너무도 안타까웠기 때문이다. 따라서 메모를 하든 글쓰기를 하든 그 앞에 선행되어야 할 것은 먼저 자신의 머릿속에 살아 숨 쉬는 언어들이 활개 칠 수 있는 어장을 만들어야 한다. 내 머릿속이 생동력 넘치는 언어의 생태계, 언어의 바다로 만들기 위해서는 독서라는 수혈이 필요하다.

물론 필자는 독서를 통해 생각의 양과 질을 조금 높이는 경험을 했지만, 그 수단이 반드시 독서여야 한다는 고리타분한 생각을 가진 것은 아니다. 자신의 생각을 변화시키는 방법은 낯선 곳으로 떠나는 여행, 훌륭한 생각을 하는 사람과의 만남, 독특한 경험 등 모두 가능하다. 미디어 시대인 만큼 교육적인 TV, 인터넷 매체도 좋은 수단이라고 생각한다. 생각을 확장시킬 수 있다면 게임, 애니메이션, 음악, 영화도 모두 나만의 훌륭한 정신적 자원이 될 수 있다. 반드시 생산적 목적을 추구할 필요도 없다. 즐거움 그 자체에 집중하며 이것저것 하며 살아가다 보면 언젠가 나만의 경험들이 좋은 정신적 자원이 되어 돌아올 수도 있다. 결국 독서와 다양한 경험을 통해 나에게 관심 가는 화두와 주제에 대해서 깊이 생각해 보고 의미 있다고 생각하면 지속적으로 메모하고 글을 쓰는 과정을 반복하면서 구양수가 말하는 다독다작다상량(多讀多作多常量)의 행위를 꾸준히 실천할 수 있다.

생각과 경험을 표현하는 과정이 단순히 글쓰기일 필요도 없다. 어떤 사람에게는 그것이 그림일 수도 있고, 작곡일 수도 있고, 악기 연주일 수도 있고, 강연이 될 수도 있고, 대화일 수도 있다. 정치인이라면 그것이 입법이 될 수도 있고, 법관이라면 자신의 판결문이 될 수도 있을 것이며, 회사원이라면 자신의 보고서가 될 수도 있고, 요리사라면 자신만의 음식 레시피가 될 수도 있고, 연구원이라면 자신의 논문과 연구일 수도 있다. 뭐든 자신을 표현하는 과정이라면 충분하지 않겠는가. 단순하지만 '독서(다양한 경험) → 사색 → 글쓰기(자기표현 과정)'의 반복적이고 부단한 과정 속에서 우리는 어제보다 나은 내일로 발전하는 것이다.

독서나 생각, 글쓰기에 대한 구체적인 방법론에 대해서는 이미 훌륭한 작가, 선생님들이 자신의 생각들을 많이 남겨두셨기 때문에 굳이 더 첨언할 내용도 없고, 첨언할 자격도 없을 것이다. 다만 독서, 생각, 글쓰기에 대한 자신만의 일반론을 내면에 쌓아 두는 과정은 유의미함을 가질 것이다. 독서와 생각, 글쓰기로 이어지는 선순환적 구조에 대한 직렬적인 프로세스를 아래와 같이 간단하게 좀 더 요약했다.

제 4 장

① 독서

독서를 통해 유의미한 단어와 생각을 자신의 머릿속에 채워간다. 단순히 남의 생각을 배우기보다는 자신들의 생각을 촉발시키는 매개로 사용한다.

② 끊임없이 생각하는 것

달변가, 문장가들이 어떤 질문이나 문제에 지체 없이 대답하고 유창할 수 있는 이유는 평소에 이미 끊임없는 내적 갈등과 생각들로 그에 대한 해답을 머릿속에 가지고 있기 때문이다. 독서라는 Input이 들어오면 다양한 언어들과의 화학적 결합을 통해 유의미한 생각을 만들어 나간다.

③ 메모하기, 글쓰기

생각들이 머릿속에만 머물러 있고, 표현되지 않으면 증발되어 버리거나 무질서하게 변할 수 있다. 놓치기 쉬운 번쩍이는 생각들은 순간순간 메모하는 습관이 중요하다고 생각한다. 그리고 그러한 메모와 더불어 평소에 글 쓰는 습관을 들여서 자신의 생각과 감정을 체계적으로 정리해 나간다. 사실 필자는 이 책을 쓸 때 편집을 제외하고 책상에 한 시간 이상 앉아서 글을 써 내려간 적이 별로 없다. 순간순간 떠오르는 생각이나 감정을 놓치지 않고 기록하고 분류하다 보니 책 한 권이 완성되었다. 그 만큼 메모의 힘은 놀라운 파괴력을 가지고 있다. 그러나 대체로 훌륭한 작가들이 규칙적인 글쓰기 시간을 확보하여 좋은 글을 써 내려가는 점을 고려한다면 특정 목적의 글쓰기를 위해 일정한 시간을 확보할 필요가 있다.

④ 토론
마지막으로, 자신의 생각을 다른 사람들과 공유하며 피드백 받고 내가 놓치고 있던 생각을 보충하고, 잘못 생각하고 있는 내용들을 고쳐나간다. 굳이 면 대 면 토론이 아니더라도 온라인상에 글을 남겨 다른 사람들이 의견을 들어보는 것도 좋다고 생각한다.

일 년에 적어도 한 권 이상씩 글을 써 내려가는 다작가들은 모두 이러한 독서, 생각, 글쓰기의 과정이 쉬지 않고 끊임없이 일어나기 때문에 가능하리라 생각한다. 그들의 뇌에는 응축되어 있던 용암이 폭발하듯이 언어들이 쏟아지는 것이 아닌가 추측해본다. 우리 모두가 그렇게 될 수도 없고 될 필요도 없겠지만 스스로의 삶을 가치 있고 훌륭하게 발전시켜 나가는 방편으로는 충분히 유의미한 과정이 되지 않을까 생각해 본다.

지금까지는 독서 → 사색 → 글쓰기의 전반적인 과정에 대한 성찰이었지만 독서, 생각, 글쓰기 각각의 과정에서도 저마다의 방법론과 체계가 있을 것이다. 즉 독서법, 생각법, 글쓰기법과 같은 하위체계에 대한 고민도 필요하다는 의미다. 각각의 하위 체계에도 자신에게 맞는 고유한 방법과 적합한 구조가 있을 것이다. 독서와 글쓰기를 심화시켜 나가다 보면 아마 이러한 하위 체계에 대한 방법론에 대해서도 고민하지 않을 수도 없다고 생각한다.

4) 스트레스(마음) 관리

중요한 것은 부당한 대접이나 모욕을 받았느냐가 아니라, 어떻게 이를 견뎌냈느냐다.

- 세네카

 로마 철학자 세네카의 울림 있는 한 마디는 우리가 소위 말하는 '멘탈 관리'의 핵심을 담고 있다. 인생을 살아가다 보면 남의 감정이나 상황은 전혀 이해하지 못하는 예의 없는 친구가 주변에 존재하기도 하고, 도무지 존경할 수는 없는 교사를 만날 때도 있으며, 인정 없는 무자비한 상사를 만날 수도 있다. 정도에 차이가 있을 뿐 사회 공동체 속에서 살아간다면 누구나 겪게 되는 하나의 삶의 과정일 뿐이다.

 물론 스트레스를 완전히 차단하고 싶다면, 즉 스트레스의 요인(Input) 자체를 완전히 제거하고 싶다면 산속으로 들어가서 그저 홀로 살아가면 된다. 그러나 진정으로 자신의 삶을 극복한 사람이 아니라면 산속으로 홀로 들어가 고독하게 수양하는 삶 그 자체가 또다시 하나의 스트레스 요인이 되어 다가올 가능성도 다분하다. 따라서 산속으로 들어가는 것도 스트레스를 제거하는 완벽한 해답은 되지 않을지도 모른다. 그렇다면 마지막 수단은 단 하나, 오직 죽음뿐이다. 인생에 있어서 내가 가진 스트레스를 완벽하게 제거하는 방법은 죽음 외에는 없다. 부처가 생즉고(生卽苦)라고 말한 것처럼 살아 있는 모든 삶은 고통의 연속이다. 일찍이 부처는 깊은 성찰과 수행을 통해 인간의 삶이 그저 고통이라는 만고의 진리를 깨달았다. 그러나 고통스러운 삶이 곧 무가치하다는 말은 아니다. 삶이 고통이라는 현실을 명확하게 인식하고 그것을 제대로 다스리기만 한다면 우리의 삶은 고통이 멸하고 외부의 집착에서 보다 자유로워질 수 있다. 그것이 우리가 추구해야 할 삶의 방식이며 부처가 삶을 고통이라고 정의했던 참된 의미다.

필자는 과거 고통스럽고 힘든 상황이 닥치면 늘 외부의 탓으로 돌리기에 급급했다. 닥쳐오는 스트레스를 있는 그대로 받아들였을 뿐만 아니라, 그것을 스스로 더 키워서 정서와 자존감을 파괴하고 열등감을 양산했다. 남들이 나를 X라고 규정지으면, 곧이곧대로 나는 X 같은 사람이라고 규정지으며 괴로워했고, 나를 험담하거나 괴롭히는 사람이 있다면 강하게 반항하다가도 나 자신의 가치를 한없이 추락시켜 수렁에 빠지곤 했다.

그러나 이러한 나를 변화시켜야겠다고 결심한 다음부터 나의 내면을 깊숙이 들여다보고, 다른 사람들의 행동과 말들을 하나의 풍경처럼 객관적으로 바라보기 시작하고, 훌륭한 선인들의 인문학적 성찰과 감수성을 가지게 되면서 '모든 고통은 스스로 만들고, 스스로 자초하고 있었다'는 사실을 깨닫게 되었다. 그때부터 필자는 다른 사람들의 행위와 말을 바꾸려 하거나, 예의 없는 사람들이라며 비난하기보다는 나 자신의 태도와 내가 가진 생각을 변화시키기로 결심했다. 모든 습관을 들이는 방법이 그러하듯 처음에는 이런 태도를 갖추는 것이 대단히 어려웠다. 지난한 세월에 걸쳐 만들어 온 나쁜 마음의 습관, 태도의 습관은 지독하게 나를 괴롭혔고 여전히 옳지 않은 사람들의 행위나 태도에 마냥 분노하거나 괴로움을 가지기 일쑤였다. 그러나 나는 반복적으로 내가 가야할 마음의 방향을 정했고, 괴로워하는 나 자신을 알아차려 가면서 나의 마음과 행동을 교정해 나가기 시작했다. 그리고 스트레스와 고통으로 다가오는 많은 일들이 결국 내 안에서, 내 마음에 벌어지고 있다는 사실을 어느 순간 언어가 아니라 마음으로 받아들이기 시작했다.

물론 필자는 평범한 인간에 불과하기 때문에 여전히 답답한 마음과 불안한 생각이 엄습할 때도 있지만 자신을 마음을 들여다보고 태도를 교정해 나가는 과정에서 과거의 나 자신을 어느 정도 극복할 수 있던 것은 사실이다. 시스템을 이해하게 되면서 나 자신의 마음도 결국 내가 만들어 나가는 시스템이라는 생각을 가지게 되었다.

부모님이 유전적으로 나에게 스트레스에 취약한 마음을 물려주셔서 나의 DNA에 나약한 정신에 관한 정보가 각인되었다는 운명론이 아니라, 내 마음의 시스템도 나 자신이 얼마든지 변화시키고 적극적이고 능동적으로 발전시켜 나갈 수 있다는 깨달음을 가지게 되었다. 물론 그러한 깨달음이나 언어놀음 하나만으로 사람의 태도와 마음이 쉽게 변하는 것은 아니다. 태도와 마음도 하나의 습관이라고 앞서 강조한 것처럼 하나의 습관을 변화시키기 위해서는 지속적이고 부단한 인지적 고통과 심적 고통이 필요하다.

마음에는 선악이 없다. 다만 관성이 존재할 뿐이다. 내가 과거에 악한 마음과 잘못된 감정의 양식을 품고 있었다면 마음은 악한 태도를 관성적으로 유지하고자 할 뿐이다. 악한 태도 때문에 자신을 망치고 괴롭히고 있음을 머리로는 이해하면서도 부단히 악한 태도로 살아가는 것은 기존의 관성대로 마음을 쓰는 것이 편하기 때문이다. 악한 태도에서 마음을 달리 먹고 선한 태도를, 긍정적인 마음, 적극적인 정신으로 변화하는 것은 대단히 불편하다. 기존의 관성대로 행하는 것이 아니기 때문이다.

그러나 나는 자신을 변화시켜야 한다고 결심했다. 스트레스와 고통이 다가올 때마다 취약하게 반응하지 않고 건전하고 건강한 태도로 일관하기 위해서 건전한 사고방식을 갖추기 위해서 노력하고 있고, 명상을 통해서 나의 내면을 깊숙이 관찰해보고 나를 변화시키고자 한다. 세상을 긍정적으로, 활기차게 바라보는 사람들의 강연을 듣고 좋은 책을 읽고 나와 다른 사람들과 소통하면서 내가 생각하는 고통 그리고 내가 한없이 크게 키워온 걱정, 근심이 사실은 대단히 중요한 요소가 아니라는 사실을 깨달아간다. 깨달음을 얻게 되니 내가 더 집중해야 할 가치 있는 일들이 내 주변에 많이 존재하고 있고, 내가 어떻게 세상을 바라보느냐에 따라 세상은 훨씬 더 행복한 일들이 많다는 사실을 깨닫게 되었다. 행복한 일, 가치 있는 일은 하늘이 정해주신 것이 아니라 바로 내 안에 있는 마음 하나로 아름답게 꽃 피어난다. 자신의 정신을 지키고 고통과 스트레스에서 자유로워지는 방법은 스트레스를 없애거나, 사회를 애써 피하는 것이 내 마음의 목소리를 듣고, 나 자신에게 용기를 북돋워 주고, 나를 더 소중하게 대하는 태도에서 비롯한다.

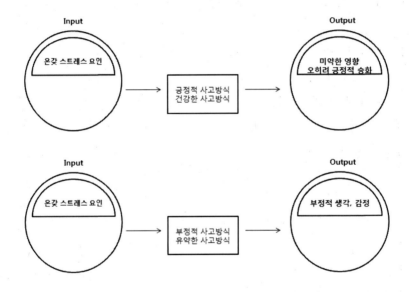

세네카의 조언처럼 부당한 대접이나 모욕이라는 Input은 제거할 수 없다. 살기 위해서는 음식을 먹어야 하는 것처럼, 다른 사람과 소통하는 사회생활을 영위하기 위해서는 발생하는 부가적인 다양한 스트레스라는 Input에서 완전히 자유로울 수 없다. 대상만 변화할 뿐 우리는 아마 죽을 때까지 반복적으로 다양한 스트레스 요인을 마주하게 될 것이다. 그러므로 그러한 요인들을 있는 그대로 받아들이고 나에게 고통을 주는 다양한 요인들을 내가 어떻게 받아들이느냐가 생의 주요한 과제이다.

위의 그림처럼 동일한 스트레스 요인을 받더라도, 긍정적으로 사고하고 건강하게 생활하는 사람은 스트레스에 민감하지 않거나, 오히려 자신을 생동시키는 긍정을 에너지로 승화시킨다. 그러나 부정적인 사람은 자신을 학대하거나, 외부 요인을 원망하면서 스스로가 고통을 더 증가시키는 악순환에 쌓인다. 자승자박하는 것이다. 자신의 사고관을 바꾸는 것은 당연히 쉽지 않다. 이미 굳어져 버린 판단 방식과 감정의 습관은 쉽게 변하지 않는다. 불교식으로 말하자면 일종의 '업장'이다. 이런 '업장'에 갇혀 있다면, 자신이 현상을 현상대로 바라보지 못하고, 있는 그대로 바라보지 못한다. 자신만의 성을 쌓아가면서 스스로를 망치는 생각들을 내 속에서 키워간다. 생각의 전환과 영성의 진화가 필요한 지점이다. 필요하다면 건강하게 종교생활을 영위하는 것도 좋다고 생각한다.

종교가 아니더라도 주체적인 인간의 영역에서 자신을 다스릴 수 있는 콘텐츠는 많이 있다. 행복과 긍정적 사고관을 다루는 강의나 책을 참조하는 것도 좋다. '행복학'으로 유명한 탈 벤 사하르 교수와 같은 행복에 대한 생각들을 참조하면서 자신만의 긍정의 에너지를 지속적으로 만들어 간다면 반복되는 생의 스트레스에서도 건강한 몸과 정신을 유지할 수 있을 것이다. 그러나 무엇보다도 중요한 것은 내 마음을 스스로 챙기고, 보다 행복한 사람, 적극적인 사람, 긍정적인 사람으로 거듭나고야 말겠다는 내 안의 결심과 반복된 행동이다. 그런 의미에서 프로이트의 정신 분석학은 우리의 삶을 개선하는데 별로 도움이 되지 않는다. '당신이 스트레스에 취약한 것은 어린 시절의 트라우마 때문입니다.' 따위의 무책임한 방식의 조언은 아무런 해결도 해주지 못한다. 기껏해야 스트레스를 받을 때마다 이 모든 것들은 내가 어릴 때 받은 트라우마 때문이라며 자기 위안과 변명을 늘어놓을 거리를 하나 얻었을 뿐이다.

글을 쓰는 이 시점에서 아직 읽어 보지는 못했지만 『미움 받을 용기』

라는 책이 베스트셀러가 된 것도 지난한 세월 동안 프로이트 정신 분석학으로 운명론적으로 나의 행동을 분석해오던 자기 변명적, 자기 위안적 해결책이 아니라 보다 능동적으로 자신의 삶을 개척하는 행동 방식을 제안하고 있기 때문이다. 과거에 심각한 트라우마와 이미 발생한 내면의 깊은 상처만 응시해서는 자신을 변화시키는데 큰 도움이 되지 않는다. 내면의 트라우마를 파헤치며 자신에게 다시 한 번 상처를 주고, 해결할 수 없는 수렁에 빠지기 보다는 자신의 감정을 그대로 받아들이고 보다 행복한 삶을 스스로 선택하겠다고 결심하고 미래 지향적인 태도로 마음과 행동을 교정해나가야만 한다. 해로운 사고방식을 그대로 유지하고 경험의 무의식을 고집하는 것만으로 나의 사고 습관은 변하지 않는다. 모든 변화에는 고통이 따르겠지만 그렇게 자신을 부정하고 다르게 행동하면서 나의 내면 시스템을 완전히 변화시켜야만 각자의 마음은 아주 견고하면서도 유연한 '회복탄력성'을 만들어 갈 수 있을 것이다.

결국 자기 자신이 변해야 세상이 변할 수 있다고 생각한다. 다른 사람을, 사회를, 국가를 변화시키고자 하는 담대한 노력 이전에 나 자신의 마음부터 챙기고 나의 태도, 습관, 능력을 변화시키는 것이 가장 우선적이고 중요한 일이라고 믿는다.

5) 개인 시스템론 맺음말

개인 시스템에 대한 내용은 아직 자신의 삶을 훌륭하게 완성하지도 못한 필자의 당위적 결심이라고 생각한다. 여전히 필자는 많은 어려움에 봉착할 때마다 우왕좌왕 하는 평범한 사람이고, 발전하기보다는 그냥 주저하고 싶을 때가 많은 사람이다. 하지만 평범한 사람의 결심과 생각 또한 의미가 있을 것이고, 오히려 위대한 업적을 남긴 사람들의 이야기보다 같이 평범한 사람들끼리의 이야기를 나누며 자신의 삶을 공유할 때 의미 있는 경우도 많다. 필자는 개인 시스템론을 통해 자신의 삶을 한 치의 오차도 없이 죽을 때까지 살아가자는 의미를 담고 있지는 않다.

실제로 자신의 인생을 기계화된 시스템처럼 평생을 다해 살아간 사람이 존재하기도 하다. 바로 근대 철학자 칸트이다. 그는 독일 쾨니히스베르크에서 태어나 80년 동안 죽을 때까지 자신의 지역을 떠나지 않고 규칙적인 삶을 살아간 사람이다. 칸트는 실제로 자신이 살고 있는 동네를 일평생 벗어나지 않고 모든 하루 일과를 정해진 시간대로 살았다. 실제로 동네 사람들은 칸트가 지나가는 것을 보고 시간을 맞추기도 했다는 웃지 못할 농담도 있다. 이렇게 기계적이고 협소한 시각에서 개인의 삶에도 시스템이 필요하다는 주장을 하고 싶지는 않다. 물론 칸트의 삶은 경이적이고 존경스러울 만큼 일관된 학자의 삶이었지만 대부분의 사람은 이러한 삶을 살아갈 능력도, 의지도 없다.

시스템적 삶이란 자신의 삶을 보다 넓은 시야로 통합적이고 균형 있게 바라보자는 것이다. 통합적, 균형적 삶에는 발전과 자기계발만 있는 것이 아니라 마음의 위안을 주는 소소하고 사소한 낭만과 휴식도 존재하는 법이다. 물론 그러한 종합적 시야 속에서 스스로가 정말 잘하고, 경쟁력을 갖고, 집중하고 싶은 분야가 있다면 체계적이고, 획일적이고, 기계화된 계획을 통해서 칸트적 삶을 병행하는 것도 필요하다고 생각한다. 자신의 삶과 생각이 지나치게 견고하면 아이러니하게도 타인의 시스템을 이해하기 어렵다. 분명 자신은 어떤 대상에 대해 A라는 가치관을 가지고 있는데 상대는 왜 B라는 가치관을 가지고 있는지 있는 그 자체로 받아들이기 힘들 것이다. 열린 마음으로 상대를 바라보지 못하면 20대의 청년도 소위 말하는 꼰대 소리를 듣는 것도 무리는 아닐 것이다. 타자의 시스템에 다가가기 위해 나만의 시스템을 잠시 놓아두고 유연하게 다가가야 할 필요성을 느낀다. 필요하다면 기꺼이 열린 자세로 듣고 나의 시스템을 일부 수정시키고 변화하겠다는 마음도 필요하다. 물론 막상 실천하기는 어려우므로 마음을 다스리는 일이 중요하다. 한 개인을 둘러싼 시스템에는 고려할 요소가 많다. 자기 자신을 이해하고 자아를 실현하는 것이 한 개인의 궁극적 목적이라고 가정해 본다면 시간, 돈, 정신적 에너지, 노력(Input)을 토대로 다양한 삶의 카테고리(Category)를 고민하며 삶을 설계할 수 있다. 행복, 자기만족, 경제, 문화, 대인관계 등이 한 개인이 생각하는 삶의 카테고리의 일부일 것이다. 이러한 고민을 통해 개인은 의식적이든, 무의식적이든 자신의 삶을 영위하면서 행복, 돈, 정서적 안정, 건강(Output)을 취할 수 있다. 그런데 이 과정에서 시야가 좁아지게 되면 '경제', '돈'과 같은 요소가 내인의 전부가 되어 버리면 자신의 삶을 잠식하고 파괴할 수도 있다. 물론 한 개인의 인생을 보면 밥벌이는 대단히 중요하며 한 개인의 기본적 생활을 영위하게 하는 중요한 요소이다. 그러나 지나치게 경제적 가치에 몰입하다 보면 그가 지나치며 사는 일상의 행복, 문화 생활, 정서적 안정감과 같은 본질적 행복을 놓칠 수 있다. 그러므로 필자는 계획된 시간표에 따라 맹목적으로 자기계발만 외치는 기계적인 삶이 아니라 때로는 방황도, 특이한 취미도, 무계획적인 여행도 용인할 수 있는 종합적 시각에서의 행복을 추구하는 '시스템주의자'가 되어야 한다고 생각한다.

이런 관점에서 '전인교육의 필요성'을 제언한다. 자신의 인생을 균형감을 가지고 종합적으로 바라보기 위해서는 자아관과 사고관을 형성해 나가는 학창시절에 삶의 다양한 요소를 발견하는 기회들이 공교육에서 주어져야 한다. 필자 또한 이러한 시야를 학창시절에 가져보지 못했다는 아쉬움이 있다. 지나치게 언어로만 이루어진 일방적이고 주입적인 학습에만 매몰되었고 다른 사람을 생각하고 타인과 공존하는 공동체의 가치를 깊이 배우지 못했다. 물론 체제만 탓할 수 없고 개인이 가진 태도와 기질의 탓도 있겠지만, 그런 부족함을 가지고 있었기 때문에 오히려 성장기에 학교에서 이러한 가르침이 조금 더 주어졌다면 좋지 않았을까 생각한다.

'전인교육'이라는 말을 일반적으로 한국에서 통용되는 방식으로 오해해서는 안 된다. 전인교육을 마치 전과목 만점과 같은 의미로 곡해하는 경우가 종종 보이기 때문이다. 수학, 과학, 체육, 미술, 음악과 같은 모든 분야를 망라해서 전부 만점을 받고 최고의 인간이 되게 하는 교육은 전인교육이 아니라 철인왕을 키우겠다는 극단적인 엘리트 교육의 지향점이다.

전인교육이란 '만능'의 인간을 기르는 것이 아니라 세상과 사물, 인간을 균형감 있고, 종합적으로 바라볼 수 있는 태도와 자신의 개성을 깨닫게 해주는 교육을 말한다. 학생을 경쟁을 위해 도구화시키는 교육이 아니라 오감을 가지고, 이성을 가지고, 행복을 추구하는 한 명의 인간으로 대우하는 것이다. 학업만이 최고라는 일방적인 가르침이 아니라 학생들이 사회를 이해하고 자유를 누리면서 행복하고 훌륭한 삶을 살도록 건전한 시민을 길러내는 것이 진정한 전인교육이다. 학생 각자가 스스로에게 어떤 부분이 필요하고 내가 진정으로 무엇을 좋아하고 잘할 수 있을지에 대해 깊이 생각하도록 유도하며 다양한 체험을 시켜주는 것이야말로 전인교육이 지향하는 바이다. 이는 학업을 소홀히 하자는 의미가 아니다. 일방적으로 지식을 주입하는 것이 아니라 학문을 세상을 이해하고 소통하는 도구로 깨닫게 해야 한다. 지혜를 형성하는 태도가 인생에 진정으로 도움이 된다는 사실을 깨우치고 동기부여 하는 것이야말로 진정한 교육의 길이다. 일부의 공부를 잘하는 학생만이 교육을 통해 삶의 의미를 찾는 게 아니라 학문 그 자체에 우리 공동체와 개인의 주체적인 삶을 깨우치는 지혜가 있다는 사실을 느끼게 해야 한다고 생각한다.

다짜고짜 원소주기율표를 암기하도록 할 것이 아니라 어쩌면 수십 억년 전 토성의 고리를 이루던 산소 원자가 내 몸의 일부를 형성하고 있을지도 모른다는 상상력과 낭만이 학생들을 진정한 학문의 길로 이끌어

나가도록 할지도 모른다. 별다른 지식 없이도 친구들과 자유롭게 토론하고 자신의 생각을 형성해 나가면서 스스로의 부족함을 깨닫게 할 수 있다. 그리고 다음 토론에서 더 나은 발언으로 참여하기 위해서 더 많이 배우고, 더 많이 생각해야 한다는 필요성을 깨달을 수 있다. 자신에게 필요한 지식을 스스로 찾아갈 수 있는 기회를 주고, 타인과 열린 자세로 소통하는 자세도 가르쳐야 한다. 그것이 참된 '전인교육'의 시작이라고 생각한다. 강조하자면, 전인교육은 균형 있고 총합적인 사고가 필요하다는 생각이지 모든 것을 다 잘하는 만능형 인간, 철인왕을 기르는 것이 목표가 아니다. 이성적인 인간의 내면에는 모두 주체적으로 자신의 삶을 개척할 수 있는 씨앗이 잠들어 있으며 보다 나은 교육의 기회가 주어진다면 균형적인 사고와 발전적인 행동으로 자신이 잘하는 분야를 발견하고 자신의 진짜 재능을 발휘할 수 있다.

일관성 있게 시스템론을 펼치기 위해서 중요하게 생각하는 전제가 있다. 진정한 시스템주의자는 본인을 둘러싼 사회 구조 시스템을 비판하기 이전에 자기 자신의 정신구조, 행동구조 시스템마저 변화하고 개선하겠다는 의지와 실천을 행하는 사람이라는 것을. 그래서 자신의 생각과 행동을 쉼 없이 성찰하고 바라보면서 내 의견이 편협한 부분은 없는지, 다른 사람의 의견을 비판하기 이전에 옳은 생각은 없는지 점검하면서 자신을 언제나 가다듬을 때 진정한 사회 구조의 시스템을 제대로 비판하고 개선할 수 있다는 사실을 말이다. 물론, 뛰어난 학자나 성인군자만이 사회 변화를 요구하거나 비판을 할 수 있다는 말은 아니다. 하지만 스스로를 가장 잘 알 수 있는 자신마저 균형 있게 살펴보고 돌보지 못하는 사람이 다양한 진리가 혼재되어 있고 선악이 모호한 사회 구조를 제대로 직시하고 통찰하기는 더욱 어려운 일이 아닐까? 자신만의 향기를 품고 건강한 인생의 꽃이 피어나는 개인들이 살아가는 사회가 되기를 꿈꿔본다.

기업 시스템론

1) 기업문화, 기업의 아우라를 창출하는 힘[xxxix]

IBM의 전 CEO 루 거스너는 변화란 문서를 주고받으며 이루어
지는 게 아니라 구성원의 몸과 마음이 함께해야만 가능한 일이
라고 말했다. 대부분의 혁신활동이 정착되지 못하거나 실질적인
성과로 이어지지 못하는 데에는 분명 눈에 보이지 않는 이유가
있다. 바로 기업문화다.

- 기업문화 혁신전략 서문

　문화야말로 공동체 시스템의 DNA이고, 보이지 않는 문화가 공동체 시스템을 지배하고 있다고 밝힌 바 있다. 대한민국은 전통문화의 계승, 발전과 민족문화의 창달에 기여해야 한다는 헌법 정신을 담고 있다. 대통령 취임 선서에도 민족문화의 창달에 노력이라는 의미를 강조하듯이 대한민국 공동체는 우리나라 고유의 문화를 발전시키고 계승해나가는 것을 대단히 중요시하고 있다. 대한민국뿐만이 아니라 모든 국가 공동체는 자국만의 고유한 문화를 유지하고 전승시키면서 공동체를 존속시켜나가고 있다. 국가공동체에서 문화가 중요하다는 사실은 필자가 굳이 강조하지 않더라도 대체로 모두가 공유하고 있는 주지의 사실이다.

　그런데 국가만큼 문화를 중시해야 할 집단이 우리 사회에 또 있다. 바로 기업이다. 전 세계는 자본주의 시스템으로 공조화되어 있고 자본주의 시스템의 가장 핵심적 주체는 기업이다. 각각의 기업은 모두 경영진, 노동자, 노동조합, 투자자, 소비자 등의 개인들로 구성되어 유기적으로 활동하는 만큼 기업도 문화를 형성하고 있고 그 문화의 힘에 지배되며 유지되고 있다. 그런데 기업은 국가와는 달리 추구하는 목표가 뚜렷하다. 기업에게 도덕적 역할과 사회적 책임을 권장할 수는 있지만 기업의 일차적인 목표는 누가 뭐라고 해도 이윤창출이다. 그러나 국가는 서로 다른 개인이 거대한 공동체를 유지해야 되는 만큼 절대적인 가치를 강요할 수 없다. 그래서 국가는 자유, 평등, 정의, 복지, 평화, 안전 등의 다양한 가치를 추구하고 있는 것이다. 시대나 환경, 장소에 따라 조금 더 지배적이거나 우월하다고 평가할 만한 가치가 존재할 수는 있지만, 그것 또한 절대적인 가치는 아니며, 절대적인 하나의 가치를 강조하며 나아가는 순간 그 국가는 절대 국가, 전제국가로 나아가는 미끄러운 비탈길에 놓이는 것이다.

바로 이 지점에서 국가 시스템을 운영하는 지향점과 기업 시스템을 운영하는 지향점이 차이를 가지게 된다. 현대의 민주국가는 자유 민주적 기본질서를 강조하며 '자유'를 중요한 가치로 내세우기는 하지만 자유만이 최고로 중요한 절대적 가치라고 할 수 없기 때문에 다원주의에 입각하여 평등, 정의, 평화, 안전, 복지와 같은 다양한 가치를 추구하며 개인이 살아갈 수 있는 환경을 만들어 나가야 할 의무가 있다. 따라서 현대의 법치국가는 어떤 행위를 하라고 강요하거나 강제하는 방향이 아니라 최대한 하지 말아야 할 금지사항을 제시하면서 사회 시스템을 유지하고 있다. 공부를 하거나, 운동을 하라고 제안할 수는 있지만 공부를 하라고 강제하는 법을 만들기는 어렵다. 대신에 엄밀하게 부정하다고 생각할 만한 살인, 사기와 같은 죄에 대해서는 벌을 가하여 다른 개인, 사회에 해악을 끼치는 행위에 대해서 금지하는 방향으로 국가 시스템을 유지하고 있다.

그러므로 현대 법치 국가 사회 모습은 문화만이 아니라 법에 의해서도 지배 받고 있다고 볼 수 있다. 대한민국 국민들은 조선시대 오백 년 역사로 축적된 민족의 문화와 정서를 공유하고 있는 것이 사실이지만 그렇다고 그러한 문화만으로 지금의 대한민국의 모습, 문화, 사회를 형성하고 있는 것은 아니다. 북한 또한 우리와 동일한 조선시대의 오백 년 역사를 공유한 동포들임에도 불구하고 그들은 선군정치, 전제정치, 세습정치에 의해서 우리와는 전혀 다른 국가 체제를 유지하고 있는 것이 그 단적인 예라고 할 수 있다. 법치 국가, 민주주의 국가에서 거시적이고 전반적인 사회 모습은 문화 그 자체 보다는 차라리 성문화 되고, 계약된 법의 의해서 전체적인 모습을 형성하고 반대로 법이 문화 그 자체에도 상당한 영향을 주고 있기도 한다는 점을 부정하기가 어렵다.

기업 시스템을 운영하는 방식은 국가 시스템의 운영방식과는 다르다. 국가 시스템은 특정한 가치를 강요하기 어렵지만 기업 시스템은 일차적인 이윤추구의 입장에서 그들이 공유하는 분명한 비전과 미션을 내세우며 국가보다 훨씬 더 목적 지향적이고 조직화된 체계로 유지된다. 그러므로 국가는 국민들에게 이러저러한 가치를 추구하라고 강요하기 어렵지만, 기업은 노동자에게 이러저러한 행동과 가치를 장려하기 위해 부단히 애를 쓴다. 그리고 노동자들의 성과를 관리하고 주기적으로 그들의 인사 고과를 통해 동기부여를 하고자 노력한다. 물론 국가도 국민들에게 납세와 국방의 의무를 요구하지만 그것은 어디까지나 국가 공동체를 유지하기 위한 최소한의 의무에 그칠 뿐이다. 그렇다면 기업은 사규와 예규와 같은 규칙을 통해서 노동자들이 보다 효과적으로 일할 수 있도록 강제, 강요하면서 자신의 이익을 극대화 시킬 수는 없는 것일까? 이러한 질문에는 크게 아래의 세 가지 이유로 불가능하다고 말할 수 있겠다.

첫째, 기업은 국가와는 달리 이윤추구라는 분명한 목적을 추구하는 조직인 것은 맞지만 기업 또한 현대의 법치국가 내에 속한 주체일 뿐이다. 기업에 속한 구성원들은 노동자이기 이전에 한 명의 국민이다. 따라서 기업이 내부적인 사규, 예규, 규칙을 통해 계약 관계인 노동자에게 일정 정도의 제재나 규율을 따르도록 할 권한은 있지만 그것이 법에 저촉되거나 심대하게 위반 할 정도라면 그것은 불가능하다. 현대국가에서는 기업이 노예계약, 노동자 착취를 하는 것을 엄격하게 금지하도록 하고 있다.

둘째, 기업은 노동자이기 이전에 자신의 자아실현을 추구하고 감정을 느끼고, 행복을 추구하는 인간이기 때문이다. 기업이 아무리 강제하고 강요하더라도 한 명의 인간으로서 존중받지 못한다고 생각이 들거나, 지나치게 착취받는 생각이 든다면 인간들은 얼마든지 반항하고 자신의 권리에 맞서서 싸울 수 있는 자발적인 존재들이다. 감정을 가지고 있고, 자신이 원하는 것이 무엇인지 이해하고 개성을 가진 존재로서의 노동자들을 반강제적으로 업무를 강요하거나 노예처럼 부린다면 그들은 노동조합을 통해 싸우거나, 법률적 조치를 가하거나 그마저도 안 된다면 그저 회사를 옮기기를 택하면 된다.

셋째, 빅데이터·인공지능·사물인터넷 등으로 말미암아 시대가 급변하며 기계와 IT기술이 인간을 대체하는 시대에서 기업들이 살아남기 위해서는 단순히 어떤 행위를 강제하거나 강요하는 것만으로는 경쟁력을 상실할 것이 뻔하기 때문이다. 농작물을 재배하며 노예를 통해 노동자들을 착취하던 시대에는 노예들을 혹독하게 채찍질하며 목표로 하는 과일과 채소를 재배하고 수확하도록 강제할 수 있었을지는 모르지만, 현대사회는 어떻게 변화하고 무엇이 필요한지 알 수 없는 미지의 세계로 가고 있는 것과 다름없다. 이러한 시대를 앞두고 구시대적으로 채찍질 방식의 업무 강제와 쪼아대기 방식의 상사의 업무 지시로는 어떠한 창조적인 성과를 기대할 수 없다. 여러 이유 때문에 기업은 이윤추구라는 명목으로 무작정 노동자들을 자신들의 요구에 맞게 강제할 수 없게 되었다. 기업은 노동자들의 업무를 강제하거나 강요하지 않고 그들이 자발적으로 동기를 부여받고 기업에 대해 자부심을 느끼며 스스로 원하는 성취를 얻을 수 있도록 장려해야 한다. 이는 현대 사회에서 훌륭한 성취를 발휘하고 있는 기업의 공통적인 특징일 뿐만 아니라 앞으로 요구되는 기업의 훌륭한 자질이기도 하다. 그리고 이 모든 기업의 태도와 방식을 '기업문화'라고 할 수 있겠다. 결국 기업은 국가와 달리 법과 같은 강제를 통해 구성원들의 성과를 올릴 수 없고, 올려서도 안 되며 이는 잘 조직화되고 공유된 기업문화에 의해서 달성될 수 있는 성취이다.

기업은 이윤창출, 넓게는 가치창출이라는 구체적인 목적을 달성하기 위하여 조직원 스스로 자발적으로 움직일 수 있도록 동기부여 시킬 수 있어야 한다. 직원들에게 애써 강요하지 않아도 그 기업에 속하기만 한다면 기업이 최종적으로 달성하고자 하는 공통의 목표와 사회에 우리 기업이 기여하는 가치, 앞으로의 비전 그리고 우리 기업만이 가진 색깔이 자연스럽게 녹아들 수 있도록 할 수 있어야 한다. 이것이 바로 기업문화이며 문화를 기반으로 기업 조직은 스스로 움직이고 발전하는 경쟁력 있는 유기적 사회 공동체로 거듭난다.

『기업문화 혁신전략』의 저자 애드거 H. 샤인의 기업문화의 정의대로 하자면 기업문화는 눈에 보이는 구조와 프로세스와 기업이 추구하는 철학, 전략, 목표라는 가치 그리고 조직 구성원들이 무의식적으로 공유하고 있는 사고와 감정의 체계의 종합이다.[xl] 기업문화는 그 기업만의 고유한 특수성을 띠고 있으므로 어떤 기업문화가 최고라고 단언할 수는 없다. 산업의 특성과 기업이 제공하는 제품과 서비스에 따라 기업문화는 창조적이고 자유로운 기풍을 요구할 수도 있고, 때로는 엄격하고 통일된 규율, 위계질서가 중요할 수도 있다. 중요한 것은 그 기업만의 문화를 정말 제대로 이해하고 시대에 발맞추어 혁신시켜 나가려는 의지이다. 『기업문화 혁신전략』에 등장하는 '아크미 생명보험사(가명)'의 사례[xli]는 문화가 가지는 제약과 특성을 분석하지 않은 채 기술 변화를 추구하다가 참담한 결과를 초래하는 과정을 보여준다. 규모가 큰 아크미 생명보험사는 경쟁력을 키우기 위해 모든 서류와 관련 업무를 컴퓨터로 전환하여 효율적인 업무 처리 시스템을 만들고자 했고, 이를 위해 검증된 정보기술 전문가를 고용했다. 모든 준비가 완벽했지만 기술 전문가는 주어진 시간 안에 업무량을 모두 마쳐야만 하는 직원들의 압박감의 중요성을 간과했다. 이를 모른 채 교육을 계속 진행한 전문가에 의하여 직원들은 수박 겉핥기식의 교육을 받기만 했다. 결과적으로 충분히 교육 받지 못한 직원들은 컴퓨터로 업무를 처리 하느라 더 많은 시간을 소요하게 되었고 오히려 생산성이 감소되는 결과를 초래했다. 직원들의 하위문화를 제대로 이해하지 못한 결과였다.

이외에도 기업문화를 이해하지 못한 채 전략의 실패를 겪은 사례는 많다. 아타리사는 엔지니어들이 경쟁이 아니라 집단이 노력한 결과로 창조적인 게임을 만들어 낸다는 사실을 간과한 채 엔지니어들을 경쟁시켜서 직원들의 동기를 감소시켰고, 애플의 스컬리는 엔지니어들이 자신끼리만 기술을 이해할 수 있다고 생각하고 있는 조직 내의 문화를 전혀 이해하지 못했다. 문화를 이해하려는 노력 없이 다짜고짜 효율만을 추구하며 불도저식 경영을 해서는 추구하는 기업의 목적을 달성할 수 없다.

애드거 H. 샤인의 표현대로 문화는 수박 겉핥기식의 업무 형태가 아니라 매우 심오하고 폭넓은 것이다. 그리고 시간이 흐르면서 조직원들에게 형성된 공통된 가정이기 때문에 견고하고 쉽게 바꿀 수도 없다. 그리고 눈에 띄지도 않는다. 따라서 기업을 장악하고 있는 이 기업문화를 이해하여 목표에 맞게 혁신할 수 있기 위해서는 기업문화를 단순하게 접근할 것이 아니라 기업의 뿌리 깊은 정서를 파악해내고야 말겠다는 탐구의 정신, 세심한 눈길이 필요하다.

기업문화의 특수성을 인정하지만 적어도 사회에 속한 기업이라면 추구해야 할 공통적인 기업문화가 존재한다고 생각한다. 그것을 '사회적 가치 창출추구' 문화와 '인간존중' 문화 2가지로 요약하고자 한다.

'직원 여러분이 바로 이 회사의 주인입니다!' 같은 구시대적 구호로는 더 이상 직원들에게 동기부여를 할 수는 없다. 주식 한 푼도 없는 직원들이 스스로를 회사의 주인으로 생각하는 시대는 지났다. 애써 직원들의 기업의 주인이라고 세뇌시킬 필요는 없으며 그럴 수도 없다. 대신에 자신이 기업에 속하면서 생산하는 제품, 서비스가 사회에 공동체의 발전을 기하는 선한 방향의 가치 창출효과를 만들어 낸다는 인식을 심어주는 것이 중요하다. 그런 인식을 심어주기 위해서는 실제로 기업이 그러한 가치대로 경영이 이뤄져야만 한다. 단순한 이윤추구가 아니라 기업에 사회적 가치를 창출하고 있다는 정당하고 떳떳한 기분을 구성원들에게 심어주는 '사회적 가치 창출추구' 문화가 직원들이 기업에 속하고 싶은 소속감을 만든다. 내가 속한 회사가 생산하는 서비스와 제품이 사회에 기여하는 가치가 있다면 내가 이 회사에 소속된다는 사실이 자랑스러워진다.

'개처럼 벌면 그냥 개다'xlii). 한 인터뷰에서 두산 박용만 회장이 했던 말이다. 기업은 사회 공동체와 동떨어진 채로 홀로 잘했기 때문에 돈을 버는 것이 아니다. 기업의 근간을 유지해주는 국가 시스템, 기업의 서비스와 제품을 소비해주는 소비자, 기업을 위해 헌신하는 노동자들이 있기 때문에 기업이 존재하고 번영한다. 사회에서 이윤을 창출하는 기업은 당연히 사회적 책임을 가지고 있는 존재다. 돈만 잘 벌면 되지 기업이 왜 그런 부분까지 고민해야 하냐고 반문한다면 자발적인 도덕적 각성을 강조하는 칸트 식의 의무론적 윤리가 아니라 공리적인 부분으로도 설명이 가능하다. 옥시나 남양유업 사태에서 공분을 느낀 국민들은 앞으로 사회적 책임을 다하는 기업에게서 감동받고 그들의 제품과 함께하고 싶다는 의식이 강해질 것이다. 선한 브랜드를 형성한 기업들은 장기적 이익에도 도움을 받을 것이다.

대한민국은 지난 현대사에서 기업의 성장이 곧 국가의 성장, 국민의 성장이라는 모토가 지나치게 강조되어 왔기 때문에 기업 총수들의 탈세, 조세포탈, 횡령, 사기 등의 행위에 대해서 눈감아 주고 넘어가는 경향이 있어 왔던 것이 사실이다. 그러나 국가의 시스템이 정착되고, 저성장 시대에 접어들고 국민들의 의식이 발전, 언론의 역할이 강화되면서 윤리적인 기업은 불매운동, 신뢰추락 등으로 인해 결과적으로 심각한 손해를 받게 될 가능성이 다분하다. 내가 말하는 사회적 책임은 억지로 기부를 하거나, 봉사활동을 해야 한다는 기업의 부가적인 책무를 말하는 것이 아니다. 기업의 본업은 훌륭한 제품의 서비스의 제공이다.

　기업의 책무란 제품과 서비스를 만들면서 보다 책임 있는 의식으로 국민들의 안전, 건강, 복지를 지속적이고 깊게 생각하여 실제로 그러한 제품과 서비스를 제공하기 위해 노력하는 정신으로도 일차적인 역할은 충분하다고 생각한다. 소비자 즉 국민이 옥시 또는 남양유업이 사회에 봉사활동을 하지 않았다거나, 기부를 하지 않았다는 행위로 분노하지는 않는다. 자신들의 가장 기본적인 제품을 만들고 생산하는 과정에서 충분히 윤리적인 소임을 다하지 못했다고 생각하기 때문에 소비자, 국민들의 공분을 자아낸다. 노동자도 자신이 속한 기업이 선한 브랜드를 형성해 나가고 기업이 사회에 훌륭한 가치를 창출한다는 인식이 생기면 경영자들이 애써 주인의식을 가지라고 강요하지 않아도 자연스럽게 주인의식과 소속감을 가지고 싶어 할 것이다. 기업이 공공의 봉사자처럼 행동하라는 의미는 아니다. 기업은 경제 활동을 통해 사회적 가치를 창출한다면 본연의 역할이 있다. 다만, 결과에 해당하는 '이윤'이나 '돈'을 먼저 추구하는 것이 아니라 기업이 생산하는 제품과 서비스를 통해 소비자에게 어떤 가치를 창출할 수 있는 먼저 고민하고 그 가치에 중점을 두는 기업일수록 조직원의 마음을 사로잡는 기업이 될 수 있다는 의미이다.

스마트폰을 만드는 업체가 이윤을 최고의 목적으로 삼는다면 기업의 방향을 비용감축에 지나친 혈안을 가지게 될 수 있지만, 사람들에게 감동을 선사하는 스마트폰을 만드는 데 주안을 둔다면 소비자들의 생각과 감성을 이해하려고 노력하며 보다 혁신적인 기술을 개발하는데 가치를 두고 기업을 운용할 것이다. 그리고 직원들은 비용감축에 지나치게 혈안을 두는 기업보다는 소비자들에게 보다 많은 가치를 제공하고자 하는 기업에 더 많은 소속감과 자랑스러움을 가지게 될 것이다.

다음으로 기업이 추구해야 할 문화는 '인간 존중'이다. 모든 기업이 대단한 제품을 만들어 내거나 훌륭한 가치창출을 할 수는 없다. 대단한 제품이나 막강한 사회적 기여보다 기업에 속한 직원들에게 더욱 중요한 것은 내가 하는 일이 비록 작은 가치가 있을지라도 조직의 일원으로서의 나의 존재와 감정, 내 업무가 기여하는 가치가 존중받는 문화이다. 원인은 정확히 알 수 없지만 한국의 전반적인 기업문화는 지나치게 경직되어 있고, 위계적이며 수직적이다. 이러한 위계가 완전히 사라져야 한다는 주장은 아니다. 자유롭고 직원의 만족도가 높은 우수한 외국 기업에도 당연히 위계가 있고 엄격한 절차와 기준은 존재한다. 다만 필요 이상으로 경직되어 직원 한 사람, 한 사람이 자유로운 인간이 아니라 회사만을 위한 존재, 상사만을 위한 존재로 여겨지는 극단적인 위계와 기계적인 질서가 문제다.

이것을 기업의 문제로만 돌리는 것은 아니다. 기업 이전에 국가의 문화가 아마 그렇게 형성되었기 때문일 것이다. 많은 사람들이 주장하듯이 아마도 유교 문화와 일제가 남긴 획일화된 교육, 근현대의 권위적인 정부와 사회 문화가 한몫하고 있을 것이다. 그러나 그렇다 하더라도 기업은 사회, 문화 탓으로 모든 것을 돌릴 수는 없다. 기업 스스로 더 훌륭한 기업문화로 거듭나기 위해 주어진 조건은 받아들이되, 진취적으로 새로운 문화를 만들어 나가면 된다. 그것이 특이점에 놓여 한 치 앞을 알 수 없는 환경에서 기업이 살아남을 수 있는 길이다. 이상적인 길이고 유토피아적인 환상이라고만 생각하면서 내버려 둘 일이 아니다. 훌륭한 국가나 기업들에서는 이미 어느 정도 달성하고 있는 현실적으로 달성할 수 있는 과업이다. 기업, 더 넓게는 어떤 조직을 벗어나서 살아갈 수 있는 사람은 없다. 자본주의 사회에서 대다수의 사람들은 모두 노동자로서 살아가게 되고, 가정에서 보내는 시간 보다 생산을 달성하는 일터에서 보내는 시간이 더 많은 것이 현실이다. 따라서 현대 사회는 조직에서의 행복이 한 개인의 행복의 전반을 결정하고 결과적으로 국가의 행복까지 결정한다. 선도적인 기업문화는 기업만의 문제가 아니라 전 국가적인 문제이기도 하다.

인간은 조직에 속하면서 안정감과 행복감을 느낀다. 자신의 가치를 알아주는 사람들과 조직을 만나게 되면 더할 나위 없이 행복하고 열심히 살아갈 힘을 얻는다. 주주 자본주의에서 기업의 주인은 주주이고 회사 대표이겠지만, 그렇다고 그 아래에서 일하는 노동자들이 기업에 마냥 종속된 것은 아니다. 어디까지나 계약에 의해 성립된 관계일 뿐이다. 따라서 기업은 노동자들을 일정 기간 일하다가 다시 떠나는 '손님'으로 개념으로 대해야 한다. 기업에 종속된 존재나 부품이 아니라 손님으로 대할 때 노동자들은 보다 존중받을 수 있다. 그리고 그 존중은 결코 일방적이지 않을 것이다. 기업으로부터 소속감, 안정감 그리고 경제적 보상에서 더 나아가 손님으로 존중받는다는 느낌까지 받는 노동자들은 기업을 향해서도 충분한 존중을 보낼 것이다.

현대의 자유 민주적 기본질서의 확립의 여정은 수 세기에 걸친 공동체의 간섭으로부터의 탈출과정이었다. 그 대가로 우리는 자유로운 시민이라는 명목을 얻었지만 반대로 우리는 자본주의라는 사회 속에서 살아가는 노동자이기도 하다. 그러나 그것이 반드시 억압이라고 볼 수는 없다. 인간은 조직에 속할 때 비로소 안정감과 행복감을 느끼는 존재이기 때문이다. 따라서 즐거우면서도 생산적인 기업을 만드는데 인간은 많은 고민을 해야 한다. 필자가 생각하기에 그중 가장 중요한 개념이 바로 기업문화였다. 기업 내, 외부에 속한 사람들에게 그 기업만의 한 마디로 표현하기 힘들지만 분명히 그 기업만의 독특하고 특수한 아우라를 창출하는 힘, 그것이 바로 '기업문화'이다. 기업이 선하고 훌륭한 아우라를 창출해 나가는 노력은 기업만의 문제가 아니라 훌륭한 삶을 실현하고자 하는 국가, 인류 공동체의 번영에 대한 과정이기도 하다.

2) 자본주의, 그 야누스의 얼굴에 관하여

인류 역사를 통틀어 자본주의는 가장 유기체적인 경제 시스템이다. 공산주의가 망했던 이유는 시대의 변화와 환경에 유연하게 대처할 수 없는 기계적이고 경직된 경제 시스템이기 때문이다. 공산주의가 품고 있던 이상에는 많은 사람들이 동의할 수 있다. 그러나 시대의 변화를 따라가기 어렵고, 환경을 반영할 수도 없는 획일적이고 계획적인 공산주의는 이상에 발목 잡혀 망했다고 봐도 무방하다. 관념론을 탈피하고 유물론의 관점을 견지해야 한다며 세상의 변화에 주목했던 마르크스도 사실 공산주의적 이상이라는 관념에 빠져 있던 글 쓰는 선비 기질의 한계를 벗어나기 어려웠다.

인간 공동체의 이상을 목표로 계획화하고, 획일화하는 공산주의와는 달리 자본주의는 개인의 자율을 중시한다. 자본주의는 처음부터 이상적인 계획을 고정하거나 특정한 제도를 조직하지 않는다. 자본주의는 시대와 환경에 맞게 시시각각으로 그 모습을 달리한다. 자본주의에서 끊임없이 새로운 경제학자들의 이론이 필요한 이유도 시시각각 환경에 따라 변화하는 자본주의의 경제적 특성을 절대화시켜 포착할 수 있는 이론은 거의 없거나 있더라도 아주 추상적이고 일반화되어 모든 현실에 적용하기는 어렵기 때문일 것이다. 그래서 자본주의는 살아남았고 공산주의는 사라졌다. 환경과 시대에 따라 적응하며 발전한 자본주의는 심지어 공산주의 요소까지 흡수해가며 현재까지 그 명맥을 유지하고 있다. 그러나 역사가 증명해주듯이 현재의 지배적이고 당연하게 받아들여지는 체제나 진리가 언제나 옳은 것은 아니다. 현재까지 자본주의는 가장 합리적인 경제 시스템으로 여겨지며 세계 전체를 공조화시켜 냈지만 결국 이 자본주의도 종국에는 종말 하게 될지 어떨지 아무도 예측할 수 없다. 자본주의(Capitalism)라는 단어에서 느낄 수 있듯이 우리는 이 글자에서 따뜻한 온기를 찾아보기 어렵다. 마치 자본만을 최고의 가치로 삼고 있는 듯한 이 단어에서 인간은 자본에 종속되어 살아가는 존재로만 여겨질 가능성이 언제나 도사리고 있다. 자본주의는 많은 지식인들이 우려했던 대로 소득의 불평등과 환경파괴, 경쟁의 과열, 가치 전도 등의 여전히 다양한 문제를 발생시키며 어딘지 모르는 곳을 향해 쉼 없이 나아가고 있다.

자본주의의 병폐만을 주시하며 자본주의 자체를 배제해야 한다는 극단적인 생각도 옳지 못하다. 자본을 추구하는 자본가들은 무자비하고 오직 돈만 생각하는 사람들이라고 생각하는 것도 틀렸다. 뛰어난 자본가, 경영자들은 시대를 통찰하는 비범한 혜안, 사물의 본질을 파악하는 능력, 자기 자신의 타고난 강점에 대한, 이론을 실천에 옮기는 행동력과 리더십까지 다양한 영역에 걸쳐서 범인들에 비해서는 뛰어난 인물인 경우가 많다. 자본가들이 오로지 돈만 밝히고 무자비하여 그들의 부를 이룩한 것은 아니다. 반대로 자본가들은 보통 사람들보다 인간에 대한 이해가 깊은 경우가 더 많고, 남들보다 더 깊이 생각하려 한다. 내면에서 꿈틀대는 재기가 표출된 결과로 뛰어난 제품을 창조하며 부를 획득한다. 자본주의는 마치 전쟁과 평화라는 모순된 의미를 모두 상징하는 야누스의 두 얼굴과 같다.

　자본주의 경제 시스템이라는 기차의 끝이 낭떠러지가 아니라 번영의 목적지를 향해 달려가도록 만들기 위해서는 우리 스스로 그 방향을 고민하고 정할 수 있어야 한다. 기차는 이미 달리기 시작했고 아마도 인류의 엄청난 상흔 없이는 그냥 멈출 수 없을 것이다. 기차가 멈춘다는 것은 공조화된 지구 경제 체제의 파국, 파멸을 의미할지도 모른다. 따라서 이 기차가 달려가고자 하는 대로 그저 수동적으로 실려 갈 것이 아니라, 달리는 중에도 쉼 없이 고민하고 반성하고 그 방향을 조절하고 속도를 조절하면서 우리가 꿈꾸는 모습대로 나아갈 수 있는 노력을 게을리하지 않아야 한다. 이상화된 공산주의를 버리고 현실적이고 유기체적인 자본주의를 도입했지만, 그 유기체가 혼자 마음대로 자라도록 방기할 수만은 없다. 정원을 이루는 꽃과 나무는 인간의 의지가 아니라 그들의 생명 의지와 힘으로 자라나는 것이지만, 그럼에도 불구하고 정원사는 물도 주고 무성하게 자라나 정원의 모습을 망치지 않기 위해 쉼 없이 가지치기를 해주고 영양을 공급해줄 수 있어야 한다.

　그렇다면 자본주의가 우리에게 진정으로 유용한 수단이 되기 위해서는 우리가 자본주의에게 요구하고 추구할 가치와 목적은 무엇인가? 그에 대한 답은 명백하다. 바로 '공정성'이다. 온갖 위기에도 자본주의가 끊임없이 수정되고 변화하면서 지금까지 살아남았던 핵심 요인은 공정성이라는 가치를 자본주의라는 경제 시스템이 그 정도가 많건 적건 계속해서 실현해오고 있기 때문이다. 공산주의와 달리 자본주의는 일률적이고 획일화된 평등이 아니라 인간의 능력과 노력 여하에 따라 합당한 수준의 대가를 숫자가 표기된 화폐로 제공한다. 무언가 인정받고 보상받을 때 명확하고 합당한 수준의 대가로 눈에 보이고 산술할 수 있을 때 인간은 보다 많은 동기부여와 창의적 추동력을 발휘할 수 있다.

　보이지 않는 손이라는 개념을 창안했던 애덤 스미스는 자본의 효율성에 집중했던 것이 아니다. 애덤 스미스가 자본주의를 통해 자유 시장을 옹호했던 것은 특정인의 자의적 간섭을 배제하고 경제 참여자 사이에 자유로운 거래와 경쟁 속에서 자본이라는 요소가 공정한 기준이 될 것이라고 생각했기 때문이다. 그는 공정함을 달성하기 위한 방편으로 자본과 자유 시장을 옹호했다. 그러므로 애덤 스미스 이론의 표면적인 껍데기만 받아들여 '보이지 않는 손'을 근거로 인간의 간섭 없는 자본주의를 주장하는 것은 옳지 않다. 애덤 스미스는 자유방임의 상태에서 반드시 공정성이 달성될 것으로 생각했지만, 그가 수백 년간 살아남아 자본주의의 현실을 알게 된다면 자유방임만으로 공정성을 달성할 수 없다고 판단할 것이고, 그도 경제체제에 반드시 인간의 인위적인 개입이 필요하다고 생각했을 것이라 믿는다.

정의란 아리스토텔레스의 표현대로 올바른 몫을 다른 사람들에게 주는 것이다. 무엇이 올바른 몫인가의 기준에 대해서는 사람마다 다를 수 있겠지만, 분명한 점은 자본주의가 추구하는 그 공정성의 역할을 완전히 잃어버리는 순간, 자본은 효율성만을 추구하며 불가사리처럼 증식되고 과도한 부작용을 일으키며 경제를 파국으로 몰고 갈 것이라는 사실이다.

자본이 수단일 뿐이라는 전제를 받아들이고 공정한 분배가 이루어질 수 있는 방법에 대해 고민해야 한다. 자본이 곧 능력, 노력, 인격이라는 천민자본주의가 아니라 능력, 노력, 인격을 갖춘 자가 공정하게 자본을 분배받을 수 있는 체제를 만들어야 한다. 인간의 창의, 능력, 노력을 발휘하게 하는 동기부여의 핵심은 공정함에 있다. 내가 가진 것, 내가 하는 만큼 일관된 결과가 돌아올 때 사람들은 사회를 신뢰하고 그에 맞게 자신의 능력을 발휘하고 노력을 행한다. 이는 단순히 일시적으로 분배에 대한 공정성을 확보하는데 그치는 것이 아니라 분배 방법 그 자체에 대한 공정성까지 확보될 때 가능하다. 꼭 자본이 아니더라도 인간은 페이스북의 '좋아요' 하나에도 감동한다. 이는 인간이 돈만 좇기 위해 태어난 존재가 아니며 돈은 나의 인정과 노력을 인정해 줄 하나의 수단이었음을 떠올리게 만든다.

짧은 실력으로는 무엇이 공정함의 기준이고, 그것을 어떻게 현실적으로 실현할 수 있는가에 대한 구체적인 해답까지 제시할 수는 없었다. 그럼에도 부족한 생각을 나열하는 이유는 전 지구를 지배하고 있는 자본주의의 의미에 대해서 한 번 고민해보고 이 체제의 두 얼굴과 우리에게 유익한 수단이 되기 위해 끊임없이 그 공정성에 대해 묻고 토론해야 한다고 생각하기 때문이다. 생각하기를 멈추는 순간, 비판하기를 멈추는 순간 언제든 우리는 낭떠러지도 함께 떨어질 수 있다는 위기의식을 가져야 한다. 웃고 있는지 화를 내고 있는지 알 수 없는 자본주의라는 야누스의 얼굴은 우리가 성찰하기를 멈추는 순간 무섭게 화를 내며 인간 세계를 덮쳐올 것이다.

1) 법의 지배

법이 추구하는 최고의 지향점은 '정의'다. 자유, 행복, 안전과 같은 다양한 가치도 중요하다. 그러나 법 앞에 모든 국민이 차별 없이, 빈부와 귀천에 관계없이 공정하게 적용되는 정의로운 사회 속에서 법은 정당성을 얻고 자유와 행복과 같은 다양한 가치를 추구하며 평화로운 사회를 이룰 수 있다. 삼국지 위나라의 조조는 이러한 법의 원리를 몸으로 체득하고 있었던 것 같다. 조조는 보리 수확 철에 전쟁을 나가면서 농민들이 걱정 없이 농사를 짓도록 누구도 보리밭을 침범할 수 없고, 이를 어길 시에는 죽음으로 엄벌하리라는 군령을 내렸다. 그러나 조조 스스로가 탄 말이 보리밭에 뛰어들어가 스스로의 군령을 어기고 만다. 조조는 자신의 목을 기꺼이 바치려 하지만 신하들의 만류에, 자신의 머리카락을 잘라 깃대에 묶어 장병들에게 보여주었다. 현대에는 머리카락이 별것 아니지만, 당대에는 머리카락을 자르는 것도 치욕스러운 점임을 생각한다면, 조조는 의식적이든 무의식적이든 이미 법의 지배의 원리를 몸으로 체득하고 있었던 통치자임에 틀림없다. 광활한 중국 대륙 통일의 기반을 이룩한 조조의 저력은 조직을 이끌기 위해 '법'이 추구해야 할 공정성이라는 법의 정신을 뼈에 깊숙이 새기고 있었다는 점이다.

그러나 '정의'라는 이름만으로 모든 인간에게 기계적인 평등함을 내세울 수는 없을 것이다. 몸이 건강한 사람과 장애등급을 받은 사람 사이에 동일한 의무를 강요할 수 없다. 부자와 빈자에게 '공정함'이라는 이름으로 절대 액수가 동일한 세금을 매길 수는 없다. 그러니 법은 일관성으로 굳건한 뼈대를 국가에 세우되, 개인들의 개별성을 고려하고 약자를 배려하는 구체적인 내용을 가진 법이어야 한다. 그러다 보니 법이라는 것도 다 같은 법일 수 없다. 정의(Justice)의 정의(Definition)는 시대마다 국가마다, 계급마다, 사람마다 다를 수밖에 없다. 진시황의 법이 다르고, 제갈량의 법이 다르고, 조조의 법이 다르다. 이러한 법의 차이는 각 사회의 특수성과 시대 상황에 따라 달라지고 때때로 법이란 이름으로 독재와 폭정도 일어날 수 있음을 의미한다. 그러니 법이라는 이름으로 오히려 일관성과 정당성이 부여된 가진 거악이 생길 가능성을 부인할 수 없다. 그런 점에서 여전히 법이 가야 할 길을 완벽하게 찾지 못했을지도 모른다. 그러나 법의 불완전성을 근거로 법의 무용론을 주장하는 것 또한 어리석은 생각이다.

사회의 정의를 세우기 위한 방법으로 법치와 대비되는 덕치 혹은 인치가 있다. 즉 법이라는 이름으로 자행되는 폐단을 없애기 위해서 아예 법 없이 사람의 도덕, 덕성을 믿는 이상적인 사회를 꿈꿔보는 것이다. 그러나 역사, 경험, 과학적으로 인간의 정신과 행동은 완전하지 않다. 인간은 완벽하게 합리적인 이성을 가진 존재가 아니다. 인간은 비슷한 상황에서도 다른 판단을 내리는 변덕을 부리기도 하고, 동물과 같은 욕망이 들끓을 때도 있다. 그러니 불완전한 다수의 인간이 공동체를 이룬 국가를 운영하기 위해서는 공정하고, 평등한 법이 필요하다. 만약 법이 없다면 덕치로 기대하는 이상적인 모습과는 달리 힘 있는 통치자들의 자의적인, 편의적인 인치로 흘러갈 가능성이 농후하다. 이는 숱한 역사가 이미 증명했다.

로마 최초의 성문법인 '12표법'은 그렇게 탄생했다. 로마의 귀족들은 불문법이라는 이름으로 사실상 일관성 없는 법을 통해 자의적으로 평민과 노예들을 통치했다. 이로 인해 늘 수탈받고 있던 평민들은 불만이 고조되어 반기를 들었고 당황한 귀족들은 그들의 의견을 받아들여 12표법을 제정했다. 물론 이 12표법은 여전히 가혹하고, 평민과 귀족을 차별했지만 이를 토대로 법을 수정할 수 있는 기준이 생기기 시작한 것이고,

적어도 법에 기술된 내용의 이상으로는 귀족들의 자의적 통치가 자행되는 것을 막을 수 있게 되었다.

여기서 또 하나의 반론이 제기될 수 있다. 법으로 기득권의 자의적인 권력행사를 견제할 수 있게 되었지만, 이제는 다시 그 법을 토대로 기득권들은 자신들이 유리하게 법을 행사한다는 주장이다. 현존하는 법도 사실은 기득권의 소유권을 위한 법, 가진 자들의 권력 유지를 위한 법이 아니냐는 자조적인 주장이 제기될 수 있다는 말이다. 그러나 이 점에서도 여전히 강조하고 싶은 점은 그럼에도 법이 있기에 그들의 자의적 권력행사의 한계가 규정되고 앞으로 더 진보할 수 있는 기준의 하한선이 결정된다는 점이다. 현대에 와서도 법은 권력과 재산이 많은 기득권 계층이 그렇지 않은 계층에 비하여 다양한 법적 문제를 보다 유리하게 해결할 수 있음을 부정할 수 없다. 그러나 그들도 국민들이 합의한 헌법을 벗어나는 수준 안에서만 유리할 수 있다. 아무리 돈이 많은 재벌가라 할지라도 명백한 법적 테두리 안에 존재하는 국민이고 고용된 변호사들은 머리가 터지도록 합리적이고 설득력 있는 논증을 만들어야 하며 헌법과 법률이 정한 법관의 재판이라는 판결을 거쳐야만 한다.

법에는 인류 공동체가 사회를 이루고 살아가기 위해서 역사적으로 축적한 인간의 지혜와 정의가 살아 숨 쉬고 있다. 특히나 모든 국가의 헌법은 수천 년의 문명을 통해 평화로운 사회를 살아가기 위해 필요한 인류 지성의 정수를 담고 있다. 정의가 살아 숨 쉬는 법이 존재하는 이상 부와 명예를 획득한 자라고 할지라도 법을 어기면서까지 그들의 권력과 지위를 행사하는 것은 불가능하다. 법이 불완전하여 여전히 구멍이 존재하고 가진 자들의 입맛대로 정의가 온전하게 실현되지 못하는 경우도 발생하겠지만 이는 인류 사회가 정의를 구현해 나가는 과정 중에 생기는 폐단의 일부임을 믿는다. 어느 시대에나 완벽한 법 체제는 있을 수 없기에 기존의 체계를 부정할 필요 없이 그 폐습과 단점을 직시하고 노력하며 개선해나갈 수 있다고 믿는다. 정의를 무시할 수 있을 만큼 돈과 권력이 대단한 것이라면 그들은 왜 굳이 비싼 돈을 들여가면서 변호사를 고용해 힘겨운 법리, 사실관계의 증명을 하며 투쟁을 벌이고 검사들에게 고발을 당하는가? 법이 없었다면 이들에게 복잡한 법리나 사실관계의 증명 따위는 애당초 필요 없을 것이라는 점을 명심해야 한다.

국민주권을 훌륭히 실현하는 법의 지배는 법조인만이 아닌 법의 지배 속에서 살아가는 모든 국민의 법에 대한 깊은 관심과 이해를 필요로 한다. 단 한 번의 소송도 없이 살다가 죽는 국민일지라도 그는 언제나 개인의 자유와 권리를 보장하는 헌법 속에서 살고 있었음을 기억해야 한다. 소송과 같은 특별하고 극단적인 상황이 아니라 더 행복하고, 쾌적하고, 인간답게 살아가기 위해서라도 국민 모두가 법에 대한 일반적 이해와 인권 감수성을 길러야 한다. 그로 인해 사회는 더욱 정의로울 수 있으며 이야말로 진정한 법의 지배로 가는 길이다.

오늘날 가장 보수적으로 평가받는 법 시스템도 한때는 가장 진보적이고 혁명적인 인류의 유산이었다. 근대법으로부터 꾸준히 발전한 법체계는 현대에 와서 인공지능의 보편화와 빅데이터의 등장, IT 기술의 급격한 발전으로 말미암아 어쩌면 또 한 번의 새로운 전기를 맞이하고 있는지도 모른다. 그러나 그 어떤 상황이 오더라도 인간의 존엄을 지키고, 법 앞에 평등을 추구하는 법의 의미가 변하지는 않을 것이다. 쏟아지는 기술과 사회의 변화에도 흔들리지 않고 인류 사회를 지켜내기 위해서는 모두가 법의 이념을 명확히 이해하고 인권에 대한 감수성을 가슴에 품고 있어야 한다. 법은 법률가의 독점적이고 배타적인 영역이 아니라 법이라는 테두리 안에 존재하고 있는 모든 시민이 함께 계승하고 지켜나가야 할 우리의 약속이다.

2) 국가필요주의자

필자는 국가가 필요하다고 생각한다는 점에서 국가주의자이다. 국가주의의 의미는 다양하게 쓰일 수도 있겠지만 대체로 안보와 질서를 중시하는 정치적으로 보수적 입장으로 여겨지는 것 같다. 그러나 필자가 사용하는 국가주의의 개념은 정치적인 색채를 씌우는 것과는 다소 거리가 있다. 필자는 안보와 사회질서도 대단히 중요하지만 그것만큼 국가에 자유의 기풍이 흐르고 국민들이 자신의 적성과 능력에 맞게 원하는 일을 하고 행복을 추구하는 일도 대단히 중요하다고 생각한다. 인간다운 생활을 할 수 있는 복지를 실현하려는 국가의 노력도 필요하다고 생각한다. 필자가 생각하는 국가주의는 일반적인 의미에서 국가주의와는 거리가 있다. 그런 점에서 필자는 국가 필요주의자라고 전하는 편이 더 올바른 의미로 전달된다고 생각한다.

필자는 모든 지배를 거부하고 공동체의 절대적 자유가 보장되는 사회를 꿈꾸었던 아나키스트들의 꿈을 높이 산다. 그러나 아이러니하게도 이러한 숭고한 뜻을 이루기 위해서라도 그 사회는 질서를 필요로 할 것이다. 더군다나 역사적으로 인간이 완벽한 존재가 아님을 인정한다면 사회 구성원 모두가 이성적이고 완벽한 존재에 가까울 때 이루어질 수 있는 무정부주의를 받아들이기는 어렵다. 사회 구성원 모두가 아무런 지배도 없고 모든 개인의 자유가 보장되는 유토피아적 무정부주의를 이루기 위해서는 아무런 제재가 없이도 스스로 자신의 삶을 통제하고 타인에게 해악을 끼치는 행동이란 없어야 한다. 그러나 역사적으로도, 현실적으로도 이는 꿈같은, 말 그대로 유토피아라고 할 만한 인간 공동체의 모습일 뿐이다. 그러니 유토피아를 꿈꿨던 공동체는 다시금 그들을 묶어 줄 질서를 필요로 할 것이고, 이는 국가의 탄생이 필연적일 수밖에 없다는 사실을 뜻한다.

언젠가 사회가 대단히 진보해서 모두가 사회의 주인이 되는 진정한

민주주의가 찾아올지도 모른다. 그러나 당장에 그런 미래의 길은 요원해 보이고, 언제 그런 미래가 찾아올지 예측할 수도 없다. 인류는 먼 미래의 꿈같은 이상을 고민하기 이전에 우리가 실제 살아가고 있는 국가 기반의 사회체제를 먼저 인정하고 받아들이고 나서야 현실적인 문제의 해답을 찾을 수 있다. 언젠가 유토피아적 무정부주의가 찾아올지는 모르지만 적어도 내가 살아 있는 동안 그러한 시대는 올 수 없을 것 같고, 지금 당장 내가 고민해야만 하는 공동체는 국가를 기반으로 한 사회 공동체의 현재와 미래이다.

나는 현재의 국가 체제에서도 보다 더 나은 혁신을 이뤄나갈 수 있다고 생각한다. 한 번도 보지 못한 피안의 체제를 꿈꾸기보다는 현재 발딛고 있는 차안의 세계를 인정하고 가꾸어야 한다. 물론 현재 내가 발딛고 있는 이 차안의 세계는 지독하게 많은 번민과 갈등, 분쟁을 안고 있지만 그렇다고 하더라도 이 차안의 세계를 도피하기 위해 피안의 세계만 생각하며 살 수는 없는 노릇이다. 언젠가 그 피안의 세계에 닿을 수 있기 위해서라도 나는 이 차안의 세계에 조금 더 희망을 가지고 지독하게 다시 한 번 고민하고 노력해 볼 필요가 있다고 생각한다.

언젠가 모든 국경이 사라지고 인류가 하나 되는 세계인의 시대가 온다면 그때는 당대의 철학자, 정치가, 지식인들이 훌륭하게 현실적인 문제를 풀어내기 위해 노력하면 된다. 그러나 지금은 국가를 벗어난 사회 공동체를 생각하기 어렵다. 내가 이러한 다짐을 계속 내뱉는 이유는 이렇게 강한 다짐을 마음속에 품고 있어야만 이상과 현재 사이에서 발생하는 괴리에 좌절하지 않고 현실을 있는 그대로 받아들이며 보다 적극적이고 능동적으로 이 땅에서 행복해질 수 있는 현실적인 국가의 길을 찾는 데 집중할 수 있기 때문이다.

애초에 원시 시대에는 계급이나 위계질서가 없었다가 인간에게 지혜가 생기면서 욕망이 커졌다. 이후 사회는 점차 발전하여 사회를 유지하고 계승해내기 위한 과정에서 권력이 생기고 위계질서가 생겼다. 이러한 문제를 해결하기 위해 루소처럼 자연으로 돌아가서 다시금 완전히 평등한 인류의 모습으로 돌아가자고 주장할 수도 있다. 그러나 인류는 이미 권력과 힘, 욕망을 알게 되었고, 때문에 다시 자연으로 돌아갈 수는 없다. 따라서 이미 벌어진 일에 대해서 자책할 것이 아니라 먼저 우리 인류에게 욕망과 권력이 존재할 수밖에 없다는 사실을 인정하고 그것들이 자의적으로 사용되거나 공동체를 해하는 방향으로 작동하는 것을 최대한 배제하고 공공의 이익을 위해 긍정적인 방향으로 승화되는 방법들을 고민해야 한다.

권력의 차이가 존재할 수밖에 없다면, 지배자들의 권력 욕구가 피지배자들을 구속하고 착취하는 방향으로 분출시킬 것이 아니라 그들의 욕망과 에너지가 건설적으로 분출되어 공동체에 이롭고 유용하게 사용되고 그로 인해 지배자들은 피지배자들에게 존경과 명예를 얻도록 하는 선순환의 사회를 구축하는 것이 필요하다. 권력과 착취가 존재할 수밖에 없다는 이유로 국가의 존립 자체를 부정하기보다는 인류의 현실을 받아들이고 국가가 해야 할 일을 깊게 고민하여 명확하게 그 업무를 규정짓고 해결책을 찾으면 된다. 나아가 교육을 통해 국민 전체의 의식 수준이 높아지고 기술이 발전하여 개별 국민들의 의견을 실시간으로 수용하고 종합하는 시스템을 갖추게 된다면 지금보다 더 나은 국가가 되는 길을 모색할 수도 있을 것이다.

이러한 국가가 이뤄지기 위해서는 자유로운 기풍과 다양성을 인정하는 분위기가 형성되어야 한다. 그리고 국민은 수준 높은 교육을 통하여 일시적인 사회 트렌드나 표면적인 현상에 즉흥적이고 비이성적인 대응을 자제하고 냉정하고 이성적으로 사안을 대할 수 있는 지성을 갖추어야 한다. 즉흥적이고 단기적인 국민들의 반응으로는 지속적인 포퓰리즘만 양산할 뿐이다. 쉽지는 않겠지만 국민 모두가 최대한 자신의 삶에 진정으로 고민하고, 그 고민이 확장되어 자신들의 삶의 기반이 되는 국가에 대한 고민으로 확장된 사유가 일어나야 한다. 국가의 문제를 해결하는 것이 자신의 삶과 결부되어 있다는 사실을 이해하고 자유롭고 역동적으로 사회의 문제를 해결하고자 하는 의욕이 형성되어야 한다. 국가가 만드는 법과 제도는 이러한 열린사회를 형성하기 위한 수단이 되어야 한다. 안보와 사회 질서를 확보하는 신뢰성 있는 국가체제와 자유와 개별성을 중시하는 자유주의적 기풍은 양립할 수 있다. 정치란 이렇게 모순적으로 보이는 문제들의 조화점을 찾아서 양립시키라고 존재하는 것이다. 갈등하고 대립하여 서로 옳고 그름을 따지며 시비의 판단을 하라고 존재하는 것이 아니다. 정치는 늘 현실의 문제를 해결하기 위해 존재해야 한다. 건강하고 역동적인 정치를 통해 이러한 모습을 차츰 형성해 나갈 때 우리가 진정으로 필요로 하는 국가의 모습을 되찾을 수 있으리라 믿는다.

3) 다양성에 관한 소고

한 사회가 건강하게 유지되기 위한 아주 중요한 전제는 구성원 모두의 다양한 생각이 존중되고, 표현되는 것이다. 우주 속에서 하나의 시스템(자연과학의 관점에서 생명체일 수도 있고, 사회과학 관점에서 하나의 국가일 수도 있는)은 다양한 재료들의 조화와 유기적인 변화가 전제되어야 한다. 그중에서도 국가가 건전하게 유지되기 위해서는 한 개인에게 절대적인 가치를 들이대지 않고 그들의 개별성, 독자성이 있는 그대로 존중되는 문화가 필요하다.

다양성에 대한 당위는 분명하지만 정말 우리 모두의 개별성과 독자성이 있는 그대로 지켜지고 있는 것일까? 아니, 국가에 개별성의 당위를 요구하기에 앞서서 나 자신조차 나만이 가진 독자성과 개성을 있는 그대로 받아들이기는 하고 있는 걸까. 자기 자신이 가진 개별성과 독자성을 있는 그대로 받아들이기보다, 스스로를 검열하고 외부 욕망에 투영된 삶을 살고 있지는 않을까. 그리하여 불나방처럼 무가치한 것에 몰입하며 다른 사람의 욕망을 위해 살고 있지는 않은 걸까.

사회가 주장하는 다양성은 진짜 다양성인가? 어쩌면 편협하고 폭력적인 잣대를 교묘하게 다양성이라는 이름으로 포장하고 있는 것은 아닐까? 광인이라고 평가받는 사회의 가장 소외받는 사람들을 한번 관찰해보자. 그들은 우리가 구분 짓기 편하게 정신병자라는 이름을 붙여주었다. 정신 병리학이라는 반박하기 어려운 학문 체계를 통해 그들은 우리와 구분된다. 그러나 그들의 정신 상태, 정신 시스템도 마땅히 존중되어야 할 하나의 개별성이라고 볼 수 있지 않을까? 병이라는 이름으로 교묘하게 구분 지어 정상인과 비정상인을 구분하는 사회가 아니라 그 사람이 가지고 있는 그대로의 고유한 정신을 존중하는 것이 진정한 다원주의의 시작이 아닐까?

지금 무슨 허황된 소리를 하고 있느냐고 반문할지 모른다. 넓게 보면 정신병자의 사고방식이 틀렸다고 규정짓는 것은 자연이 정한 기준이 아니라 우리 인간이 정한 기준일 뿐이다. 하늘의 도는 지극히 공평하여 누구라고 더 친절히 대하는 일이 없다는 천도무친이라는 말처럼 자연은 우리가 규정지은 정상인과 광인을 구분하지 않는다. 정상인과 광인의 기준은 어디까지나 인간 스스로 규정했을 뿐이다. 천재와 광인은 종이 한 장 차이라는 말처럼 광인도 인간의 진화 과정 중에 태어난 돌연변이 같은 존재일 뿐이다. 근대 이후 광인을 정상인과 구분 짓기 시작한 것은 이성의 독단의 발로일 수 있다. 광인의 정신 또한 선악의 잣대가 없는 개별성의 영역이라고 하여 그들이 세상에서 제멋대로 살도록 내버려 둬야 한다고 주장하는 바는 아니다. 광인이 무고한 타인에게 피해를 입혀 사회적 해악을 끼칠 가능성이 높은데도 불구하고 그들의 개성을 존중한다는 명목으로 아무런 제한을 가하지 않아야 한다는 의미가 아니다. 그들이 제어할 수 없는 이성으로 인하여 타인들에게 해악을 가할 가능성이 높다고 판단되면 그들의 자유도 제한되어야 마땅하다.

하지만 우리가 광인과 정상인을 구분 지어가며 어떠한 관용도 없이 사람의 옳고 그름의 기준을 나누기 시작하는 그 태도(Attitude)는 다른 영역으로 확장되어 우리 사회의 또 다른 차별과 배제를 낳을 수밖에 없다. 광인과 정상인의 기준을 통하여 인간과 인간을 구분 짓고 배타적인 영역을 만들어 나가기 시작하면, 구분할 수 없는 모호한 잣대를 토대로 인간을 차별하고 구분하는 일이 손쉽게 이뤄질 것이다.

광인이라고 부르는 자들이 보통의 이성을 가진 사람들과 다른 것은 사실이다. 그러나 그러한 사람들을 다르다는 이유로 배제하고 구분 지을 것이 아니라 일반 사람들이 가지고 있는 보편적인 규범을 이해하지 못하고, 세상과 소통할 수 없는 그들의 입장을 좀 더 고려한다면 차별과 배제와는 좀 더 다른 방식으로 문제 해결할 수 있다. 광인마저도 포용하고 이해하는 사회라면 평범한 사람들 사이에서의 다양성과 다원주의의 범위 또한 넓어지는 것이 아닌가. 이미 사회는 평범한 사람들 사이에서도 서로를 광인 취급하며 차별과 배제를 서슴없이 반복하고 있다. 합리적으로 소통하여 해결할 수 있는 문제임에도 끊임없이 반목하고, 적대시하고 나아가 비정상으로 규정짓는다. 광인도 아니고 서로 정상적으로 대화할 수 있는 같은 민족이면서도 다른 지역, 종교, 세대, 성별, 성격이라는 이유로 배제하고 차별한다. 나와 다른 상대를 이해하는 것은 사실 죽을 만큼 어려운 일이다. 기존에 내가 가지고 있던 편견과 고집, 사고 습관을 다 벗어던지고 자신을 내려놓아야 하기 때문이다. 차라리 내가 가지고 있는 편견과 아집을 정상으로 합리화하고 나와 다른 타자들을 비정상화하는 편이 쉽다. 하지만 그러한 아집과 편견은 결국 갈등과 대립을 일으키고 아집과 편견의 칼날은 다시 자신에게로 향한다.

다수의 가치, 주류의 의견, 필자의 고집만이 진리는 아니다. 종교적으로 들릴지도 모르지만 범우주적으로 보자면 세상의 모든 일들은 거대한 우주 속에서 일어나는 극도로 작고 짧은 먼지 같은 현상일 뿐이다. 모든 것을 넋 놓고 있는 그대로 모든 것을 수동적으로 받아들이며 살아가자는 의미는 아니다. 그러나 모든 소통의 시장은 나와 다른 상대를 있는 그대로 받아들일 때 시작한다. 절대 진리는 극소수이고 진리는 대부분 상대적이다. 우리가 보편적으로 생각하는 원리나 진리들이 평행 우주에서는 완전히 다를지도 모른다. 12차원에 존재하는 존재자들이 우리의 삶을 보고 있노라면 인간의 삶은 너무 편협하고 옹졸한 코미디에 불과할지도 모른다. 다원주의는 단지 법과 제도로만 해결 가능한 문제는 아니다. 구성원 모두의 문화적 태도에서 비롯한다. 우주 앞에 좀 더 겸손하고, 있는 그대로의 타자를 받아들일 수 있는 관용이 넘쳐날 때 사회의 다양성은 꽃피고 진정한 다원주의 국가로 거듭날 수 있다고 믿는다.

4) 교육, 국가의 미래

필자가 생각하는 훌륭한 국가란 국민 모두가 다른 사람이 주입하는 성공이 아니라 자신만의 성공의 정의 속에서 각자의 성공을 영위하는 공동체이다. 어느 유명 개그맨이 방송에서 말한 바처럼 성공이란 5천만 국민의 5천만 가지 성공이고, 훌륭한 국가란 5천만 국민의 성공을 실현하기 위해 쉼 없이 노력하는 국가다.

국민 모두가 성공적인 삶을 영위하는 일이란 유토피아적인 비현실이라고 생각할지 모른다. 그러나 국민들이 서로의 삶에 대해 시기하거나 질투하지 않고, 내가 할 수 있는 최선의 삶을 살아갈 수 있는 분위기가 조성되고 국가가 이를 최대한 보장할 수 있도록 노력하여 사회가 좀 더 이상에 가까워질 수 있다면 마냥 비현실적이라 여기고 손 놓고 있을 수는 없는 일이다. 여기서 필자가 말하는 성공이란 세속적인 직업이나 지위, 명예의 문제가 아니라 개인이 자신의 삶에 진실하고 진정으로 행복할 수 있는 삶의 모습을 의미한다.

국가는 개인이 각자의 삶에서 최선의 삶을 살아가도록 도와주어야 할 의무가 있다. 이는 3·1운동으로 건립된 대한민국 임시정부의 법통을 이어받은 대한민국 헌법 전문에도 명시되어 있다. '(대한민국은) 자율과 조화를 바탕으로 자유민주적 기본질서를 더욱 확고히 하여 정치, 경제, 사회, 문화의 모든 영역에 있어서 각인의 기회를 균등히 하고, 능력을 최고도로 발휘하게' 하여야 한다고 분명히 밝히고 있다. 훌륭한 시스템은 균질적인 요소가 아니라 이질적인 요소들이 불꽃을 튀기며 조화를 이뤄가는 과정에서 가능하다. 그러나 이는 한 번의 조화를 이뤄내었다고 해서 그 순간 박제되어 훌륭한 시스템을 완성한 것이 아니라 지속적으로 그러한 충돌과 조화가 이루어질 수 있도록 환경을 만드는 게 핵심이다. 국가 시스템에 이를 대입해 보자면 개별성을 잃지 않은 국민들이 다양한 목소리와 개성을 드러내고 그러한 독자성이 조화롭게 융화될 때, 국가는 빛날 수 있고 세계에서 당당하고 행복한 국민으로 거듭날 수 있다. 개별성의 존중과 개별성을 바탕으로 한 긍정적인 조화의 기풍이 지속적으로 유지될 때 비로소 건강한 국가라고 할 수 있다. 이러한 국가가 되기 위해서 반드시 미국처럼 경제대국이 되어야 하거나, 중국처럼 광활한 영토를 가져야 하거나, 노르웨이처럼 자원부국일 필요는 없다. 대한민국이 행복하기 위해서는 우리가 가진 것과 우리가 처한 상황을 최대한 인정하되, 그 전제 속에서 어떻게 하면 국민 모두가 각자의 행복을 걸어나갈 수 있는지 고민하고 서로의 상처와 아픔을 다독여 주며 함께 힘을 내어 행복할 수 있을지 공감하고 공유하고 행동을 변화시켜나가는 것으로 충분하다.

사회가 암묵적으로 공유하고 있는 성공과 행복에 대한 생각은 그대로 교육에 반영된다. 성공과 행복을 이루기 위한 가장 핵심적인 요인이 바로 교육이기 때문이다. 성공과 행복에 대한 생각이 망가져 있다면 교육도 망가져서 아이들을 남루한 무한경쟁의 구렁텅이로 몰아넣는다. 미래에 성공하고 행복해야 한다는 명목으로. 개인이 가진 다양한 생각과 개성의 발현으로 사회는 번영하고 진정한 다원주의 사회가 될 수 있지만, 이러한 사회를 이룩하기 위한 생각의 씨앗과 내면의 동력은 자연스럽게 길러지지 않는다. 이를 위해 교육이 필요한 것이다. 교육이 이를 제대로 달성하고 있지 못한다면 국가 교육 시스템은 다시 성찰되고 재구성되어야 한다.

국가의 목적이 이윤창출인가? 이에 동의하는 사람은 없겠지만, 그럼에도 작금의 우리나라 교육의 무한경쟁을 보고 있노라면 대놓고 이윤창출의 전사들을 길러내는데 봉사하고 있는 듯하다. 교육을 논하기에 앞서서 국가의 목적과 비전에 대해서 생각해 보아야 하는 이유는 이 때문이다. 누군가 대놓고 선언하거나 결정한 것은 아니지만, 지난 역사 속에서 암묵적으로 당연한 듯 받아들이고 있는 국가의 방향과 목적이 무엇인지 냉정하게 진단해야만 우리의 진짜 모습을 제대로 들여다보고 이를 위해 그 수단도 변할 수 있다.

우리나라 교육은 프러시아가 시작한 공장식 교육을 일제 강점기에 들여와서 형태는 다소간 변하고, 일정 부분 진보했지만, 그 본질은 변하지 않은 채로 지금까지 그 명맥을 이어가고 있다. 정작 독일은 2차 세계대전 이후 획일화된 교육과 선행학습의 거대한 위험성을 절감하고 인본주의적 교육으로 그 방향을 완전히 선회했는데도 말이다. 현재 독일의 국제학업성취도 평가는 늘 하위권이지만 그들의 국력은 최상위권이다. 물론 한국식 공장 교육의 이점도 있었다. 공장처럼 찍어내는 것과 유사한 방식의 교육으로 대한민국은 한강의 기적이라 불릴 만큼 기적적인 압축성장을 이루어 다른 나라가 부럽지 않을 만큼의(적어도 국가 단위에서

만큼은) 경제적 성취를 이루었다. 하지만 이는 거대한 대가를 아직도 치르고 있음을 그리고 앞으로도 그 거대한 고통과 대가를 치러나가야 함을 간과했다. 기적처럼 보였지만 세상에 기적이란 존재하지 않고 모든 일이 원인에 따라 결과가 일어난다. 일견 기적처럼 보이는 압축적 성장으로 인해 우리는 아마 기나긴 고통의 대가를 각오해야 할 것이다.

　교육은 백년대계라는 말이 있다. 교육의 결과는 당장에 나타나지 않는다. 공장식 교육으로 이룬 화려한 성취에 자만했던 국가의 이면에는 잠재했던 부작용은 서서히 드러나기 시작했다. 학업으로 인한 학생들의 자살률과 각종 사교육으로 일그러진 교육의 단면은 뉴스 기사의 단골손님이다. 인간은 모두 이성의 씨앗을 가지고 태어난다. 그들의 생각의 씨앗에 어떻게 비료를 주고, 물을 주고 신경 쓰냐에 따라서 다양한 형태로 자라날 수 있는 무한한 가능성을 가지고 있다. 가능성의 씨앗이 그 나라의 교육에 따라서 풍요롭게 되기도 하고, 지리멸렬하게 되기도 한다. 북한에서 태어난 사람은 전체주의 사상에 세뇌되어 그의 생각의 씨앗을 편협하게 자라난다. 국가는 편향되게 자라난 생각으로 강압적 체제에 순응하는 국민들을 다스린다. 자신만의 개성과 개별성이 거세된 정신으로는 긍정적인 창발, 창조의 문화를 기대하기 힘들다. 북한 국민들이 전체주의 환경에 물들어 자발적인 노예가 되는 것은 그들이 유전적으로 타고나기로 노예인 것이 아니라 북한 교육 시스템이 그들의 생각의 씨앗을 노예적으로 길러낸 결과이다. 반대로 프랑스에서 태어난 사람은 자유주의 기풍에 힘입어 그들의 생각은 보다 풍요롭게 자랄 수 있는 환경에 놓인다. '바칼로레아(프랑스식 수능)'로 대표될 수 있는 그들의 교육은 '스스로 의식하지 못하는 행복은 가능한 것인가?', '우리는 과학적으로 증명된 것만을 진리로 받아들여야 하는가?', '인간이 인간을 심판할 수 있는가?'와 같은 질문을 서슴없이 던지며 대다수의 국민이 이러한 질문에 늘 고민하고 대답하며 교육을 받는다. 프랑스 교육의 목표는

'스스로 생각하고 행동하는 건강한 시민을 길러내는 것'이라 한다.

국민은 국가를 기준으로 보자면 탄생이라는 Input에서 죽음이라는 Output(탄생 → 유아 → 청소년 → 대학생 → 성인 → 노인 → 죽음)까지 어떤 생애시기라도 국가를 벗어나서 생각할 수 없다. 북유럽 국가들이 실천하고 있는 '요람에서 무덤까지'의 복지철학은 이러한 국가의 존재를 무엇보다 깊이 이해하고 있음이다. 보다 나은 삶을 돕기 위해 국가는 건설적이고 지속적인 교육을 국민에게 제공해야 한다. 국가는 국가가 나아가야 할 올바른 미덕을 세우고, 그 과정에서 국민에게 보다 나은 삶과 행복, 더불어 사는 공동체를 만들기 위한 교육에 대해 끊임없이 고민해야 한다. 국가 운영의 효율성을 목표로 전체주의적 교육관을 주입하면 당장의 통치에는 유리하겠지만 국민들은 점점 편향되고 빠르게 변하는 세상에 유연하게 대응하지 못하고, 행복해지기도 어렵다. 결국 이는 다시 국가에게 화살처럼 돌아와 공멸하는 방향으로 이끌고 만다. 그래서 보수, 진보의 이념을 떠나 합리적인 교육의 목적에 비춰 보더라도 '역사 교과서 국정화'는 찬성할 수 없는 것이다.

좋은 사회는 개인이 가진 역량을 아주 적절하게 알아보고 배치하여 개인도 행복하고 사회도 건강한 조화를 유지할 수 있는 사회이다. 좋지 않은 사회는 그 사람이 가진 능력을 고려하지 않고 소수의 능력만을 요구하는 사회이다. 가령 두 명의 잠재적인 연기천재가 있다고 하자. 근데 A는 공부(사회가 요구하는 대표적인 자질)를 무척이나 못하고 B는 어중간하게 공부를 잘한다고 가정하자. 한국에서는 연기천재인 A, B가 둘 다 연기에 쉽게 뛰어들 수 있을까? 공부를 못하는 A는 일찌감치 공부를 포기하고 연기에 뛰어들 것이다. 하지만 어중간한 공부 실력의 B는 사회가 요구하는, 부모가 요구하는 욕망에 쉽게 버티지 못하는 성격이라면 연기에 쉽게 뛰어들지 못하고 어중간하게 공부만 하고 있을 가능성이 높다. 이는 A가 공부를 못해서 벌어지는 아이러니한 허구적 이야기다. 물론 B가 진짜 연기천재라면 나중에라도 연기에 뛰어들 수 있다. 하지만 좋은 사회는 애초에 그들의 능력에 맞게 조화롭게 사회에 배치되도록 노력할 것이다. 시스템을 운영하는 운영권자들은 이런 부분에 대해서 항상 고민해야 한다. 인간의 역량은 다른 그 무엇보다 무한하고 다양하기 때문에 심층적으로 고민하고 제대로 이해할 수 있도록 노력해야 한다. 진정한 교육이란 각자가 하고 싶은 것을 최대한 장려하고 그들이 각자가 하고 싶은 것을 하면서 조화롭게 배치되도록 도와주어야 할 의무가 있다. 학생들을 몰아세우며 맹목적으로 공부만 시킬 것이 아니라 우리는 어떻게 살아야 행복하고 건강한 인생인지 이해시키고 그 과정에서 왜 공부가 필요한지 스스로 깨달을 때 진정한 내면의 동력이 작동하기 시작한다. 억지로 닭장 같은 곳에 넣어서 공부시키는 것보다 훨씬 큰 가능성이 있다는 것은 강조할 필요도 없다. 우리는 이 지점을 정확히 알아야 한다.

그러니 '어릴 때 많이 놀아봐야 한다'는 항간의 조언은 충분한 함의가 있다. 어린 시절은 여러 가지 경험들을 축적하며 내가 누구인지 알 수 있는 최고의 시간들이기 때문이다. 방탕하라는 의미는 아니다. 진정한 놀이는 아이들에게 자유롭게 음악 연주를 하게 도와주고, 산에도 가고 원하는 운동도 하게 하며, 하고 싶을 때 작곡과 노래도 해보고, 작가의 재능이 보이면 소설도 쓰게 해주는 것이다. 필요하다면 어린 시절부터 모의 직장경험도 시키고, 정당에 가입하여 정치경험도 시키면서 적성을 찾을 수 있는 다양한 경험을 아이들에게 제공해야 한다. 그런 기회를 얻은 학생들이 자신은 어떤 사람이고 무엇을 잘할 수 있고, 무엇을 할 때 행복한지 알 수 있게 된다. '명문대에 가면 성공한다'는 식의 무논리로 일관하며 학생들에게 획일적인 학업만을 강조하게 되면 자신을 이해하고 그 힘을 바탕으로 상대방을 이해하고 삶을 설계할 수 있는 내면의 동력을 만들 기회를 상실한다.

지금의 대한민국의 모습과 교육의 현실을 아무런 해답도 제시할 수 없는 민족성의 탓으로 돌릴 수 없다. 우리 민족은 원래부터가 이런 민족이었다며 운명론에 빠지는 것은 지난 일제 강점기에 일본인들이 들어와 우리 민족의 정신을 말살시키고자 했던 그들의 농간에 다시금 빠지는 일이다. 굳이 민족성을 거론한다면 오히려 나는 대한민국의 국민이 지난 역사에서 보여준 강인한 의지와 명석함에서 그 가능성을 본다고 말할 수 있다. 그러니 민족성과 같은 필연적 원인을 정당화하며 패배적인 논리에 갇힐 것이 아니라 우리가 가진 한계와 폐해를 있는 그대로 인정하고 어떻게 하면 보다 개인이 당당하고, 그 당당함으로 서로 조화를 이루어가며 건강한 사회를 이룰 수 있는 시민을 길러낼 수 있을까에 대한 미래적, 적극적 관점을 고민해야 한다.

　우리나라 학생들이 열심히 단답형 수능 문제를 풀고 있을 때 프랑스 학생들은 '타인을 심판하는 것은 옳은 일인가?', '우리가 정치에 관심을 두지 않고 도덕적으로 행동할 수 있는가?', '우리는 지식의 한계를 갖고 해석하는가?' 같은 질문을 끊임없이 고민하고 사유한다. 그리고 이러한 문제들은 범국가적인 행사이며 놀랍게도 프랑스는 이러한 교육 시스템을 1808년부터 시작하였다. 이러한 고민을 했던 학생들이 장차 정치인, 교사, 기업가가 되며 사회를 이끌어 간다. 아니, 이러한 고민을 함께 공유했던 학생들이 건강한 시민 한 명, 한 명을 이루며 건강한 공동체를 만들어 나간다. 나는 대한민국도 얼마든지 창조적인 교육의 동력이 있다고 생각한다. 우리도 우리에게 맞는, 현명한 시민 한 명, 한 명을 길러내는 그리하여 공동체가 보다 행복할 수 있는 교육을 세워야 한다.

사다리를 딛고 올라간 후에는 그 사다리를 던져 버려야 한다.

- 비트겐슈타인

세계적인 시사주간지 <타임>지에서 20세기에 가장 영향력 있는 100인의 인물을 선정한 결과 유일하게 순수철학자 한 명이 선정되었는데, 그가 이름하여 루트비히 비트겐슈타인입니다. 『논리철학논고』라는 저서를 통해 언어를 철학의 영역으로 끌어들인 그는 분석철학의 지평을 열었습니다. 물론 저는 이 난해한 책을 읽을 시도도, 읽어 낼 능력도 없다는 고백을 먼저 해야겠습니다. 그는 논고 말미에 '사다리를 딛고 올라간 후에는 그 사다리를 던져 버려야 한다'는 의미심장한 문장을 남겼습니다. 비트겐슈타인은 논고를 통해 줄곧 말할 수 없는 것에 대해서는 언어로 논할 수 없다며 선을 그었는데 그도 결국 말할 수 없는 것을 줄곧 말하려 한 셈이니 이를 깨달았다면 얼른 그 사다리를 걷어차 버리라는 이야기이지요.

프리드리히 니체의 묘비명에는 '이제 나는 명령한다. 차라투스트라를 버리고 그대들 자신을 발견한 것을'이라고 쓰여 있습니다. 평생 60번의 진검 승부에서 한 번도 패배한 적이 없는 일본 최고의 검성 미야모토 무사시는 '가르칠 수 있되, 전할 수는 없다'며 검의 진리에 이르는 길에 대해 밝힌 바 있습니다. 결국 진리라는 것은 언어로 전할 수 없는 그 어떤 감각에 존재하며 그 육화(肉化)된 지혜를 얻기 위해서는 각자의 머리와 몸으로 최선을 다해 부딪칠 수밖에 없다는 의미입니다. 진리에 이르기 위해 깊이 사유하고 치열하게 살았던 사람들은 모두 언어 안에서 사유했지만 진정한 진리는 그 언어를 딛고서 온몸으로 깨달아야 한다는 사실을 전하고 싶었던 것이라고 생각합니다.

　제가 남긴 부족한 문자들은 비트겐슈타인의 사다리도 아니고, 니체의 차라투스트라도 아니고, 무사시의 오륜서도 아닙니다. 감히 이런 생각들을 그들의 성찰에 비할 수는 없습니다. 치밀한 논증도 없고, 곳곳에는 오류가 발견되고, 수준 낮은 생각들도 많습니다. 그러나 나름대로 세상의 진리에 다가서기 위해 사다리를 걷어차려 해보고, 스스로를 궁지로 몰아넣기도 하고, 세계가 전하는 진리에 조금이라도 다가가기 위해 발악을 해보았던 과정을 통해 이러한 글이라도 남길 수 있었던 것은 사실입니다. 무지한 스스로의 알을 깨고 도무지 이해할 수 없는 진리에 한 걸음이라도 다가서려 했던 결과물입니다. 누구의 도움도 없이 스스로 생각하고 자기 자신을 스스로 허무는 과정은 혹독하고 조롱의 대상이기도 했습니다. 그러나 이제 저는 자신의 두 발로 서보고자 했던 자들의 당당함을 조금이라도 이해할 수 있을 것만 같습니다. 누군가 강제로 시켜서 했던 작업이 아니며 제 스스로 문제를 제기했고, 아무도 알아주지 않는 길을 홀로 떠났습니다. 생각해 보면 대체 저는 왜 이런 지난한 고생을 사서하고 있는지 자신조차도 알 수 없었습니다. 왜 스스로 문제를 만들고 아무도 알아주지 않는 이 고독한 길을 홀로 자초하고 있는지 의문스러웠습니다. 그러나 저는 주어진 일을 기꺼이 받아들이기로 결심했습니다. 제가 과연 이런 이야기를 할 자격은 있는 사람인지, 이렇게 수준 낮은 글을 책이랍시고 마음대로 지껄여도 되는 것인지 의문을 가지며, 마음속에서 절필을 선언하기도 했습니다. 그러나 저는 세상을 나만의 방식으로 이해해가는 과정에 희열을 느꼈고, 그 과정에서 고통은 충분히 보상받았습니다. 다시 봐도 완벽하지 않고, 아직 더 고민해야 할 부분이 있으며, 어물쩍 넘어가는 내용도 있습니다. 아직 더 공부하고 쓰고 싶은 분야의 내용들도 있지만, 지금의 실력으로는 도저히 몇 문장 이어가기 힘든 부분들은 과감히 생략했습니다. 20대가 끝나기 전에 반드시 결론을 내리자는 나 자신과의 약속도 어길 수 없었습니다.

대작게임을 연달아 히트시키며 지금의 닌텐도를 존재하게 만든 일등공신 그리고 게임의 신이라고 불리는 미야모토 시게루는 이런 말을 남겼습니다.

인생에 헛된 것은 없다. 모든 경험은 하나의 양식이 되기 때문이다.

작은 시골 마을 출신이던 그는 미술적 재능을 인정받고 만화가가 되기 위해 결심하지만 뒤늦게 자신의 능력으로는 데즈카 오사무 같은 만화가는 될 수 없으리라는 것을 깨닫습니다. 공학적, 예술적 재능을 살리기 위해 입학한 미술공예대학에 가지만 도리어 그는 음악에 미친 듯이 몰입합니다. 수업의 반을 빼먹고 유급당할 정도로 말이지요. 그는 이러한 과정이 결코 어떤 의미가 있을 것이라고는 생각하지 않았습니다. 그 과정들이 무언가 의미를 줄 것으로 생각하며 걸어간 길이 아니었기 때문입니다. 순간순간 자신의 감각에 집중하며 살았을 뿐입니다. 그러나 그는 시골에서 배웠던 '모험심', 만화가가 되기 위해 익혔던 '디자인 능력', 대학에서 마음에 이끌려 익혔던 '작곡능력'을 종합하여 돈키콩, 마리오, 젤다와 같은 캐릭터를 직접 디자인하고 BGM을 만들고, 열광적인 모험 스토리를 종합하여 최고의 게임을 만들었습니다.

글을 쓰면서 미야모토 시게루의 한 마디가 진심으로 와 닿는 경험을 자주 했습니다. 필자가 본서에서 서술한 바 있는 동양의학과 서양의학의 차이에 대한 고민은 동서양적 사유의 근원을 생각하게 되는 계기가 되었고, 재미로 보던 애니메이션의 한 장면에서 인간 생명의 창발성에 대해서 고민하게 되었으니 말입니다. 사적으로 힘든 시절을 겪으면서 내면의 평화를 유지하고 나만의 고유한 정신을 지켜내기 위해 필요한 스트레스 관리, 회복 탄력성에 대한 개념에 대해서도 육화된 깨달음을 얻으며 글로 표현할 수 있었습니다. 돌이켜 보니 당시에는 겪고 있는 경험이나 고통이 나에게 도대체 무슨 의미가 있을지 예측할 수 없었지만, 지나고 보니 상당한 의미로 다가오는 일들이 있습니다. 앞으로 나에게 다가올 현실도 초연하게 받아들이며 현재에 집중하는 삶을 살아가고 싶습니다.

저는 시스템 만능주의를 주장하는 것은 아닙니다. 하루 일과부터 잠들기 전까지 모든 생활을 우리가 일반적으로 떠올리는 시스템적인 삶을 살아간다면 숨이 막혀 죽을 것입니다. 그렇기 때문에 무작정 시스템화 시켜서 살자는 의미가 아니라 정말 필요하고 또 좋아서 더 잘하고 싶은 분야에서 좀 더 효율을 발휘하기 위해 시스템적 관점을 도입하는 것이 중요하다는 것을 강조하고 싶습니다. 가령 사생활은 정돈되지 않은 작곡가가 자신이 좋아하는 음악에서만큼은 훌륭하고 체계적인 자신만의 음악적 틀을 완성해서 살아가는 것이 제가 말하고자 하는 바와 크게 다르지 않을 것 같습니다. 사실 시스템주의는 인간을 배제하는 방향으로 흘러갈 수 있음을 부정할 수는 없습니다. 아무리 인간의 존엄을 강조한다고 하더라도 자기조직화된 시스템은 제어되지 못한 채 인간을 배제하며 발전할 수 있기 때문입니다. 현재 인간이 구축한 가장 넓은 기반의 시스템이라 할 수 있는 자본주의 시스템도 인간의 존엄은 배제한 채 탐욕만을 추구하다가 암세포처럼 증식하다가 공멸할 가능성을 항상 내재하고 있습니다. 그로 인해 극단적으로 자본주의가 없어지더라도 인간이 살아가기 위해서는 언제나 공동체를 필요로 합니다. 어떤 형태이든 사회는 공동체를 유지할 시스템을 필요로 합니다. 그러므로 우리는 어떤 시스템을 가지고 싶은지, 모든 개인을 수단이 아닌 목적으로 대하기 위한 사회는 어떤 제도와 구조에서 유지될 수 있는지 열린 마음과 넓은 시야로 합리적으로 비판하고 토론하며 개선해야 한다는 당연하지만 반드시 필요한 의무에 대해서 강조해보고 싶습니다.

제가 시스템주의를 고민하며 늘 우려했던 점은 시스템주의가 효율을 위한 맹목적인 수단으로 비춰지지 않을까 하는 점입니다. 시스템이 도대체 왜 존재하고 있는지, 무슨 목적을 지향하고 있는지, 시스템을 통해 지향하는 가치는 무엇인지 제대로 숙고하지 않는다면 그 시스템은 어떤 맹목적인 하나의 가치나 목적물의 극대화를 위해(이를테면 자본처럼)

절대적인 효율만을 추구할 가능성이 농후할 것이라고 생각했기 때문입니다. 잘 조직된 시스템을 통해 발휘되는 생산성은 파괴력이 넘칩니다. 탐욕스러운 자들에 의해 지배되는 시스템이나 깊이 성찰하지 않은 자들에 의해 운용되는 시스템은 방향을 잃은 채 엄청난 파괴력만을 무기로 맹목적으로 효율을 추구하게 됩니다. 국가의 목적을 오로지 영토 확장으로 삼거나, 기업의 목적을 자본의 확장으로 삼거나, 삶의 목적을 입신양명 하나로 삼고 효율만 추구하다 보면 결국 그 시스템들은 잘못된 방향의 설계로 붕괴하게 될 것입니다. 시스템이 나아가야 할 방향과 목적에 대해 깊이 성찰하지 못한 탓입니다.

지난 근대사에서 제국주의 열강들은 다윈의 진화론을 악용하여 경쟁을 합리화하고 국가의 팽창을 최고의 선으로 여기며 식민지들을 지배해 나갔습니다. 자신의 세력을 팽창시켜 나가던 국가들은 결국 잔혹한 세계대전으로 무수한 희생을 남긴 채 자신들이 구축한 열강 구도의 시스템을 무너뜨리는 자기 파괴적인 결과를 초래하였습니다. 애초에 방향과 목적을 잘못 세운 시스템이 효율성만 추구하다가 발산하는 진폭을 견디지 못하고 붕괴하는 것은 당연한 이치입니다. 그런 의미에서 저는 인간 공동체가 추구해야 할 방향의 가능성을 『만물은 서로 돕는다』라는 저서를 통해 크로포트킨이 보여주었던 '상호부조(Mutual Aid)'에서 찾습니다. 저는 비록 크로포트킨처럼 아나키스트는 아니지만 국가라는 체제 속에서도 여전히 인류는 경쟁만을 위해 태어난 존재가 아님을 인정할 수 있고 각자의 빈 공간을 채워주고 상호부조 속에서 피어나는 창조적 가치들을 통해 발전할 수 있습니다. 경쟁이라는 요소도 필요하다고 생각하지만 경쟁의 대척점에 놓여 있는 상호부조의 가능성은 인류 존속 가능성의 한 줄기 빛입니다.

시스템주의는 결국 좋은 습관, 원칙, 방법들을 꾸준히 실천하기 위해 훌륭한 목적과 가치를 추구하며 일관성의 결과를 얻는 것이며, 이를 위해 시스템을 둘러싼 보편적인 원리를 이해하고, 환경과 그 조직만이 가진 특성을 고려하고자 하는 태도입니다.

어쩌면 너무 당연한 한 마디를 위해 저는 한 권의 책을 썼다고 생각하니 허탈한 기분이 듭니다. 허나 모든 진리는 간단하지만 쉽게 이를 수 없는 것처럼 이 모든 고민들이 당연하지만 쉽게 닿을 수 없는 진리에 조금이라도 다가가기 위한 지난한 노력이었다고 생각합니다.

에필로그를 완성하니 놀랍고 감격스럽습니다. 필력도 부족하고 스스로를 그다지 지적으로 평가한 적이 없는데 말입니다. 그러나 늘 무언가를 시도하고자 했고, 쉽게 포기하지 않았으며, 저에게 주어진 어떤 소명이 있을 것이라고 믿으며 살아왔습니다. 이 책은 그 과정에서 이뤄진 작은 부산물이라고 생각하겠습니다. 자의적인 해석도 많고 오류도 많고, 비약도 많았을 이 책을 끝까지 읽어주신 당신께 진심으로 감사드립니다. 늘 어제나 내일이 아니라 지금 행복한 사람으로 하루하루 살아주셨으면 좋겠습니다.

감사합니다.

출처

i) 박창근(1997), 『시스템학』, 범양사, p.19

ii) 에르빈 슈뢰딩거(2007), 『생명이란 무엇인가·정신과 물질』, 궁리, p.239

iii) 박종무(2014), 『모든 생명은 서로 돕는다』, 리수, p.76

iv) 오창희(1994), 『시스템 이론의 철학적 기초』, 계간과학사상 1994 봄, p.114

v) 박은하, 「[책과 삶] 스피노자의 깨달음… 교류하는 공동체적 삶이 인간을 구원」, 경향신문, 2013.07.05

vi) 최성규, 한국철도 기술연구원, 시스템엔지니어링 학술지 제2권 2호. 2006, p.52

vii) POSRI, [미래 경영을 위한 리더의 사고방식] 보고서

viii) 이찬영(2014), 『기록형 인간』, 매일경제신문사, p.136

ix) 최현묵 기자, 이홍 광운대 교수 삼성사장단 강연 정리 「세종대왕, 회의 때마다 붙였더니… 조직이 움직이기 시작했다」, 조선비즈, 2015.01.10

x) 오창희(1994), 『시스템 이론의 철학적 기초』, 계간과학사상 1994 봄, p.111

xi) 유한양행 홈페이지, 창업자 유일한 온라인 기념관

xii) 잠쉬드 가라제다지, 『경영은 시스템이다』, 한빛미디어, p.71

xiii) 박창근(1997), 『시스템학』, 범양사, p.59

xiv) 이어령(2013), 『생명이 자본이다』, 마로니에북스, p.53

xv) 박창근(1997), 『시스템학』, 범양사, p.165

xvi) 박창근(1997), 『시스템학』, 범양사, p.152

xvii) 박창근(1997), 『시스템학』, 범양사, p.162~163

xviii) 박창근(1997), 『시스템학』, 범양사, p.278~279

xix) 박창근(1997), 『시스템학』, 범양사, p.9

xx) 권일찬(2011), 『주역의 기와 음양오행론과 System Theory』(한국정신과학 학회 제34회 2011년도 춘계학술대회 논문집)

xxi) 최윤식(2014), 『미래학자의 통찰법』, 김영사, p.20

xxii) 존 스튜어트 밀(2005), 『자유론』, 책세상, 서병덕 옮김, p.50~51

xxiii) 나일주(2010), 『교육공학관련이론』, 교육과학사, p.16

xxiv) 잠쉬드 가라제다지(2005), 『경영은 시스템이다』, 한빛미디어 p.57

xxv) 잠쉬드 가라제다지(2005), 『경영은 시스템이다』, 한빛미디어 p.37

xxvi) 윤정구, 「초일류 조건 문화를 팔아라」, 국민일보, 2015.03.18

xxvii) 잠쉬드 가라제다지(2005), 『경영은 시스템이다』, 한빛미디어 p.161

xxviii) 박희경, 「올해는 모두 '죽어라 하고' 훈련합시다」, 중앙일보, 2015.01.09

xxix) 김상훈(2012), 『영웅 남자에게 답하다』, 위즈덤하우스, 제3장 한 제국의 황제를 만든 겸손과 배려_유방 중

xxx) 피터 드러커(2012), 『프로페셔널의 조건』, 청림출판, p.276

xxxi) 매일경제 Iot 혁명 프로젝트팀(2014), 『사물인터넷: 모든 것이 연결되는 세상』, 매일경제신문사, p.255

xxxii) 임석진 외(2008), 『철학사전』, 중원문화

xxxiii) 윤정남, 정명진, 김병덕, 임광복, 이병철, 「노벨상13' 프로젝트 "일(日)은 10년간 투자하고도 연구성과 보채지 않아"」, 파이낸셜뉴스, 2014.04.09

xxxiv) 최병삼·김창욱·조원영(2014), 『플랫폼, 경영을 바꾸다』, 삼성경제연구소, p.22

xxxv) 한국 위키피디아 TED 검색어, https://ko.wikipedia.org/wiki/TED

xxxvi) 최병삼·김창욱·조원영(2014), 『플랫폼, 경영을 바꾸다』, 삼성경제연구소, p.122

xxxvii) 최병삼·김창욱·조원영(2014), 『플랫폼, 경영을 바꾸다』, 삼성경제연구소, p.200~201

xxxviii) 찰스 두히그(2012), 『습관의 힘』, 갤리온
스티븐 기즈(2014), 『습관의 재발견』, 비즈니스북스

xxxix) 에드거 H. 샤인(2006), 딜로이트 컨설팅 코리아 역, 『기업문화 혁신전략』, 일빛

xl) 에드거 H. 샤인(2006), 딜로이트 컨설팅 코리아 역, 『기업문화 혁신전략』, 일빛, p.39

xli) 에드거 H. 샤인(2006), 딜로이트 컨설팅 코리아 역, 『기업문화 혁신전략』, 일빛, p.25~26

xlii) 곽정수, 이형섭, 윤형중, 「박용만 회장, "필요하다면 부자 증세 가능하다고 본다"」, 한겨레 신문, 2014.09.20.